罗马斗兽场（意大利）

金字塔和狮身人面像（埃及）

孟菲斯遗址（埃及）

卢克索神庙（埃及）

泰姬陵（印度）

蓝毗尼——释迦牟尼诞生地（尼泊尔）

以弗所（土耳其）

吴哥窟（柬埔寨）

悉尼歌剧院（澳大利亚）

香波城堡（法国）

特洛伊考古遗址（土耳其）

顾特卜塔（印度）

夏宫（俄罗斯）

巴斯古罗马浴场（英国）

巨石阵（英国）

卡尔纳克神庙（埃及）

南极

马赛马拉国家公园（肯尼亚）

黄石公园（美国）

好望角（南非）

贝加尔湖（俄罗斯）

奇特旺国家公园（尼泊尔）

动物大迁徙（肯尼亚）

峡湾（挪威）

长城（中国）

天坛（中国）

北京故宫（中国）

明显陵（中国）

大三巴牌坊（中国澳门）

开平碉楼（中国）

九寨沟（中国）

武陵源（中国）

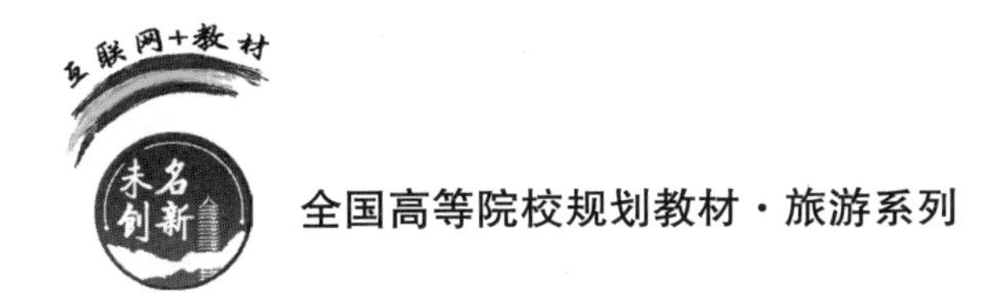

全国高等院校规划教材·旅游系列

世界旅游文化

（第二版）

孙克勤　孙　博　主编

图书在版编目(CIP)数据

世界旅游文化/孙克勤，孙博主编. —2版. —北京：北京大学出版社，2017.10
（全国高等院校规划教材. 旅游系列）
ISBN 978-7-301-28755-2

Ⅰ. ①世… Ⅱ. ①孙… ②孙… Ⅲ. ①旅游文化—世界—高等学校—教材 Ⅳ. ①F591

中国版本图书馆CIP数据核字(2017)第221943号

书　　名	世界旅游文化（第二版） SHIJIE LÜYOU WENHUA
著作责任者	孙克勤　孙　博　主编
责 任 编 辑	王　莹
标 准 书 号	ISBN 978-7-301-28755-2
出 版 发 行	北京大学出版社
地　　址	北京市海淀区成府路205 号　100871
网　　址	http://www.pup.cn　　新浪微博：@ 北京大学出版社
电 子 信 箱	zyjy@ pup. cn
电　　话	邮购部62752015　发行部62750672　编辑部62704142
印 刷 者	大厂回族自治县彩虹印刷有限公司
经 销 者	新华书店
	787毫米×1092毫米　16开本　18.25印张　4彩插　383千字
	2007年3月第1版
	2017年10月第2版　2020年1月第2次印刷　总第6次印刷
定　　价	42.00元

前　　言

旅游作为一种自由、主动、积极的文化活动，是一种高层次的精神享受。旅游是传递文化的过程，文化是旅游业的灵魂。旅游文化作为旅游和文化的分支，既有旅游的综合性，又有文化的延续性，它是与旅游紧密相连，并对旅游者的旅游感受产生影响的各种文化现象。旅游文化推动着国际文化交流，只有在文化交流和比较中，才能彰显出旅游的文化价值。

世界旅游文化作为一种全新的文化形态，揭示了旅游活动本质上是一种文化活动，是从文化方面研究人类旅游活动发展规律的学科。

本书以世界遗产为主线，同时融入了大量世界旅游文化之精华，试图体现当代世界旅游文化的主流趋势和特征。本书尽可能地避免将大量枯燥的理论知识叠加，跳出传统的旅游文化教科书结构，试图有所创新，体现当代旅游文化的主流趋势和特征。本书的内容包括：绪论、人文景观文化、自然景观文化、聚落文化、旅游艺术文化、园林文化、名人故居文化、南极旅游文化和世界遗产。

本书引用大量实例，增加了其可读性和知识性；同时，为了将世界旅游文化知识和其最新的进展呈现给读者，本书以中国旅游文化为主线，融入了大量世界旅游文化之精华，介绍了世界自然风光、名胜古迹和风土人情等。本书的主要特点就是以世界遗产理念贯穿于全书，试图以全新的文化视角构筑旅游文化读本品牌。

本书由孙克勤、孙博担任主编。参加编写的人员及负责编写的各章分别为：孙克勤编写第一章、第四章、第九章；刘婧编写第二章；潘运伟、姜英朝、刘艳编写第三章；胡瑛编写第五章；高海连、曲莹编写第六章；胡星、汪媛媛编写第七章；孙博编写第八章。

本书的第一版被评为“北京高等教育精品教材”，第二版的修订工作由孙克勤和孙博负责，增删了部分内容，并就近年来世界旅游文化发展趋势等在书中也进行了适当的调整。

为适应创新型“互联网+”教材的要求，本书紧跟时代的需求，把每章所涉及的图片资料均做成视频，放入每章开篇的二维码中（本书所示的全部图片均由本书主编孙克勤和孙博拍摄）。每章后还附有思考与练习，也放入二维码中。

在本书的编写过程中，我们参考了国内相关书刊、报纸和网站发布的资料。由于本书涉及自然科学和社会科学诸多分支，限于作者的能力和水平，错误之处在所难免，敬请专家和读者予以指正。

编　者

2017年10月

目　录

第一章 绪 论

旅游业现已成为一个具有很高文化品位和综合经济效益的产业。旅游是传递文化的过程，文化是旅游业的灵魂。旅游作为一种自由、主动、积极的文化活动，是一种高层次的精神享受。旅游文化作为一种全新的文化形态，揭示了旅游活动本质上是一种文化活动，是研究旅游文化活动现象、本质及规律的一门学科。

本章视频

第一节 旅游文化的概述

一、文化与旅游

文化（culture）是指人类在社会历史发展过程中所创造的物质财富和精神财富的总和，特指精神财富，如文学、艺术、教育、科学等。文化是人类智慧和劳动的创造，其存在和发展是与人和人类社会的存在与发展相联系的。作为人类认识和实践活动的产物，文化的本质是一种精神性的东西，它既体现在人们的精神活动和行为活动中，也体现在人们创造的各种物质产品和精神产品中。多元的文化成就了丰富多彩的人类文明。

文化的内涵博大精深。文化被看作是一种人类文明抽象的结构，是人类社会历史的物质与精神成果的复合体。文化具有民族性和地域性分布的空间特征和时代性特征，不同的民族、地域和时代的人们所创造的文化具有不同的类型和特点，从而形成不同的民族文化、民俗风情文化和历史文化。

旅游（tourism）是人类一种自由、主动、积极的文化活动和高层次的生活方式，是人类社会经济和文化发展到一定阶段的产物。

旅游作为一种社会文化活动，是现代社会文明人所特有的一种生活方式。它是由旅游者、旅游资源和旅游业组成的。事实上，真正意义上的旅游活动，从一开始就带有自由性、开放性和探索性等这样一些文化的内容色彩。旅游作为人类社会生活的一项重要活动，源远流长。我国古代就有帝王巡游天下、文人游历山水和高僧云游四海等旅游活动。国外中世纪的旅行家的商务之旅，以及现代探险家的环球旅行，都与旅游活动密切相关。如今，旅游已成为现代人社会生活中不可缺少的组成部分。旅游作为一种文化和社会经济现象，对当代社会产生了重要的影响。当人类的旅游活动发展到一定阶段与规模，出现了有关社会、文化、经济等方面的一系列新课题，旅游学科也便应运而生。旅游学的研究对象就是旅游活动及其所引发的各种现象与关系。旅游与文化关系紧密，不可分割。文化是旅游资源的基本内涵，文化是旅游产品的根本属性。旅游作为一种特别的生活方式，主要是满足游客高层次的精神需求和文化享受，而旅游文化揭示了旅游活动本质上是一种文化活动。人们只有不断追求文化创新，提高旅游产品的文化含量，才能提高旅游业的国际竞争力。

二、旅游文化的定义、产生和发展

旅游文化（tourism culture）是研究旅游活动过程中的文化活动现象、本质及规律的学科。旅游文化作为旅游和文化的分支，既有旅游的综合性，又有文化的延续性，它是与旅游紧密相连，并对旅游者的旅游感受产生影响的各种文化现象。旅游文化是旅游与文化的一种深层次结合，是旅游活动中创造的全新的专门文化，是旅游业的灵魂。旅游文化的内容十分宽泛，可以说，凡是人们通过旅游活动认识自然与社会的过程中所形成的价值观念、行为模式、物质成果、精神成果和社会关系的总和，都可归入旅游文化的范畴。旅游文化的形成是旅游活动发展的结果，是旅游者、旅游资源和旅游介体相互作用的结果。

按照旅游的基本要素，我们将旅游文化划分为三部分：旅游主体文化、旅游客体文化、旅游介体文化。

（1）旅游主体文化：即与旅游者的思想观念、心理特征、行为方式有关的文化。旅游者是旅游活动的主体，旅游主体文化在旅游文化中具有核心地位。

（2）旅游客体文化：即与旅游资源有密切关系的文化，是作为旅游对象的文化事物与现象，包括聚落文化、人文景观文化、自然景观文化、艺术文化、建筑文化、园林文化、宗教文化、民俗文化等。旅游客体即旅游资源，是人们进行旅游活动的物质基础。

（3）旅游介体文化：即在旅游活动中联系旅游主体与旅游客体，起到中介体作用的文化，包括旅游企业文化、旅游商品文化、旅游服务文化、旅游管理文化、旅游文化教育、旅游导游文化、旅游政策和法规等。旅游介体即旅游业。

从国内外的研究来看，旅游文化所探讨的内容主要包括旅游心理学、旅游社会学、旅游哲学、旅游美学等领域。旅游文化的研究，较多地集中在如何吸引大量的旅游者，如何实现令旅游者满意的企业管理与服务，如何提高经济效益，如何提升旅游产品的文化品位等方面，这样的研究有利于旅游事业的发展。

旅游文化是以文化的内在价值因素为依据和以旅游诸要素为依托而作用于旅游生活过程中的一种特殊的文化形态。

尽管自从人类有了旅游活动便有了旅游文化现象，然而对于旅游文化概念的认识，将文化旅游开始作为一种特殊的旅游产品来加以认识，则是在20世纪70年代。20世纪50年代以来，旅游业曾被人们誉为“无烟工业”而备受青睐，旅游业所带来的经济增长也使得一些国家与地区的经济地位得到迅速提升。自20世纪70年代以来，随着联合国教科文组织于1972年通过的《保护世界文化和自然遗产公约》（*Convention Concerning the Protection of the World Cultural and Natural Heritage*），世界遗产委员会于1978年公布了第一批共12项世界遗产，世界旅游进入一个多元发展的新时期。世界遗产旅游作为各国一个新的旅游产品，促进了旅游业的大发展。世界遗产旅游以其独特的魅力为国际旅游业提供了一个新的契机。世界遗产旅游作为可持续发展的一种旅游形式，不仅最大限度地满足人们寻幽访古和感受自然的渴望，还促进了全球性文化交流。在世界范围内，掀起了一股世界遗产旅游热，文化旅游也逐步成为旅游中的热点之一。从20世纪90年代以来，我国旅游界也开始关注对旅游文化的研究。

世界遗产是指具有突出价值的文化与自然遗产，它既是大自然和人类留下的最珍贵的遗产，又是全人类的共同财富。世界遗产分为自然遗产、文化遗产、混合遗产（自然遗产与文化遗产的双重遗产）和文化景观遗产；此外，它还包括非物质文化遗产。世界遗产是人类历史、文化与文明的象征。

◎ 金字塔（埃及）

1992年12月在美国圣菲召开的联合国教科文组织世界遗产委员会第16届会议上，提出将“文化景观”纳入《世界遗产名录》。因此，“自然与人类的共同作品”的文化景观开始成为世人关注的焦点，并促进了旅游文化的发展。

旅游业的发展给我们的社会、经济、文化、自然环境带来了深刻的变化和影响，并使越来越多的人开始认识到旅游业的意义和作用。特别是空前高涨的世界遗产旅游，不仅给旅游业带来前所未有的经济效益，而且极大地提高了人们的文化品位。

世界著名的旅游圣地，比如古埃及，是世界历史上最悠久的文明古国之一。金字塔是古埃及人埋葬国王的陵墓，这些统治者在历史上被称为“法老”。金字塔是古代世界七大奇迹之一，它历史久远，雄伟壮观，历经沧桑，是古埃及高度文明的象征，也是人类遥远历史的见证者。埃及金字塔作为旅游胜地是世人向往的旅游目的地之一。

泰姬陵（Taj Mahal）是印度古代建筑史上的经典之作。泰姬陵作为文化遗产于1983

◎ 泰姬陵（印度）

年被联合国教科文组织列入《世界遗产名录》。泰姬陵是一座用白色大理石建成的巨大陵墓，是按照莫卧儿皇帝沙·贾汗（Shah Jahan）的旨意为纪念他的爱妻而于1631—1648年建于阿格拉的。这座光彩夺目、洁白晶莹、美轮美奂、清雅出尘的宏伟陵墓，浓缩了一个伟大民族和文明古国数千年的灿烂文化，它的美是难以用语言和文字表达的，只有用心去感受。印度著名作家泰戈尔曾经说过，泰姬陵是“永恒面颊上的一滴眼泪”。美国作家史蒂夫·戴维则说：“如果你在印度只有一小时时间，那么在这一个小时里，你只可能也只应该做出一个选择，那就是去看一看泰姬陵。”

法国卢瓦尔河谷是一处非常美丽而又著名的文化景观，卢瓦尔河全长1012千米，是法国最大的河流，沿岸分布着一些历史名镇和村庄、中世纪的城堡、几个世纪以来人类开垦的耕地，是人类和自然环境（主要是卢瓦尔河）相互作用的结果。卢瓦尔河又是法国文艺复兴的摇篮，孕育了古老的文明、灿烂的历史，众多的艺术家、作家和诗人，如拉伯雷、巴尔扎克、大仲马、莫里斯·日内瓦、夏尔·佩罗、乔治·桑等都曾云集于此。

意大利五村镇的一些村庄其历史最早可以追溯至中世纪晚期。这一带不仅风光秀丽，而且还保留了古老的传统文化和名胜古迹。在悬崖峭壁间散落着古老的城堡、城墙和房舍，耸立的崖壁、蜿蜒的海湾、茂密的橄榄树林，如诗如画，吸引了众多的诗人、画家和艺术家，如但丁、雪莱、拜伦等。

世界上有许多城市都被称为“水城”，如我国的苏州、荷兰的阿姆斯特丹、比利时的

◎ 卢瓦尔河（法国）

◎ 布鲁日（比利时）

布鲁日……但没有哪座水城能与威尼斯相媲美。威尼斯，这座历史文化名城，每年吸引着成千上万来自世界各地的游人。众多的名胜古迹、古老的建筑、超凡绝伦的雕塑、大大小小的岛屿、曲折蜿蜒的水道、一座又一座的小桥、运河上穿梭着的轻舟“贡多拉”、浪漫的异域风情，让人流连忘返。魅力四射的威尼斯日复一日、年复一年地演绎着万种风情。几个世纪以来，威尼斯以其悠久的历史、美丽的风光、浪漫的情调、灿烂的文化和艺术吸引着来自世界各地不计其数的旅行者，并使得无数画家、作家和诗人纷至沓来。它既是一个世人渴望尽情徜徉的地方，被誉为世界上最美丽的城市，也是被列入《世界遗产名录》中的一座名城。

维罗纳也是一座历史悠久的意大利历史名城。这座城市作为文化遗产于2000年被列入《世界遗产名录》。维罗纳不仅仅是一座风景优美的城市，在这里你还可以找寻到莎士比亚剧中人物朱丽叶的故居。莎士比亚以维罗纳13世纪末14世纪初残酷的家族仇恨为背景，创作了不朽的爱情剧作《罗密欧与朱丽叶》。该剧自1595年公演以来，罗密欧与朱丽叶的爱情故事便以其凄美的风格风靡全世界。维罗纳就此成为一座永恒的爱情之城，而建于这里的朱丽叶故居更是成了全世界青年男女心目中的一片圣地。这里每天都有来自世界各地的游人在缅怀早已消失在过往云烟中的朱丽叶，畅想着属于自己的美好的爱情故事。

德国城市特里尔位于摩泽尔河畔，1世纪时是古罗马的殖民地，2世纪成为一个大贸

◎ 威尼斯（意大利）

◎ 维罗纳竞技场（意大利）

易中心。它在3世纪末成为古罗马帝国辖区的都城之一，当时被称作“第二罗马”。众多残留下来的建筑物，是古罗马文明史的有力证据。特里尔城的古罗马建筑、圣彼得大教堂和圣玛丽亚教堂作为文化遗产于1986年被列入《世界遗产名录》。

山西的平遥古城和云南的丽江古城在1996年以前还是鲜为人知的地方，但自从1997年被列入《世界遗产名录》后便名声大振，来这里参观旅游的来自世界各地的游人络绎不绝。“世界遗产游”推动了当地社会文化和旅游经济的大发展。

皖南古村落多是明清时期的遗存，是地域文化——徽文化的载体，反映了徽商鼎盛时期的一个社会侧面。古村落的空间变化韵味有致，建筑色调朴素淡雅，体现了皖南古村

◎ 宏村（中国）

落人居环境营造方面的杰出才能和成就，堪称徽派古民居建筑艺术之典范，具有很高的历史、艺术、科学价值。皖南古村落的两个代表西递和宏村，作为文化遗产于2000年被列入《世界遗产名录》，标志着皖南古村落已成为全人类都可共享的宝贵财富。这意味着我国的古村落不仅是弥足珍贵的文化遗产，而且正在逐渐成为国内外旅游者向往的旅游目的地。

殷墟位于我国河南省安阳市，是我国第一个有文献记载并为考古发掘所证实的商代都城遗址。在这里先后出土了数量惊人的甲骨文、青铜器、玉器、陶器、骨器等精美文物，全面、系统地展现出3300年前中国商代都城的风貌，为这一人类文明史上重要历史阶段的存在提供了坚实的证据。2006年7月13日，殷墟被列入《世界遗产名录》后，古老殷墟迎来了前所未有的客流高峰。

◎ 殷墟（中国）

21世纪将是一个市场化、技术化、生态化、消费化和个性化的时代。文化蕴藏着巨大的经济潜能，文化就是明天的经济。在这样的时代背景下，全球旅游业将呈现出多极化、多中心的发展趋势。在这样的市场背景下，全球21世纪旅游产业的发展也将进入一个转型期，旅游文化在旅游业中将起到越来越重要的作用。

第二节　旅游文化的研究内容和意义

旅游文化是旅游与文化的一种深层次结合，是旅游活动中创造的全新专门的文化，是一门新兴学科，是旅游业实现可持续发展的原动力和新生长点。旅游文化作为一种全新的文化形态，揭示了旅游活动本质上是一种文化活动，是从文化方面研究人类旅游活动发展规律的学科。

一、旅游文化的研究内容

（1）精神文化：指旅游者的思想观念、行为模式、审美标准、文化素质、生活方式、消费水准等。

（2）物质文化：指具有一定空间和一定形态的文化物质实体，如聚落、建筑物、宫殿、园林、坛庙、考古遗址、桥梁、造像、碑刻、雕塑等人文和自然景观。

（3）非物质文化：指人类世代相承的各种传统文化表现形式和文化空间。其形式包括：

语言、文学、音乐、舞蹈、游戏、民俗、节庆、礼仪、手工艺、建筑艺术及其他艺术。

旅游文化的研究内容，实际上就是以旅游主体、旅游客体、旅游介体之间的相互关系为基础，在旅游活动过程中业已形成的观念形态及其外在表现的总和。因此，旅游文化既是精神的，也是物质的。旅游文化的内涵十分丰富，外延也相当宽泛，其研究范围既涉及旅游者自身的文化素质、兴趣爱好、行为方式、思想信仰等旅游主体文化领域；也涉及人文景观文化和自然景观文化的旅游客体文化领域；还涉及旅游业的企业文化、管理文化、教育文化、服务文化、商品文化、导游文化、政策法规等旅游介体文化。

旅游文化是一门综合性学科，涉及多种相关知识体系的交叉和多种学科方法的应用。在现代科学综合化和整体化的发展趋势下，多学科、跨学科的研究方式处于特殊而重要的地位。在研究方法上，旅游文化研究也需借助于文化学、历史学、民俗学、心理学、地理学等其他学科中所使用的方法。旅游文化研究中使用的一般科学研究方法主要有理论分析法、实地调查法、文献考证法、比较研究法和统计学方法。

二、旅游文化的研究意义

无论人文旅游资源还是自然旅游资源，其魅力均在于其文化内涵。人文旅游资源包括：聚落（乡村、城镇和城市）、文物古迹、古人类遗址、考古遗址、园林、历史建筑、工业景观、农业景观、民族风情等，是一个民族、一个地区的文化积淀，反映了特定时期的历史和文化风貌。作为大自然的直接造化，自然资源是最基本的旅游资源，如地质景观（山岳、化石遗址、火山和喀斯特地貌等）、水体景观（江河湖海）、生物保护区等。自然资源属于大自然的产物，但人类对自然景观的影响，赋予了自然景观丰厚的文化内涵，如名人足迹、诗词、歌赋、游记、题咏、碑刻、庙宇等，将山水等自然景观打上了深深的文化烙印。被联合国教科文组织世界遗产委员会列入世界文化与自然双重遗产（混合遗产）的泰山、黄山、峨眉山、武夷山（中国），比利牛斯–佩尔杜山（法国和西班牙），阿索斯山（希腊），拉普尼安地区（希腊），马丘比丘历史圣地 （秘鲁），卡卡杜国家公园（澳大利亚），汤加里罗国家公园（新西兰）等，不仅具有独特的自然风光，而且还具有丰富的文化内涵。

无论是人文旅游资源还是自然旅游资源，要吸引和激发起旅游者的旅游动机，就必须具有魅力无穷、独具特色的民族或地方文化内涵，满足人们对科学、史学、文学、艺术、美学等方面的不同需求。旅游文化是一国旅游业保持自身特色的一个决定因素。文化具有地域性、民族性、时代性等特点，往往为一国或一地区所独有。

旅游的本质属性和社会意义所赋予的文化内涵，具体表现在以下几个方面：

（1）旅游是人们学习和求知的广阔天地。

旅游景观不仅是旅游活动中游览观光的对象，还蕴含着的丰富且博大精深的精神文化内涵，它是一部直观而生动的自然、社会和文化教科书，既可以成为人们认识和学习的对象，丰富人们的知识和完善人们的文化素质结构，又可以提高人们对自然和社会的学习和认识水平。在现代社会，旅游已成为一种特殊的学习求知方式，“寓学于游，寓学于乐”，人们从中可以学到许多书本上学不到的东西，受益无穷。

庞贝古城遗址是世界上最负盛名的古遗址之一，它再现了古罗马时期的文化、经济和生活的缩影。难怪许多文人名士慕名而来，如德国大文豪歌德、法国作家司汤达和文学批评家泰纳、美国作家马克·吐温等。亨利·马修斯在1820年这样写道：“花上一个早上在庞贝庄严的大街上行走，要比阅读世界上所有的书本更能让你生动地体会到他们的生活模式。”

（2）旅游促进了科学考察、学术交流、文化往来。

科学考察、学术交流、文化往来与旅游活动的有机结合，促进了社会文化的交融。一方面，现代旅游的兴起和发展，促进了国家和地区之间的文化与科技的交流，推动了文化和科技前进的步伐；另一方面，它也加深了世界各国人民的友好往来，增进了彼此间的友谊。我国古代就有“读万卷书，行万里路”的格言。在中外历史上有许多有作为的诗人、作家、学者，都与旅游结下了不解之缘。

我国儒家学派创始人孔子率领弟子周游列国14年之久，足迹遍及卫、陈、鲁、宋、郑、蔡、楚诸国，开创了游学活动的先河。我国古代一些著名诗人李白、白居易、孟浩然、苏轼、陆游等都游历了我国的名山大川，写出了千古流传的诗篇。

唐代高僧玄奘的《大唐西域记》、北宋伟大的科学家沈括的《梦溪笔谈》、明代医药学家李时珍的《本草纲目》，都是与旅行活动有着密不可分关系的不朽著作。

我国历史上杰出的旅行家和地理学家徐霞客，江阴（今江苏江阴）人，从22岁第一次出游太湖开始，直至逝世的前一年，全身心地致力于专业旅游活动中，他的足迹遍及苏、浙、赣、鲁、晋、冀、豫、陕、湘、鄂、闽、粤、桂、黔、滇诸省，直至中缅交界。《徐霞客游记》一书，为地理学和地质学方面的考察研究做出了卓越的贡献。

著名的意大利旅行家马可·波罗于1254年出生于意大利威尼斯一个商人世家，是世界历史上第一个将地大物博的中国向欧洲人做出报道的人，他在他的游记《东方见闻录》（也称《马可·波罗游记》）中描述了中国的富饶和文化的博大精深，在欧洲引起了极大的震撼，为中西文化交流起到了巨大的促进作用。因此，马可·波罗被誉为“中世纪的伟大旅行家”和中意关系史上的友好使者。

意大利伟大诗人、文学巨匠和文艺复兴的先驱但丁于1265年出生在佛罗伦萨一个贵族之家，从小受到良好的教育，对许多领域都有着广博的知识，并且很早就开始进行诗歌创作。《神曲》既是他的代表作，也是世界文学史上最为重要的一部文学作品。在但丁的一生中，他曾积极地投身于佛罗伦萨的政治活动，担任过公职。1302年，他因为反对教皇及其教皇在佛罗伦萨的追随者，被判终生放逐。在此之后，但丁虽然也做过多次努力想重返故里，但都没有成功，最终他于1321年在意大利的拉韦纳去世。辛酸的流亡生活扩大了但丁的视野，增长了其阅历，丰富了其经验。但丁的重要作品几乎全部是在流亡中写成的。来到拉韦纳的文学爱好者们，都会不约而同地前往但丁墓进行瞻仰。

英国著名生物学家达尔文在乘坐贝格尔号远洋船进行环球考察的过程中，于1835年来到厄瓜多尔的加拉帕戈斯群岛。岛上生物的多样性给他留下深刻的印象，为他提出自然选择的论点和撰写《物种起源》这一巨著奠定了基础。

（3）旅游是一种自由、主动、积极的文化活动。

旅游是一种自由、主动、积极的文化活动，是一种高层次的愉快的精神享受。过去，西方旅游者喜欢到热带海滨去休闲度假，因为那里有明媚的阳光（Sun）、碧蓝的大海（Sea）和舒适的沙滩（Sand）。“3S”作为最具吸引力的旅游目的地，成为西方人所向往的地方。随着生态旅游的开展，游客环境意识的增加，西方游客的旅游热点也从“3S”转向“3N”，即到“自然（Nature）”中去缅怀人类曾经与自然和谐相处的“怀旧（Nostalgia）”情结，使自己在融入自然的过程中进入“涅槃（Nirvana，佛教中超越一切烦恼的境界）”这一最高的精神境界。从“3S”到“3N”的转变，标志着人类对旅游的追求已经开始从以身体享乐为主转为以精神追求为主。

我国的古村落，蕴藏着丰富的人文和自然资源，是我国乡村社会文化的典范。古村落保留的价值不仅仅是古建筑本身，更重要的是其中的文化内涵。古村落是我国民间传统文化的集中体现，生动地展现了民族文化的丰富内涵，鲜明地折射出我国悠久的历史和民族文化的传统，已成为了解我国历史和文化的一个重要窗口。我国的古村落正逐渐成为国内

◎ 江西婺源的古村落（中国）

外游人向往的一个旅游目的地。

（4）旅游是艺术的享受和审美意识的升华。

人类的审美意识是社会意识中一种特殊的形态，是人对现实生活中具有审美价值的客体对象能动的反映。旅游是一种精神生活，这种精神生活是通过美感享受而获得的。因此，从这一角度来看，旅游又是一种审美活动。在旅游过程中，无论是游山玩水，寻幽访古，还是感受风土人情，欣赏艺术珍品，都是为了通过旅游活动增长知识，开阔视野，获取精神上的享受，都是在追求一种美的体验。旅游可以培养旅游者的审美情趣，增强旅游者的审美意识，丰富旅游者的审美经历，不断提高旅游者的审美水平。旅游文化能培养旅游者学习体验和欣赏人文景观和自然景观。

地球上凡是有人类涉足的地方就有文化现象产生。南极是最后一个被发现的大陆，那里是寒冷严酷的冰雪世界，有不可思议的神奇动物，有摄人心魄的绝色美景，是远离人类文明的净土。南极特殊的地理位置和极端的自然环境，造就了原始恢宏的自然景观和千奇百态的动物世界，以其纯净的世界和纯净的动物而成为世人向往的旅游目的地。

◎ 南极

马赛马拉国家公园是全肯尼亚最大的

◎ 动物大迁徙（肯尼亚）

国家野生动物保护区，这里是动物最集中的栖息地和最多色彩的大草原，是狮子、猎豹、大象、长颈鹿、斑马等野生动物的家园。马拉河是野生动物的生命线。每年马赛马拉都会上演举世闻名的动物大迁徙。每年的7—10月，游人接踵而至，为的就是一睹非洲大草原上的生物大迁徙的壮观景象，感受独特的原始文化。

1820年的一天，在爱琴海上的米洛岛出土了一尊女人雕像。尽管出土的时候雕像就已失去了两只手臂，但当这尊雕像在巴黎罗浮宫展出时，所有参观者都被这尊雕像的美所倾倒。这尊用洁白大理石雕成的雕像就是后来风行世界的《米洛的维纳斯》。这尊半裸的女人雕像，亭亭玉立，神态优雅，代表了古典希腊女性的典型特征。面对这尊洁白无瑕的大理石雕像，人们仿佛能感受到此中所蕴含的女性的活力和生命的旋律。

法国巴黎的罗浮宫是世界上规模最大和藏品最丰富的艺术博物馆，藏品达40万件，向世人展示着人类无比辉煌的艺术成就和无限伟大的创造精神。罗浮宫的镇馆三宝是世人皆知的“三位女人”：《蒙娜丽莎》《维纳斯》和《胜利女神》。蒙娜丽莎神秘的微笑、维纳斯典雅的美丽、胜利女神奔放的身姿，让世人为之倾倒。

佛罗伦萨是意大利文艺复兴的摇篮，这座城市成就了意大利文艺复兴鼎盛时期艺术史上一些最为杰出的艺术大师，如列奥纳多·达·芬奇（Leonardo da Vinci）、米开朗琪罗（Michelangelo）、拉斐尔（Raphael）、提香（Titian）等。诗人但丁（Dante）出生于佛罗伦萨，他的长诗《神曲》被视为不朽之作。佛罗伦萨遍布着许许多多博物馆、美术馆、宫殿、教堂等古建筑，向世人展示着这座艺术之都的永恒魅力。人们来到这座城市就不能不

◎ 罗浮宫（法国）

◎ 佛罗伦萨（意大利）

参观乌菲奇美术馆，因为文艺复兴时期意大利著名画家桑德罗·波堤切利的《维纳斯的诞生》就珍藏在这座美术馆。这幅作品取材于古典神话，描画了维纳斯浮出海面的情景：一枚花瓣似的贝壳将她轻轻地托起，她犹如出水芙蓉，漂浮在涟波荡漾的海面上。等候在岸边的春神展开手中华丽的衣衫迎接她的到来，准备为新生的女神披装。波堤切利惟妙惟肖地刻画了爱与美的女神——维纳斯，象征着对美的追求。这幅画作是文艺复兴时期的代表作之一。

当人们置身于在我国的云南三江并流保护区、美国的大峡谷国家公园、加拿大的格罗斯莫讷国家公园、厄瓜多尔的加拉帕戈斯群岛、澳大利亚的大堡礁、俄罗斯的贝加尔湖等这些举世闻名的世界自然遗产地时，不仅会感受到大自然的美丽风光，而且在欣赏自然美景时也潜移默化地提升了自己的审美意境。

在现代旅游活动中，人们不仅渴求欣赏大自然的苍茫迷幻和秀丽风光，还盼望置身于历史长河中，从中汲取教益，增长知识，丰富生活。构成历史遗迹的要素，主要包括历史聚落（古城、古镇和古村落）、古人类遗址、考古遗址、古典园林、古战场、古墓葬、古建筑、名人故居、石刻石碑、革命纪念地等。通过对这些名胜古迹的观赏，可以了解一个民族的文化，得到美的享受。

第三节　旅游文化的特征

文化具有民族性和地域性分布的空间特征和时代性特征，不同的民族、地域和时代的人们所创造的文化具有不同的特点，从而形成不同的民族文化、民俗风情文化和历史文化。旅游文化并非旅游和文化的简单叠加，它是旅游和文化相结合而产生的一种全新的文化形态。旅游文化作为文化的一个分支学科，通常具有一般文化形态所具有的共同属性；而作为一种有别于其他类型文化而独立存在的文化类型，旅游文化又有其自身特点。旅游资源的文化内涵十分丰富，具有鲜明的地域性、民族性和时代性特征。

1. 地域性

文化的地域性也就是文化的地域差异性，或称文化的地方性。文化的地域差异性，不仅表现在东西方文化之间存在极大的差异，不同国家具有不同的文化背景、不同的风土人情与生活习俗，就是在一个国家内部，也有文化差异存在。

地域性是地理环境在空间上表现出的这一地区和另一地区的明显的地域差别。各类旅游资源总是分布在一定的地理环境或区域之中，因此，地理环境在空间分布上的差异，必然导致旅游资源在空间上的差异，即具有明显的区域性特征。这主要表现在旅游资源的地方性和民族性特色上。不论自然风光还是人文旅游资源，在空间分布上都存在鲜明的地域性。

从世界范围看，我国是以传统的东方文化为代表，美国以现代文化为代表，法、德、意等欧洲国家则代表了多元文化。我国的地域文化丰富多彩，有以江苏、浙江和上海为代表的吴越文化，以湖南、湖北为代表的荆楚文化，以四川、重庆为代表的巴蜀文化。此外，还有三晋文化、齐鲁文化、关陇文化、岭南文化等。

伊斯坦布尔是土耳其最大的城市，是世界上唯一横跨欧亚两洲的名城，也是古代丝绸之路的终点。伊斯坦布尔位于博斯普鲁斯海峡两岸。窄窄的海峡把全市一分为二：海峡西岸属欧洲，东岸则属亚洲。如今，这座美丽的古城已成为著名的旅游胜地。

正如人们所知，奥地利是世界音乐之乡，它不仅拥有众多伟大的作曲家，而且它的音乐传统也得到了奥地利人民很好的继承和发扬。奥地利历史上产生了众多名扬世界的音乐家：海顿、莫扎特、舒伯特、约翰·施特劳斯，以及生于德国波恩却长期生活在奥地利的贝多芬等。这些音乐人师在两个多世纪中，为奥地利留下了极其丰厚的文化遗产，形成了奥地利独特的民族文化传统。

瑞典北部的北极圈拉普尼安地区是萨米人或拉普人的家园，早在四五千年以前萨米人就来到了这里，至今他们仍然保留着传统的生活方式，以驯鹿业为生，过着游牧的生活。每年夏天，萨米人都会赶着他们的大群驯鹿走向大山，穿越保存至今的原始

◎ 维也纳莫扎特雕像（奥地利）

◎ 金色大厅（奥地利）

自然景观。

◎ 北极

马来西亚的马六甲城建于15世纪初，曾为马六甲王国的都城。马六甲城扼据马六甲海峡东岸，地处海上交通要冲，从16世纪起，历受葡萄牙、荷兰和英国的殖民统治。马六甲城在几百年间推动了东西方在马六甲海峡的贸易往来与文化交流。马六甲城内的政府建筑、教堂、广场以及防御工事展现出了这座城市早期的发展历程，这座城镇呈现出的独特的建筑与文化景观在东亚及东南亚其他地区都很罕见。

◎ 马六甲古城（马来西亚）

◎ 城堡（马来西亚）

我国江南六大水乡古镇周庄、同里、角直、西塘、乌镇、南浔，以其“小桥、流水、人家”的规划格局和建筑艺术在世界上独树一帜，是江南水乡地域文化的集中体现。

◎ 乌镇（中国）

2. 民族性

民族是特指具有共同语言、共同地域、共同经济生活以及表现于共同文化上的共同素质的人的共同体。世界上有许许多多的不同民族，每个民族都有自己独特的文化传统，以区别于其他民族，这就是文化的民族性。每个民族都生活在特定的自然和社会环境中，不同的环境造就了不同的生产和生活方式，形成了不同的语言、文字、艺术、道德、风俗习惯及物质成果等，构成了不同的民族文化。民族文化一经形成，就会变成一个稳定性的因素沉淀于一个民族的文化深处，为整个民族所拥有，成为该民族一个强有力的凝聚力因素，如分布于世界各地的华人社区长期保留着中华文化的优良传统。文化的民族性影响着人类行为活动的各个方面，也是旅游活动产生的直接诱因。文化本身具有民族性、区域性的特点，而且从根本上来说，“越是民族的，就越是世界的”，只有在文化交流和比较中，才能显示出自身文化的独特性。

我国是一个历史悠久、文化灿烂的国家，不仅拥有众多的名山秀水，还有数不尽的名胜古迹，众多的世界遗产是中华民族的历史、文化与文明的象征。我国的文化历史悠久，源远流长，华夏五千年文明，从原始社会历经漫长的奴隶社会、封建社会、近代社会，进入现在的工业社会，每一次朝代的更迭、政权的转换，都是推动文明发展的历史车轮，并留下了大量的文化遗产。作为一个多民族国家，我国的56个民族都有自己特色鲜明的历史文化、服饰装饰、民风习俗、乡土文化、喜庆节日和衣食住行等特点。我国文化在其长期历史发展过程中，不仅创造了辉煌灿烂的物质文化，还创造出了能够指导中华民族不断前进的精神文化。这种精神文化体现了中华民族特有的思想观念、价值体系、审美意识、民族性格。

法国拥有悠久的历史和灿烂的文化。法兰西民族是一个极富艺术创造力的民族，从中世纪以来，法国就是各种思维创造活动的中心。数以百计的法国哲学家、散文家、作家、历史学家和社会学家在人类思想史上留下了他们的印迹，难以计数的艺术家的作品成为整个人类文明的宝贵遗产。自从16世纪以来，法兰西文学界一直是群星璀璨，如：莫里哀、卢梭、萨德、伏尔泰、巴尔扎克、大仲马、福楼拜、雨果、司汤达、左拉等。进入20世纪，法兰西文学再次在众多天才作家的佳作中展露辉煌，其在绘画、雕塑、音乐等方面的成就更是令世人刮目相看。

3. 时代性

旅游活动是人类历史渊源久远的一项文化活动，因此旅游文化的积淀具有历史性和时代性。文化既是在特定的空间中产生和发展起来的，也是在特定的时间内创造与生长的。在不同的社会历史发展阶段，文化的内容和功能是不同的。文化具有鲜明的社会时代性，可以说，人类文化时代进化的不同层次，是构成世界文明多样性的原因之一。同时，文化的时代性也是旅游活动产生和发展的原因之一。随着时代的变迁，传统文化与现代文化之间的相互碰撞和融合，也会打破旧的文化传统，形成新的文化类型。

在我国，随着时代的变迁和城市化进程的快速发展，八大古都（西安、洛阳、开封、南京、北京、安阳、杭州、郑州）的许多古老建筑和文物古迹都被拆除，以至于逐渐失去了古都风貌，很难再有旧城和新城之分。于此形成鲜明对照的一个例子是，在意大利罗马的旧城区，几乎看不到一座新建筑，每一座矗立的千年古建筑或废墟遗址都留存着深远的历史刻痕，都是艺术巨匠的大手笔。在这里，宏伟的古代宫殿、教堂、博物馆等比比皆是，整个城市就像一座巨大的露天博物馆，记录着古罗马的历史过往。罗马新城区在面积上比旧城区要大许多，街道宽阔整洁，摩天大楼拔地而起，商店鳞次栉比，极具现代感。但是这里的游人却是寥寥无几，与旧城区游人如织的情景形成强烈的反差。欧洲的许多城市都有新城与旧城之分，目的就是为了保护旧城的历史文物、名胜古迹和原有的风貌。

深圳无疑是我国最年轻的城市。作为一座移民城市，深圳融合了东西南北各地的文化。同时，它又是一个充满现代意识的特区。开放与兼容或许是深圳这座城市的文化特质。深圳特区在进行经济建设的同时，也在致力于文化建设。现已建有深圳大剧院、博物馆等文化设施，1994年深圳世界之窗的建成，更是为当时的国内旅游开创了一个新天地。在深圳世界之窗，不仅可以看到中华民族腾飞的足迹，还可以看到中西方文化碰撞迸出的火花。

最具时代影响的城市莫过于印度的旧德里和新德里。虽说两城之间仅隔一座德里门，其风格却迥然相异，象征着过去与现在，传统与现代，旧有与新生的并行不悖。旧

◎ 罗马斗兽场（意大利）

德里就像一条时光隧道，留住了昔日的时光。而新德里则如同一座里程碑，传承了现代文化。

纽约是代表移民文化的一座典型城市，其都市景观、都市生活、都市文化等方面在这里得到了形象的展示，从而构成了五彩缤纷的世界多元化都市的风貌。

在《世界遗产名录》中，被列入的世界历史名城为数众多，然而巴西首都巴西利亚却是一座年轻的现代化城市。巴西利亚位于戈亚斯高原上，建于1956年，1960年建成。巴西利亚是唯一被列入世界遗产的现代化都市，其城市的设计和规划充分体现了人类的创新精神和丰富的想象力，堪称现代城市建设的典范，是城镇规划史上的一座里程碑。

目前，旅游文化不仅已成为一种新兴的国际旅游产业时尚，而且蕴藏着巨大的经济潜能。它把旅游活动的综合效益功能和旅游产业的关联带动作用表现得淋漓尽致，从而促进了旅游活动向更高品位发展，带动旅游产业向自然、社会、文化和经济协调发展的可持续发展模式转化。

思考与练习

第二章　人文景观文化

人文景观是人类活动在土地及土地空间上的烙印，是人类生产、生活的艺术成就和文化结晶的写照，是人类适应并改造自身生存环境的科学的、历史的概括。

本章视频

人文景观是多种功能和过程的载体，具体来说它可被理解和表现为以下方面。

栖居地：即人类生活其中的空间和环境。这类景观代表了整个人类生息繁衍的环境，最真实地展示了历史演变发展的物证，如古人类遗址、考古遗址、皇宫和王宫、理想居所、广场、陵园墓地等。

美景：即视觉审美过程的对象。这类景观主要是感官上觉得优美的风景，包括出于美学原因考虑而由人类建造的园林或公园。它们经常与宗教或其他纪念性建筑物或建筑群有联系，如国家公园、文化风景区等。

符号：一种记载人类过去、表达其希望与理想得以认同和寄托的语言和精神空间。这类景观主要以与自然因素、宗教、艺术或文化相联系为特征，如岩画、石窟、防御工程、水利工程（运河、桥梁）、农业景观、工业景观、大学、纪念碑等。

第一节　人类的栖居环境

在人类的文明发展史中，从柏拉图到孔夫子，从亚里士多德到马克思，从杰斐逊到孙中山，这些为推动社会变革、历史进步而奋斗终生的仁人志士都已名留青史。但是人们往往注意不到，在这些伟人辉煌的奋斗目标下面潜藏着人类追求和谐生活、舒适环境的理想。而在大谈风水宝地、宜居城市的今天，又有多少人知道，其实在人类出现之时就已体现出择居的本能，尽管那仅仅是对自然条件的一种原始选择。随着时光流逝，昔日的栖居地已经成为今人了解人类发展史的一把钥匙；而其深藏的文化底蕴与独特的艺术风格，作为人类探古寻幽的一个诱因，更是吸引着全世界的旅游者。

一、探寻古人类文化遗址

由于文字发明较晚，人类的史前文明没有留下翔实可得的记录，但是大量的实物遗迹都在默默地向人们诉说着古老原始的故事。古人类文化遗址是人类祖先繁衍生息的栖居场所。正是在这里，人类开始认知自己，寻找自己在自然演进历史中的位置，因此，我们可以说它们是人类的起源地。被列入世界文化遗产的古人类遗址包括：奥莫低谷和阿瓦什低谷（埃塞俄比亚）、斯泰克方丹、斯瓦特克朗和克罗德莱古人类化石遗址（南非）、桑吉兰早期人类遗址（印度尼西亚）、阿塔普埃尔卡考古遗址（西班牙）和周口店北京人遗址（中国）等。它们是最具有代表性的见证人类文明的第一站。

1. 对水的原始依赖——埃塞俄比亚的奥莫低谷

奥莫河由埃塞俄比亚中西部向南流淌。奥莫低谷位于埃塞俄比亚南部边境，靠近图阿卡那湖，是迄今为止所知的人类所居住的最古老的史前时期的露营地之一——在这里人们发现了南方古猿的化石遗址。奥莫低谷史前遗址的研究应该归功于20世纪30年代的卡米尔·阿兰布格教授和20世纪60年代的一支由古生物学家和史前考古学家组成的考古队所做的工作，他们发掘出了南方古猿的骨骼、大量的牙齿和残骸。在有关文物部门的监管下，这处史前时期的遗址得到了完好的保存。这些考古学的发现，引起了人们对考古学、人类学界著名的“非洲起源说”的兴趣。

2. 南非的斯泰克方丹、斯瓦特克朗、克罗姆德莱和艾维罗恩古人类化石遗址

在南非的斯泰克方丹、斯瓦特克朗和克罗姆德莱发现的石器和骨具，其年代可追溯至200万年前到150万年前。在斯泰克方丹洞穴发现的古人类用火的证据，其年代是在180万年前到100万年前。斯泰克方丹等遗址包括一个在科学上具有重要意义的遗址群，有助于后人了解人类祖先早期的生活状况。

3. 桑吉兰早期人类化石遗址

桑吉兰早期人类化石遗址位于印度尼西亚的爪哇岛。该地区以发现古爪哇魁人和直立猿人的头骨化石而闻名于世。人们在1936—1941年间对这处遗址进行了挖掘，发现了一些早期原始人类化石。后来，又有一些化石先后在这里被发现，其中包括远古巨人化石、猿人直立人化石、直立人化石，占到世界已知原始人类化石的一半。150万年前的人类聚居地这一事实，使桑吉兰成为了解和研究人类进化史最重要的地区之一。

4. 周口店北京人遗址

周口店北京人遗址是打开70万年前人类进化历程的一把钥匙，北京猿人大约生活在中更新世早期。1921年，古生物学家发现了两枚早期人类牙齿化石。1929年又发现了北京人头盖骨化石、石器和用火遗迹，成为震惊世界的重大考古发现；1933年，还发现了距今约2万年前的山顶洞人化石和文化遗物。截止到1937年，考古学家们又陆续发现头盖

骨、头骨残片、面骨、下颌骨、牙齿、肱骨、锁骨等，数块分别来自多个不同年龄和性别的古人类个体；1973年更是周口店遗址发掘史上振奋人心的一年，在周口店编号为第4地点的新洞发掘出了一颗古人类的牙齿，被称为新洞人。新洞人时代晚于北京人，早于山顶洞人，生活在距今约10万年前。2003年6月，中国科学家在北京周口店田园洞内再次发现距今25 000年左右的古人类化石。此次发现是北京地区山顶洞人时期仅存的人类化石实证。

◎ 北京人遗址博物馆（中国）

北京人遗址是目前世界上发现的古人类化石最丰富的遗址之一，它的发现不仅是有关史前亚洲大陆人类社会的一个罕见的证据，而且也阐明了人类进化的进程。

古人类化石遗址的发现，让人类学家与考古学家欣喜若狂，探究人类自身的起源、寻找人类最古老的根脉成了他们的人生信念。事实上，除了这些学者之外，奔向年代久远的遗址地更多的是充满了好奇心的旅游者，他们并不关心原始人类骨头的多少，而是抱着对原始人的生存环境的想象来感受远古的历史。从现今发掘的有关原始人的骨骼化石、生存工具、使用器皿来推测其当时的生活状况，从遗址所处的位置来了解人类最原始的栖居地，可以得出这样一个推论，即他们都选择了临近水体、崖壁等隔离性的场所。人类就是在这种凶吉祸福并存的条件下，在采集、狩猎等活动中认识环境，辨析环境和利用环境，最终形成了栖息地的原始模型。生命传承于此，文明发祥于此，社会起步于此，景观形成于此，旅游者追寻的文化色彩也在于此。

二、考古遗址

古人类遗址的发掘，讲述了人类的起源和衍进及其生生不息。人类永远在对自身与外界的追寻和探索中推动社会向前发展。社会越是先进、发达，人们就越是想找回从前的古朴和单纯，尤其是想亲身感受一下那些在没有现代科技的古代所创造出的惊人的壮举。尽管这样的壮举已经在时光中渐渐被毁坏、被遗弃，但是它们曾经散发出的魅力，却是人类历史上永远也抹不去的。

在《世界遗产名录》中，考古遗址占有重要的一席之地，代表着不同的历史文化内涵。其中，在欧洲有新石器时代的奥克尼遗址（英国和北爱尔兰），梅里达考古遗址、阿塔普埃尔卡考古遗址、塔拉科考古遗址（西班牙），庞贝、赫库兰尼姆和安努兹亚塔考古区（意大利），特洛伊考古遗址（土耳其），克拿维考古遗址（立陶宛），博因考古遗址

（爱尔兰），奥林匹亚考古遗址、德尔斐考古遗址、埃皮道鲁斯考古遗址、塞萨洛尼基的古基督教和拜占庭遗址、韦尔吉纳的考古遗址、迈锡尼和梯林斯考古遗址（希腊），魏玛和德绍的建筑及其遗址（德国），萨玛拉敦玛凯青铜时代埋葬遗址（芬兰），耶林土墩、石碑及教堂遗址（丹麦），埃奇米阿津大教堂、教堂和兹瓦尔特诺茨考古遗址（亚美尼亚）；在亚洲有殷墟文化遗址（中国），吴哥考古遗址（柬埔寨），帕尔米拉遗址（叙利亚），塔克特·伊·巴依佛教遗址和萨尔·依·巴赫洛古城遗址、摩亨朱达罗考古遗址（巴基斯坦），巴特、库特姆和艾因考古遗址（阿曼）等；在非洲有莱普蒂斯·玛格纳考古遗址、昔兰尼考古遗址、萨布拉塔考古遗址（利比亚），阿布·辛拜勒至菲莱的努比亚遗址（埃及）等；在美洲有霍亚·德·赛伦考古遗址（萨尔瓦多）、科潘玛雅遗址（洪都拉斯），莱昂·维尧遗址（尼加拉瓜），巴拿马韦爵考古遗址和巴拿马历史区（巴拿马），霍契卡尔科考古遗址区（墨西哥 ）等。

1. 灿烂的殷墟文化

殷墟位于我国河南省安阳市，是我国第一个有文献记载并为考古发掘所证实的商代都城遗址。在这里先后出土了数量惊人的甲骨文、青铜器、玉器、陶器、骨器等精美文物，全面、系统地展现出3300年前商代都城的风貌，为这一人类文明史上重要历史阶段的存在提供了坚实证据。一个世纪以来在殷墟的发现和发掘，不仅使殷墟成为我国近现代考古学的摇篮，而且提供了一种独有的、历史的和科学的见证，呈现出巨大的考古潜力。因此，殷墟于2006年被列为世界文化遗产。

◎ 殷墟宫殿宗庙遗址（中国）*

◎ 殷墟王陵遗址（中国）

* 图中的“司母戊”应为“后母戊”。

◎ 庞贝考古遗址（意大利）

2. 重现意大利的庞贝

公元79年8月24日，那不勒斯（那波利）湾地区海拔1277米的维苏威火山突然爆发，强烈的火山活动喷出的岩浆、火山碎屑物质和气态喷出物把山下的庞贝城全部湮没。一座原本充满生机的城市，顷刻之间就被极其灼热的岩浆所凝固，瞬间即成了一座死亡之城。从此，庞贝古城便从人们的记忆里消失了。直到1763年考古学家发现一块刻有庞贝城市字样的标志物，人们才逐渐认识到这里掩埋了一座曾经在世界上如此美丽繁华的城市。

庞贝西南毗邻那不勒斯湾，西北紧靠维苏威火山，依山傍水，风光秀丽。这里土壤肥沃，气候宜人，城里有两万多居民，过着平静的生活。遍及城市的竞技场、剧场、浴场刻画了当时庞贝人的生活情趣，一座座富人宅邸则是权力和财富的象征。街上的小酒店、面包房、客栈等随处可见。然而再盛极的城市也挡不住火山喷发的摧残，生与死有时就在一线间。

3. 萨尔瓦多的霍亚·德·赛伦考古遗址

霍亚·德·赛伦是前拉丁美洲的一个农庄，像意大利的庞贝一样，大约于公元600年由于洛马卡尔德拉火山的喷发而被掩埋。该处遗址位于蒙多玛雅东南，是考察拉丁美洲古代文明——玛雅文化的一个重要参照。1976年，人们非常偶然地发现了这处火山喷发遗址。自那以后，考古挖掘工作便在这里持续不断地进行着。该处遗址保存下来的村庄使我们能够对生活在1400多年前玛雅人的生活有所了解。这是在西半球发现的唯一一处同类遗址，它为今人了解人类古代文化提供了详尽的材料。

4. 史诗里的特洛伊考古遗址

土耳其的特洛伊考古遗址，对于今人理解欧洲文明早期发展史上这一关键时期具有重

◎ 特洛伊考古遗址（土耳其）

大意义。再加上它对荷马的《伊利亚特》这部具有创造性的典范所产生的两个多世纪的深刻影响，更使特洛伊在人类文化史上占有极其重要的一席之地。特洛伊以其自身所负载的4000多年的文化历史，成为世界上最著名的考古遗址之一。

特洛伊城遗址本是一座土耳其古城，位于恰纳莱南部，北临达达尼尔海峡。该城于公元前16世纪前后为渡海而来的古希腊人所建，并于公元前13世纪到公元前12世纪时达致繁荣。1871年，著名的考古学家海因里希·谢里曼（Heinrich Schliemann）主持该处遗址的第一次挖掘，之后一直延续到20世纪30年代。考古学家在深达30米的地层中发现了从公元前3000年至公元400年分属9个时期的特洛伊城遗迹，找到了公元400年罗马帝国时期的雅典娜神庙、议事厅、市场、剧场的废墟等。这些建筑虽已倒塌败落，但从其残存的墙垣、石柱来看，原有的气势相当雄伟。在这里，除了发现有公元前2600年到公元前2300年间的城堡、王宫及其他建筑，还发现了许多金银珠宝、青铜器、陶器、石器、骨器、陶纺轮等。该处遗址广泛的遗存物，是安纳托利亚和地中海文明之间联系的最重要的证明。

公元前9世纪的荷马史诗《伊利亚特》中叙述的“特洛伊木马计”就发生在这里。特洛伊王子帕里斯来到希腊斯巴达王麦尼劳斯宫中作客，受到麦尼劳斯的盛情款待，但是，帕里斯却看上了麦尼劳斯的年轻貌美的妻子海伦，并想法把她带回了特洛伊。麦尼劳斯和他的兄弟决定讨伐特洛伊。由于特洛伊城池牢固，易守难攻，连战10年亦未能如愿。最后英雄奥德赛献计，让迈锡尼士兵烧毁营帐，登上战船离开，造成撤退回国的假象，并故意在城下留下一具巨大的木马，特洛伊人把木马作为战利品拖进城内。当天晚上，正当特洛伊人酣歌畅饮欢庆胜利的时候，藏在木马中的迈锡尼士兵悄悄溜出，打开城门，放进早已埋伏在城外的希腊军队，结果一夜之间特洛伊便化为废墟。荷马史诗中叙述的这段事迹，成为西

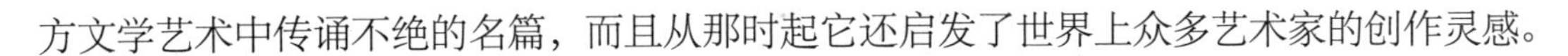

方文学艺术中传诵不绝的名篇，而且从那时起它还启发了世界上众多艺术家的创作灵感。

5. 奥林匹亚考古遗址——体育圣地

在希腊伯罗奔尼撒半岛西部的克洛诺斯山旁，有一座遍布神殿和竞技场的小城，这就是著名的奥林匹克运动会发祥地奥林匹亚。公元前15世纪，希腊人为祭祀宙斯神，在奥林匹亚等地举行宗教节日，竞技会为节日活动之一。优胜者的奖品是橄榄枝编成的圆环。这种竞技会每隔 4 年举行一次，每次举办的日期是7月或8月的满月日。

公元6世纪，奥林匹亚发生大地震，随后克拉迪奥斯河又泛滥成灾，将这里变成废墟。1776年，英国学者钱德拉发掘了奥林匹亚。在那之后，经过几代人的挖掘，奥林匹亚圣地终于重现世人眼前。

奥林匹亚竞技场至今仍保持原貌。竞技场入口处有石砌长廊，场内观众看台和贵宾席依山而建，全场可容纳 4 万名观众。竞技场内东西两端各有一条石灰岩砌成的起跑线，跑道全长192米。奥林匹亚还有著名的宙斯神殿、赫拉神殿、竞技场等20余处建筑遗址。如今，这一具有3000多年历史的竞技场，已成为弘扬人类崇高体育精神的圣地。

考古遗址并不是孤立的一座城市，一组建筑或一片圣地，而是代表着一定时期内或者世界某一文化区域内的历史背景、文化传统和哲学理念。无论是充满生机的庞贝古城，还是美轮美奂的吴哥建筑；无论是体育圣地奥林匹亚，还是史诗中的特洛伊，它们都是一种人类创造性的代表，都能为一种已消失或仍在延续的文明提供特殊的见证。但是这样的遗迹也并非存在于地球上的每一个角落，因为人类会选择最适宜的环境栖居，然后进行创造。曾经的辉煌已经在时光的流变中悄然黯淡，但也正因如此才吸引了成千上万的旅游者从世界各地追随而来，人们所向往的就是体味那份苍凉，感受那份余韵。

三、 皇宫、王宫的奢华

一提到宫殿，人们的第一印象往往就是将其与富丽堂皇联系在一起，而历史上留下的皇宫及王宫建筑确实真切地证明了这一点。尤其是被归入世界遗产中的宫殿，更是将“奢华”二字体现得淋漓尽致；虽然在数量上欧洲略占优势，但是在不同的时间和空间下和在不同的文化背景中，它们也是各有各的威严与风姿，其张扬本色更是不减当年地展现在今人眼前。

具有代表意义的皇宫包括：我国北京和沈阳的明清故宫；英国的威斯敏斯特宫、布莱尼姆宫；意大利的卡塞塔18世纪王宫、萨沃亚王宫以及热那亚的新街和罗利宫殿体系；瑞典的德罗特宁霍尔摩王室领地；俄罗斯莫斯科的克里姆林宫和红场；德国的维尔茨堡宫、宫廷花园和宅邸广场、波兹坦与柏林的宫殿与庭院；法国的凡尔赛宫及其花园、枫丹白露宫及其花园，以及兰斯的圣母大教堂、前圣雷米修道院和T形宫殿；奥地利的申布伦宫殿和园林；印度的阿格拉堡；韩国的昌德宫；阿塞拜疆的巴库围墙城及城内的希尔凡沙宫殿和少女塔；贝宁的阿波美皇宫；澳大利亚的皇家展览馆和卡尔顿园林等。

◎ 北京故宫太和殿（中国）

1. 北京故宫

故宫，又名紫禁城，是明清两朝的皇宫，始建于明朝永乐四年（1406年），建成于明永乐十八年（1420年），是我国保存最完整、规模最大的古代皇宫建筑群。故宫规划严整、宏伟壮观，无论在总体布局还是建筑形式上，都体现了封建社会的等级礼治和帝王至高无上的权威。故宫里还珍藏了百余万件珍贵文物，代表了历代文化艺术的最高水平。

故宫位于北京城中央，占地72万平方米，四周以城墙环绕，城墙四角各有一座结构精巧的角楼，城墙外则有外金水河护城。故宫辟有四门，南有午门，为故宫正门，北有神武门，东有东华门，西有西华门。故宫坐北朝南，严格按照中轴对称、前朝后寝的布局规制，在南北中轴线上建有外朝太和殿、中和殿和保和殿三大殿堂，以及内廷乾清宫、交泰殿和坤宁宫。故宫功能完备，除了勤政、就寝的宫殿，还有风景秀美的御花园，戒备森严的军机处，颐养天年的宁寿宫，陈列物品的珍宝馆，美女众多的储秀宫……它真实地记录了我国封建社会帝王的奢华生活和礼治权威。

◎ 阿格拉堡（印度）

2. 印度的阿格拉堡

阿格拉堡，毗邻泰姬陵，既是一座壮丽的皇家都城，又是17世纪一座重要的莫卧儿王朝纪念建筑。阿格拉堡是一座由红色砂岩建成的坚固堡垒，围墙长2.5千米，把皇宫围在中间。整个古堡的建筑约有500座，既庄严肃穆，又华彩流丽。古堡之内有设计精巧的觐见宫、观鱼院、清真寺等，亭台楼阁，令人目不暇接；枢密宫在其中最为华丽，白色的大理石宫墙光彩夺目，镀金宫顶闪闪发亮，宝石柱子耀眼生辉。古堡有两道城墙，两条地沟及大小16座城堡，说其固若金汤并不夸张。城墙间矗立着许多宏伟的城门，最古老雄伟的城门要数地尔费城门。

3. 法国凡尔赛宫

凡尔赛宫是法国国王路易十四到路易十六时期的王宫，经过数代建筑师、雕刻家、装饰家及园林建筑师的不断修整，100多年来一直是欧洲王室官邸的典范。

凡尔赛宫于1661年由路易十四下令开工，建成于1689年。1682年，路易十四迁入凡尔赛，从此凡尔赛就成为法国的政治中心。直到1789年10月，法国人民进攻并占领凡尔赛，才结束了凡尔赛的政权统治。

凡尔赛宫是世界闻名的法国王宫，它既是17世纪法国专制王权的象征，又是西方古典主义建筑的典范之作。宫殿分为三层，计有1800多间厅室，其中最为奢华的镜厅位于宫殿西侧的战争馆与和平馆之间，长73米、宽10.5米、高12.3米。里面有17面大镜子、水晶吊灯、银制家具、银质王座、锦缎窗帘，显得富丽堂皇。镜厅是路易十四为了宣扬军事胜利和炫耀自己的权力而兴建的。国王寝宫、王后寝宫、巴洛克式礼拜堂、歌剧院和特利亚龙宫都是建筑的精华。凡尔赛广场上是一个绿荫满覆的花园，无数的雕塑、喷泉、橘树园、人工湖等点缀其间，让人流连忘返。

4. 俄罗斯的克里姆林宫和红场

克里姆林宫是由俄罗斯与外国建筑家在14—17世纪之间共同修建而成。作为沙皇的住

◎ 克里姆林宫和红场（俄罗斯）

宅和宗教中心，它与13世纪以来俄罗斯所有最重要的历史事件和政治事件都密不可分。坐落在红场上防御城墙脚下的圣瓦西里教堂，是俄罗斯传统艺术中最漂亮的代表作之一。

克里姆林宫位于莫斯科市中心，占地0.28平方千米。它曾是历代沙皇的皇宫，象征着沙皇俄国和世俗权力。克里姆林宫的主体是大克里姆林宫，宫内收藏有许多珍贵文物。克里姆林宫在三面围墙的环绕下呈现三角形，墙体总长2.2千米，并加固有19座互不相同的塔楼，塔楼的历史可追溯到15世纪末至17世纪之间。克里姆林宫中最高的建筑物是高达81米的伊凡大帝钟楼，在它的脚下有一座世界最大的铸于18世纪30年代的“钟王”，其重量超过了203吨。钟楼附近还有一尊重达40.6吨的大炮，被称为“炮王”。

占地0.07平方千米的红场，与克里姆林宫相毗连，始建于15世纪，既是俄罗斯最著名的广场，又是举行盛大庆典和阅兵典礼的地方。红场上著名的列宁陵墓，由黑色和深红色的大理石和花岗岩建造而成。广场南侧有闻名遐迩的圣巴西勒教堂，北侧则是建于19世纪具有典型俄罗斯风格的俄罗斯国家博物馆。

5. 渐逝的阿波美皇宫

西非的阿波美王国肇始于1625年，并在随后的两个世纪中发展成为一个军事与经济强国。先后有12位国王统治过这个王国，每一个国王都修建了属于自己的皇宫。皇宫园林内存留了大量的各式建筑、壁画与浮雕等。大量使用陶制浮雕，是多数宫殿正门建筑的主要特色，对于一个没有文献记载的社会来说，这些浮雕就是重要的历史档案。它们记载了阿波美王国历史上发生的一系列重要事件，反映了当时人民的生活习俗、宗教仪式和民间传说。从浮雕的图案中可以看出，阿波美王国军事上的强盛与其女战士的浴血奋战是分不开的。浮雕中还有许多象征国王性格和强权的神话图案。直到今天，这些珍贵的陶制浮雕仍被用于传统的宗教仪式和王室重大的庆典。

很不幸的是，在多次自然灾害的袭击以及因为环境恶化而引发的侵蚀中，阿波美的陵墓与浮雕等遭到了严重的损害。如今，曾见证过西非文明的皇宫正在渐渐消失，挽救遗产的重任需要人类共同承担。

世界上的皇宫必然会与一段令后人瞠目的辉煌历程相联系。历史上多数的财富、威严与权力都聚集在这里，人们为之倾慕、赞叹，但这并不属于普通百姓。

四、理想居所

与帝王贵族相比，普通百姓对居所的选择和规划，并非像一般人所想象的那般简单和随便；相反，从改造的能力上讲，他们的选择和规划往往更加挑剔，并有更多的忌讳。那么究竟什么才是理想居所的模式呢？生活在现代文明中的人们，受到文化的约束，被封闭在“鸟笼”里，找不到答案。而实际上，在最贴近自然的地方，就存在表现人类天性的居所，虽然其形式多样，情调各异，但都体现了人地和谐的理念。千百年来，这一理念在世界各地上铸造了令人赞叹不已的人文景观。

1. 悠然民居——云南丽江古城

丽江古城位于云南省丽江纳西族自治县大研镇，地处云贵高原，是纳西族、白族、傈僳族、彝族、普米族、苗族、藏族、壮族、回族等民族的聚居地。古城依山而建，街铺五花石，房屋青砖灰瓦，木架结构，庭院花香鸟语。主街傍河，小巷临渠，门前即桥，有“家家流水，户户垂杨”的诗情画意，体现了天人合一的传统哲学思想和对大自然的向往，反映了我国传统民居的精髓。

◎ 丽江古城（中国）

这里的民族风情和文化绚丽多彩。在晚唐时期，纳西族就创造了神奇的东巴文化，并用它编写各类典籍，称为“东巴经”。广泛流传在纳西族民间的纳西古乐，典雅、清纯、空灵，被称为中国古典音乐的“活化石”。

丽江古城的存在为人类城市建设史的研究、人类民族发展的研究提供了宝贵的资料，是极其珍贵的世界文化遗产。

2. 流动的住宅——草原上的蒙古包

辽阔的草原是蒙古民族纵马征战和自由放牧的大舞台，而蒙古包则是游牧民族特有的一种文化模式，并伴随着蒙古民族走过了漫长的年代。

蒙古包，又称“毡房”“毡庐”，是蒙古族牧民的传统住宅，也见于新疆、青海等地的哈萨克族、藏族牧民。蒙古包为轻骨架装配式，便于搭拆，易于运输；其外观呈圆形，受风雪袭击的阻力最小、不易积雪，而且冬季可以避寒，夏季可以遮阳；顶端设有圆形天窗，用来排烟、通风和采光；其构造设计比较适合牧民逐水草而居、四季迁徙的游牧生活。

蒙古包外的“苏勒德”是蒙古军队的战旗和古代蒙古族的标志。作为能够带来幸福与吉祥的民族保护神，蒙古包流动到哪里，保护神就矗立在哪里。

3. 危险的居住地——邦贾加拉悬崖

马里的邦贾加拉悬崖是多贡文明的中心地区之一，其所传承这一文明的文化包括古代习俗、庆典、艺术及民间传说等，其中最具特色的要数其居住形态。

多贡族人的村庄坐落在长达约201千米的邦贾加拉悬崖沿线，尼日尔河从其旁流过。多贡族人最初之所以选择在这个地方生活，先是为避免被抓为奴，后来则是为了抵制外敌入侵等。这些悬崖是像房屋、粮仓、圣坛、神殿和集会厅这样大型建筑很好的保护伞，而这些建筑正是几个世纪以来传统多贡文化的灵魂写照。

4. 传说中的石头城——坦桑尼亚的桑给巴尔

石头城桑给巴尔，是东非斯瓦希里人建造的诸多海滨商业城市的一个范例。“桑给巴尔”的阿拉伯语意是“黑人海岸”，位于桑给巴尔岛西岸中部的香加尼半岛上，曾经是桑给巴尔帝国的经济与贸易中心。我国宋代典籍中称桑给巴尔为“层拔国”，如今在桑给巴尔博物馆中还陈列有我国清朝的瓷器。

桑给巴尔城中有无数条狭窄的街道和小巷、喧闹的集市、清真寺、许多装饰富丽的阿拉伯式房屋。市区西部临海一带为古石城区，当年桑给巴尔帝国的石造城墙、塔形堡垒和原苏丹王宫珍奇宫至今犹存。石头城内保留完好的古代建筑物及其优美风光，反映出其持续发展长达千年，融汇了阿拉伯地区、非洲和欧洲等地区的各种文化的多文化特质。

5. 风情万种的威尼斯

素有“水都”之称的威尼斯，位于亚得里亚海深入内陆的一个泻湖之中。威尼斯水城始建于5世纪，后来扩展延伸包括118个小岛，并于10世纪成为当时最主要的航运枢纽。威尼斯是意大利东北部一个重要港口，177条大小河道和401座各式各样的桥梁把整座城市连成一体。威尼斯四周都被海洋环绕，只有西北角有一条人工长堤与陆地相连。可以说，威尼斯就是大自然与人类共同创造的一座建筑杰作。

类似上面的例子还有许多，这里不再一一列举。总的来看，生活在山边、水畔，居住在木屋、石房，亲近大自然，同时又在大自然的围护和屏蔽中发现自我，似乎成了从东方到西方无不在追求的理想居所。

五、寻回公众的空间

人类从原始的群居生活中发展起来，在社会的发展进程里开辟了私人天地，再在纷繁的外界寻找公众的归属，就这样循环往复地生存在“集体—个人—集体”的环境下。于是，广场也就自然而然地充当了集体聚会场所的角色。虽然从本质上来说广场是一种政治景观，是个体参与公共活动并展示其角色的场所，但是历史上著名广场的公众属性早已淡薄，它们都在尽可能地去追求一种艺术美与造型美。

1. 比利时的布鲁塞尔大广场

建于17世纪晚期的布鲁塞尔大广场，是一个独特的公共和私人建筑的聚合体，其建筑风格提供了有关布鲁塞尔这个重要的政治和商业中心当时社会和文化水平生动的例证。

大广场位于布鲁塞尔市中心，呈长方形，长110米，宽68米，地面用小方石块铺成。在众多的建筑物中，最令人瞩目的是建于15世纪的市政厅，是精美的哥特式尖顶建筑，周边环绕着饰以精细华美浮雕的古代建筑。雨果曾赞誉这里是“世界上最美丽的广场”。除了市政厅，广场上还有王宫、历史博物馆、雨果的寓所、天鹅餐厅等。矗立在广场南面一条小巷路口的小于连撒尿的铜像，高约半米，堪称布鲁塞尔的标志。之所以雕塑这尊铜像，据说在13世纪的一场战争中，敌军企图炸毁市政厅，派人埋下炸弹，当导火索被点燃后，恰好被小于连看见，他急中生智，撒尿浇灭了引火线，挽救了布鲁塞尔和百姓的生命。

◎ 布鲁塞尔大广场（比利时）

◎ 比萨大教堂广场（意大利）

在这里，一年四季都会举办各种音乐会与活动。例如每天晚上的声光奇观，每年7月的第一个周四和周五举行古装队列行进仪式，年末的溜冰表演，以及每两年举行一次，在8月中旬铺砌的美丽花毯。

2. 比萨大教堂广场

位于意大利西北部的比萨城，是一座古老而美丽的城市。比萨最著名的大教堂广场，坐落在一片宽阔的草坪上，广场上矗立着一组闻名于世的建筑群——比萨斜塔、大教堂、洗礼堂和公墓。这些建筑群被视为中世纪的建筑奇迹，因此大教堂广场又被称为奇迹广场。建于1173年的比萨斜塔，原为比萨大教堂的钟楼，这座看似违背引力的建筑，因为伽利略在这里所做的物理实验而久负盛名。

比萨斜塔可供游人登塔参观——在每年的5—8月间，比萨斜塔晚上也向游人开放。届时，游人登上灯火通明的斜塔顶层，可一睹夜幕下的比萨古城和奇迹广场的美景。而夜幕和灯火中的斜塔本身，也透出一股迷人的神秘色彩。

3. 巴黎协和广场

巴黎协和广场位于巴黎市中心、塞纳河北岸，是法国最著名的广场和世界上最美丽的广场之一。广场始建于1757年，是根据著名建筑师卡布里埃尔的设计而建造的。因广场中心曾塑有路易十五骑像，1763年曾将其命名为“路易十五广场”。大革命时期改名为“革命广场”。1795年又改称“协和广场”。广场中央矗立着一尊23米高、有着3400多年历史的埃及方尖碑，碑身的古文字记载着拉美西斯二世法老的事迹。广场四周摆放了8座雕像，分别象征着8座在法国历史上起过重要作用的城市：里昂、马赛、波尔多、南特、鲁昂、布勒斯特、里尔和斯特拉斯堡。

◎ 协和广场（法国）

协和广场也是巴黎人民英勇斗争的历史见证。1793年法国资产阶级革命时期，巴黎人民捣毁了路易十五的铜像，把路易十六送上了断头台。如今，来自世界各地的游人在感受这里曾经燃烧过的革命热情之余，可以更加尽情地享受广场舒适、优美的环境。

无论是布鲁塞尔广场、比萨大教堂广场，还是协和广场，它们都有一个共同的特征，即不仅建筑宏伟壮丽，而且给人们提供了人性化和参与性的场地，让人可以深切地感受到：庄严的圣地一样可以显得可爱和亲切。

六、无价的另类宫殿

如果说皇家殿堂是顶级豪华的地方，那么世界上还存在另一类空间建筑可以与之相抗衡，那就是无价的另类宫殿——皇家陵寝。后者不仅具有哲学、历史学、建筑学等方面的价值，还存在无数的未解之谜，吸引着后人争相观览。但是要解读陵寝建筑的含义，打开笼罩在陵墓之上的谜团，也就离不开对陵寝建造的历史背景的探究，和对古代相关文化的了解。

被列入世界遗产的墓葬，在亚洲，有我国的明清皇家陵寝和秦始皇陵，韩国的高昌、华森和江华史前墓遗址，朝鲜的高句丽墓葬群，印度的泰姬陵、胡马雍陵，哈萨克斯坦的考迦·阿赫迈德·雅萨维陵墓；在非洲，有乌干达的卡苏比的乌干达王陵，马里的阿斯基亚陵，突尼斯的喀尔库阿内的迦太基城及和墓地，埃及的孟菲斯及其墓地金字塔、底比斯古城及其墓地；在欧洲，有瑞典的斯科斯累格加登公墓，意大利的塞尔维托里和塔尔奎尼亚的伊特鲁立亚人公墓和锡拉库色和潘塔立卡石墓群，匈牙利的佩奇的早期基督

教墓地，保加利亚的卡赞利克的色雷斯人古墓和斯韦什塔里的色雷斯人墓，马耳他的哈尔·萨夫列尼地下宫殿等。这些王陵与墓地往往已经超出其纯粹的墓葬功能。

1. 印度泰姬陵

泰姬陵位于印度北方邦的阿格拉，背依亚穆纳河。它是莫卧儿皇帝沙·贾汗为纪念他心爱的妻子而建的，表达了一个国王对他的妻子刻骨铭心的纪念。

泰姬陵既宏伟壮观，又精美绝伦，其墙体、地板、棺椁、围栏及外部的台基都无一例外地用洁白的大理石铺就而成，世界上绝无仅有，同时其建筑艺术也达到登峰造极的地步。门窗围栏上的花纹精雕细琢，墙体地板拼接得严丝合缝。彩色的宝石镶嵌在白色的大理石中，形成繁花、绿树、芳草，洁白却不失生机，安静却别有内涵。墙体上是用黑色大理石镶成的《古兰经》，经文字体由上而下逐渐缩小，以便人们观看。

泰姬陵在一天里不同的时间和不同的自然光线中，往往会呈现出不同的特色，让人百看不厌。虽然它是一座陵墓，可它却没有通常陵墓所有的冷寂，相反会你会感到它似乎浮动在天地之间。它的和谐对称、花园和水中倒影交织在一起，创造了让无数参观者都为之惊叹不已的奇迹。毫无疑问，泰姬陵是世界上建筑艺术的典范。

◎ 泰姬陵（印度）

2. 孟菲斯及其墓地金字塔

孟菲斯位于尼罗河三角洲的南端，公元前3050年纳尔摩统一埃及后在这里建都。这座世界上最早的帝国都城，现在除去几尊雕像、石柱和神庙的残垣断壁外已所剩无几。金字塔墓葬群遗址坐落在孟菲斯的周围，主要在吉萨高原上。绝大多数金字塔建在尼罗河西岸，因为在古埃及人的生命理念里，人走完生命旅程后要安睡在太阳落下去的方向。

有资料表明，埃及大大小小的金字塔已有90多座，最著名的金字塔要数吉萨金字塔，其中规模最大的一座是法老胡夫的坟墓，又名大金字塔。塔高约146.6米，底部每边长230米，由230万块基石筑成，每块石头平均重达2.5吨。在哈夫拉金字塔附近，还有一座非常有名的狮身人面像。几千年来，古埃及的金字塔和狮身人面像一直耸立在吉萨高原的沙漠中，这一遗址被认为是世界古代七大奇迹之一。

◎ 孟菲斯遗址（埃及）

◎ 金字塔和狮身人面像（埃及）

3. 明清皇家陵寝

2000年，我国的明清皇家陵寝被列入世界文化遗产，2003年和2004年其范围两次被扩展，包括了明显陵、清东陵、清西陵、明孝陵、明十三陵、清永陵、清昭陵和清福陵。明

◎ 明显陵（中国）

清皇家陵寝依照风水理论精心选址，将数量众多的建筑物巧妙地安置于地下。它是人类改变自然的产物，体现了传统的建筑和装饰思想，阐释了封建中国持续500多年的世界观与权力观。

明清时代是我国陵寝建设史上的一个辉煌时期。明朝开国皇帝朱元璋对陵寝制度作了重大改革，他将地上的封土堆由以前的覆斗式方形改为圆形或长圆形，又取消寝宫，并扩大了祭祀建筑。清代沿袭明代制度，更加注重陵园与周围山川形胜的结合，注重按所葬人辈分排列顺序，还形成了帝后妃陵寝的配套序列，对祭祀制度的安排也变得更加完善合理。

4. 秦始皇陵

秦始皇陵是我国历史上第一个皇帝嬴政的陵寝，位于陕西省西安市临潼区骊山脚下，南枕骊山，北邻渭水，面积达50多平方千米，规模庞大、结构奇特、内涵丰富。秦始皇即位后便开始修建自己的陵墓，从全国征集了72万人力，由丞相李斯设计，大将章邯监工修造，历时36载而成。陵园东侧1500米处的兵马俑陪葬坑被誉为“世界第八大奇迹”。这些陶俑是仿秦宿卫军制作的，与真人一样的大小，形态各异，另有陶制战马、战车和武器，对研究秦代的军队编制、作战方式、军事装备等提供了丰富而形象的实物资料。秦始皇陵兵马俑是可以和埃及金字塔和古希腊雕塑相媲美的世界人类文化的宝贵财富。它的发现是20世纪我国最重大的考古成就，充分表现了2000多年前我国人民巧夺天工的艺术才能，是国家的瑰宝、中华民族的骄傲。

◎ 兵马俑（中国）

人类的栖息地表达了特定地域人类的生命和生活的理念，世界古人类遗址、考古遗址、皇宫、民居、广场及墓葬之间的差别只是栖息地的不同表现形式，当然，对于悠远的人类文明发展史来说，这仅是表现形式的一小部分，却是文明的物证，是构成现代人文景观最弥足珍贵的精华。

第二节 美　景

在人类发展的进程中，文明的含义非常广泛。除了久远的历史遗存和记录衍变的栖息地以外，还有无数自然与人融为一体的美景。在这些地方，人和环境相依而存，相互塑

造。例如，新西兰诠释土著毛利人价值观与生活细节的汤加里罗国家公园，德国的莱茵河河谷，以色列的香路……在这里，既没有历史厚重的压力感，也没有文化消失的失落感，过去、现在和未来相互叠印，使人能够静静地享受一种感官的乐趣。这样的景观往往也最能吸引旅游者。

1. 汤加里罗公园

汤加里罗公园于1990年被世界遗产委员会列为世界上第一个文化景观遗产，它位于新西兰北岛中央地带，是新西兰国家公园，占地面积4000平方千米。汤加里罗公园是一个独具特色的火山公园，公园里15座近代活动过或正在活动的火山，呈一字排开，其中包括享誉世界的汤加里罗（1968米）、恩奥鲁霍艾（2290米）和鲁阿佩胡（2797米）三座活火山。汤加里罗火山对当地部落的毛利人具有文化和宗教意义，恩奥鲁霍艾火山常年烟雾缭绕，鲁阿佩胡火山是北岛的最高点。公园内设有空中滑车，可接近山顶。登顶远眺，壮观的活火山、叠现的群山、茂密的原始森林和碧波荡漾的湖泊一览无余。

栖息在这里的鸟类多达56种，包括新西兰特有的国鸟——几维鸟。汤加里罗公园地热资源丰富，沸泉、间歇泉、沸泥塘、喷气孔数不胜数。可以说，新西兰的汤加里罗公园是集观光、登山、滑雪和温泉等旅游资源于一体的世界旅游胜地。

2. 乌卢鲁-卡塔曲塔国家公园

这处坐落在以红色沙土地为优势的澳洲中部的国家公园，以其壮观的地质构造而闻名于世。它是澳大利亚最本真和确切的象征，也是当地土著人的精神家园。乌卢鲁是一块独一无二的巨大的圆形柱石，而卡塔曲塔则是岩石圆屋顶。岩石组合、邻近的动植物组合与周围绵延的沙漠形成了强烈的视觉反差，它们是那样的庄严和美丽，保留了世界上最古老的人类社会的传统信仰体系。生活在这一区域的阿南古土著人，是作为乌卢鲁-卡塔曲塔传统的拥有者而存在的。国家公园的重要的文化价值、当地土著人和自然环境生死攸关的共生关系，是来到这里的人们关注的焦点。

3. 辛特拉文化景观

辛特拉是19世纪第一块云集欧洲浪漫主义建筑的土地。辛特拉山位于葡萄牙的埃什特雷马杜拉省，辛特拉城就在辛特拉山北侧脚下，这里空气清新、风景秀丽、气候宜人，历史上就是寺院和皇家休夏的胜地。

约翰一世在14世纪把自己的夏宫——辛特拉宫建在这里。18世纪末，名门望族与士绅贤达纷纷在这里建造别墅。19世纪早期，费迪南德二世在这里建造了佩拉宫。这一建筑集中了哥特式、埃及式、摩尔式和文艺复兴时期的建筑特点；在建造公园的过程中，还引进了许多国外树种与本地树木混合栽种。建筑物的景观与公园的景观既交相辉映，又和谐统一。这是一种新颖、浪漫的风景设计手法，它是外来文化占领特定地区的独特

范例。在这一范例中，多元文化兼收并蓄的思想，一直影响着欧洲景观建筑的发展。

4. 法国和西班牙的比利牛斯–佩尔杜山

比利牛斯山脉是欧洲西南部最大的山脉。作为阿尔卑斯山脉向西南延伸的产物，它东起地中海利翁湾南，西至大西洋比斯开湾。比利牛斯山脉横贯法国和西班牙，以海拔3352米的佩尔杜山顶峰为中心，方圆306.39平方千米。在西班牙境内有两条欧洲最大、最深的峡谷，法国境内也有三座陡峭的环形石壁，湖泊、瀑布、冰川、大峡谷和裸露的岩层随处可见，堪称地质地形的典型活画卷。山脉北坡的气候类型属于温带海洋性，植被有山毛榉和针叶林；南坡属于亚热带夏干型气候，植被类型为地中海型硬叶常绿林和灌木林。优越的自然条件为生物提供了良好的生存环境，这一地区的哺乳类动物多达800多种。

早在旧石器时代，人类的足迹就已踏上这块土地。比利牛斯山脉好似一座桥梁，连起法国和西班牙，使得两国在长期交往中，在文化方面表现出极大的相似性，并且共同拥有这处美丽的世界双重遗产。

雄伟的山脉吸引了来自世界各地的游客，成为重要的国际旅游胜地和登山滑雪活动场所。此外，这里恬静的田园风光，尤其是西班牙的托尔拉和法国的加瓦尔尼村庄，反映了欧洲高地居住者从前的农业生活方式，是两处最吸引人的亮丽景点。总之，比利牛斯山脉所特有的旖旎的自然风光以及恬静的田园生活方式，都能让游人陶醉其中。

5. 意大利的韦内雷港、五村镇及沿海群岛

韦内雷港、五村镇及沿海群岛位于意大利中部的利古里亚区，濒临利古里亚海。这里不仅风光秀美、景色宜人，还有着浓厚的文化气息，具有较高的文化研究价值。这里将布局合理的城镇和周围秀丽的风景自然地融合在一起，不仅证明了对陡峭地势的巧妙利用，还生动的记述了过去1000年来人类在此长期定居的历史。

作为利古里亚的自然保护区之一，波托菲诺岬角生长着繁盛的地中海植物。位于岬角的南端的波多菲诺是一个美丽、别致的小村庄，其魅力部分源自坐落在这里的数十座意大利最著名的富豪别墅；部分则来自它的小港湾。

在海面下大约4.6米处，有尊基督雕像，每当风平浪静，游人便可一睹其风采。除了宜人的自然风光和悠久的建筑，这里还有浓厚的文化气息。这里有被称为“诗人之湾”的司佩齐亚湾，包括但丁、彼特拉克、雪莱、拜伦等在内的许多诗人都在这里写下了动人的诗篇。

6. 中上游莱茵河河谷

中上游莱茵河河谷位于德国的美因茨到科布伦茨间，延绵65千米，是莱茵河风景最美的一段。为了保护原始自然风景，莱茵河河谷段没有架设桥梁，往来两岸都靠轮渡。河道

蜿蜒曲折，河水清可见底。碧绿的葡萄园层次有序地排列在两岸，一座座以桁架建筑而引人注目的小城和无数罗马时代的古堡点缀在青山绿水之间。一段段古老的传说不时把人们的思绪带向遥远的过去，无数的诗人、画家和音乐家的作品使人深深地陶醉在这充满浪漫情趣的莱茵河美景之中。另外，莱茵河谷的葡萄园及其葡萄酒文化，以其美丽的景色和丰富的内涵，成为德国“葡萄酒之路”的亮点，每年都会吸引大量游客到此游览、休假和疗养。

7. 占巴塞文化风景区

位于湄公河上游两岸的占巴塞文化风景区，体现了5—15世纪著名的高棉帝国的历史文化古迹。它以山顶至河岸为轴心，在方圆10千米的地方，整齐而有规划地建造了一系列庙宇、神殿和水利设施，完美地表达了古代印度文明中天人关系的文化理念。

坐落在海拔1200米普高山山腰的瓦普神庙，是老挝著名的佛教古刹。虽然现今的神庙几乎仅剩下一些断墙残壁，但从这些遗址当中仍能看出其当年非凡的气势。用于建筑的石块上全都雕刻着各种图案，表现了传统的宗教皈依和献身主题。

除了见证东南亚多种文化的瓦普神庙，这里吸引游客的还有传统节日期间举行的宗教仪式和许多类似赛象、赛马、斗牛、斗鸡这样的民间娱乐活动。

8. 马蓬古布韦

马蓬古布韦坐落于南非的北部边境，北邻纳米比亚、津巴布韦、博茨瓦纳和莫桑比克，地处印度洋和大西洋之间的航运要冲，地理位置十分重要。其西南端的好望角航线，历来是世界上最繁忙的海上通道之一，被称为“西方海上生命线”。

多年的考古研究已经证明，马蓬古布韦曾是与阿拉伯和印度之间贸易往来最强大的国际贸易区，象牙和黄金的贸易使得其贸易之路绵延约644千米，并在大约12世纪左右达致鼎盛。但是，马蓬古布韦繁荣的时间很短，13世纪时开始衰落，大约1250年左右就被人遗弃。可以说，现在幸存的宫殿遗址和依此而建的居留地，向世人展示了几百年前那里的社会与政治发展画卷，是马蓬古布韦王国从逐渐发展强大到最后走向衰落的完整的历史见证。

马蓬古布韦遗迹生动地表明了气候和自然环境的变化对该地区的影响，为探索马蓬古布韦被遗弃的原因提供了一个重要的思路。此外，当时黄金产地的转移，也是促成其东北方的津巴布韦王国逐渐崛起，而其自身则走向衰落的一个重要原因。

由于马蓬古布韦王国没有留下文字，后人也就无法准确地解释其兴亡之谜，只能通过考古学家们重新发掘出来的遗迹进行推测。所以，要想阅读这段由于不可逆转的社会变革而变得脆弱的文化发展史，就得亲自走进马蓬古布韦。

9. 挪威的维加群岛

维加群岛文化景观位于挪威诺德兰郡，北极圈南缘，面积1037.1平方千米，其中陆地面积69.3平方千米。维加群岛上最早的人类活动始于石器时代。9世纪，该岛成为重要的鸭绒毛供给中心。岛上保留的渔村、码头、仓库、农庄和灯塔，充分说明了当地居民一直依靠捕鱼和加工鸭绒为生。这种1500年来始终如一的古朴的生活方式，和作为岛上居民主要收入来源的传统民族工艺，是吸引游客的两个重要原因。

10. 多哥的库塔玛库景观

库塔玛库位于多哥东北部，延伸至贝宁境内，占地500平方千米。这里的泥制塔屋最有特色，是多哥著名的象征之一。塔屋多为二层且都带有谷仓。圆柱形的谷仓上面盖有环状顶。从这个神秘的建筑景观里，可以感受到当地部落的建筑风格与自然环境的协调统一，并能充分说明自然和宗教仪式以及社会信仰是如何紧密地联系在一起的。

11. 费尔特湖/新锡德尔湖文化景观（奥地利与匈牙利共有）

费尔特湖/新锡德尔湖是多瑙河中游平原西部的一个湖泊，位于奥地利东部与匈牙利交界的地方，是欧洲内陆最大的平原湖。丰富的水域和优越的自然条件使这里成为动植物的天堂，共有300多种鸟类在此繁衍生息，而植物种类不仅来自于阿尔卑斯山、地中海、北欧地区，甚至还有来自亚洲的植物。另外，长达8000年的发展历史，多种文化的交汇地，多种自然景观的聚集地，让这里显得既有历史内涵又生机盎然，不失为一处休闲度假的乐园。

原汁原味的自然风光与悠久的历史文化的融合，可谓是最美的审美对象，无论它们分布在哪个角落，都阻挡不了有心的旅游者追寻的脚步。正是因为如此，美景才被活化，文化才得以发扬，审美价值也才能顺利地实现。

第三节　符　　号

符号可以帮助我们认识过去，因为它记载着历史，传达着精神和文化，寄托着理想和期望。人类文化的符号多种多样，既可以是一个点，也可以是几条线，还可以是一个面。这些符号令人联想起了什么？怎样通过符号去区分事实与信仰？就是抱着冲破笼罩在符号上的历史迷雾一窥其真面目的目的，旅游者才络绎不绝地奔赴那些有名的人类文化符号景点。

一、史前艺术的记录

提到史前时代的造型艺术，首先应该谈到的就是散布世界各地的岩石刻画。岩画的传统有三四万年，产生于文字之前。岩画犹如文字记载，是关于人类早期历史非常重要的资料。

在世界遗产里，岩画的地域特色及其所反映的内容都很鲜明。在非洲，有阿尔及利亚的塔西利岩画、坦桑尼亚的孔多阿岩画遗址、马拉维的琼戈尼岩石艺术区、利比亚的塔德尔拉特·阿卡库斯岩画遗址、博茨瓦纳的措迪罗岩画；在美洲，有阿根廷的平图拉斯河手洞、墨西哥的圣弗兰西斯科山岩画、纳斯卡和朱马纳大草原的线条图；在欧洲，有瑞典的塔努姆岩画、西班牙的阿尔塔米拉洞窟、葡萄牙的科阿山谷史前岩画遗址、挪威的阿尔塔岩画、意大利的瓦尔卡莫尼卡岩画；在亚洲，有我国的敦煌莫高窟、印度的阿旃陀石窟、哈萨克斯坦的泰姆格里考古景观岩刻、土耳其的戈雷梅国家公园和卡帕多西亚石窟遗址。

◎ 戈雷梅国家公园（土耳其）

◎ 卡帕多西亚石窟（土耳其）

1. 阿杰尔高原的塔西利岩画

阿杰尔的塔西利，其意思为“有水的高地”，位于阿尔及利亚撒哈拉沙漠中部，地处阿尔及利亚与利比亚、尼日尔三国的交界处。这里保存的5000多幅岩画横跨六七千年的人类文化发展历史，向后人揭示了撒哈拉沙漠气候的演变、动物的迁徙和人类生活的发展变化，最早的岩画可追溯到8000年前。根据岩画题材，考古学家将它们分为四个时期：最古老的是自然主义时期，以本地区的各种动物为主题；其次是太古时代的圆头时期，构图简略，但大小差别很大，形态怪异；再次是放牧时期，该时期的作品生动地描绘了人类日常生活的场面；最后是骆驼时期，这一时期的作品线条流畅，并开始附有文字说明。

2. 平图拉斯河手洞

平图拉斯河手洞位于阿根廷巴塔哥尼亚地区的平图拉斯河（Río Pinturas）附近的一个

山洞，得名于洞窟中谜一般的手印和其他图画。这里汇集了史前岩画的一些艺术杰作，见证了南美洲早期的人类社会文化。其卓越的洞窟艺术可追溯到9500年前到13 000年以前。岩画中还有许多描绘动物和狩猎的场景。在17世纪欧洲人来此定居之前，一直是居住在该地区的泰韦尔切猎人群体在保护着这些画。尽管现在泰韦尔切人已经消失，他们的精神却将永留于此。

3. 圣弗兰西斯科山岩画

圣弗兰西斯科山位于墨西哥下加利福尼亚半岛的中部。这里常年干燥高温、沙尘漫天，几乎与世隔绝，而也正是因为这一点，一批数量众多、规模巨大的古老岩画才得以完整地保存下来。这些岩画创作手法巧妙，艺术造诣相当高，具有极高的史学价值。更令人叹为观止的是，岩画都被绘制在地势非常险峻的大山洞窟的岩壁或洞顶上。岩画中的人物形象大都持有武器，反映了当时的战斗或狩猎场景。尽管现在这里极其荒凉，但从岩画中记录的繁多的动物种类（其中有驼鹿、大角羊、叉角羚、美洲狮和野兔等；鸟类；海洋动物如鱼、海龟和黄貂鱼等）来看，在很久以前这里很可能是一个水草丰茂的地区。

岩画运用了非常复杂的颜色和技术，主要有红、黑、白、黄（极少）等色彩。从岩画背景的涂底、轮廓线和添加阴影的非凡效果上，可以看出创作者有着惊人的艺术技艺。

4. 印度的阿旃陀石窟

阿旃陀石窟位于印度马哈拉施特拉邦北部的温迪亚山中，是印度著名的佛教石窟。它始建于公元前3世纪阿育王时代，当时佛教被定为国教，后来随着佛教在印度的衰落，这里也逐渐荒废。石窟内有大量宣扬佛教的雕刻与壁画，描绘释迦牟尼的诞生、出家、修行、成道、降魔、说法和涅槃的壁画细腻优美，刻画古印度人民生活及帝王宫廷生活的壁画栩栩如生，有关人物、花卉、宫廷、田舍、飞禽、走兽等的雕刻笔调活泼，令人赞叹。阿旃陀石窟是佛教艺术的经典之作，其艺术影响力远达印度尼西亚的爪哇地区。

5. 敦煌莫高窟

敦煌莫高窟又称千佛洞，位于甘肃省敦煌市东南25千米处的鸣沙山东麓断崖上。它是我国著名的四大石窟之一，也是世界上最大、内容最丰富和使用时间最长的佛教艺术宝库。

据碑文记载，前秦建元二年（366年），一位叫乐尊的僧人行至此处，见鸣沙山金光万道，状有千佛，于是萌发开凿之心，募钱凿窟；后来东游至此的法良禅师又在旁边开凿了新的洞窟。此后，北魏、西魏、北周、隋、唐、五代、宋、西夏、元等时期也都在这里开窟造像，莫高窟逐渐成为佛门圣地。这里现有石窟492个，壁画总面积约4.5万平方米，从数十米到不足0.1米的大小不一的彩塑多达2400余尊，它们有的雄伟浑厚，有的小巧玲珑，雕画造诣之精深，构图想象之丰富，让人震惊。

莫高窟的精华是彩塑和壁画。壁画主要表现的内容是佛教尊像画、佛传故事画、佛教因缘故事画、供养人物画等，还有部分我国神话故事画，反映了我国古代社会生活中的政治、经济、军事、文化、艺术、宗教、民俗等各方面内容，是一部记录我国古代社会的历史全书。彩绘部分则描述了佛、菩萨、天王、力士、商贾等，耕田、旅行、宴会、乐舞、出巡等也包含其中，直接反映出当时社会生活的场景。作为古代东西方艺术融合的一个代表，莫高窟当之无愧地成为中华文化艺术瑰宝。

6. 纳斯卡和朱马纳大草原的线条图

纳斯卡和朱马纳大草原是秘鲁海岸的干旱草原，位于利马以南约400千米。出现在这里的巨型的线条图约有450平方千米。这些线条图形成于公元前500年到公元500年之间，就其数量、自然状态、大小以及连续性来说，它们是考古学中难解的谜团之一。那些刻在地表的线条图，有许多只能从高处才可以分辨出来，像50米的大蜘蛛、翼展120米的巨大秃鹰、180米长的蜥蜴，不管是专业人士还是普通游客，都对这些神奇的线条图有着浓厚的兴趣。

二、防御的艺术

人类的发展产生了差异，差异勾起了竞争，竞争引发了冲突，于是也就出现了防御。防御的目的是保卫神圣疆土和家园。无论斗争的结果怎样，留下的防御工事都是一门耐人寻味的艺术。比如：世界遗产中就包括了我国的长城，英国的圭内斯郡爱德华国王城堡和城墙，英国与德国共有的罗马帝国边界，瑞士的贝林佐纳集镇的三个城堡、防御城墙和防御工事，巴拿马的巴拿马加勒比海岸的防御工事——波尔多贝罗-圣洛伦佐，荷兰的阿姆斯特丹防线，卢森堡的卢森堡市：旧城区和防御工事，法国的卡尔卡松历史防御城市，埃塞俄比亚的哈勒尔——防御性历史城镇，古巴的哈瓦那旧城及其防御工事，西班牙的卢戈的罗马城墙。

1. 万里长城

万里长城是我国古代的伟大建筑，是中华民族的象征。修筑长城的历史最早可以追溯到公元前9世纪，其主要目的在于防御北方民族的侵袭。在我国历史的各个时期，统治者都不同程度地对长城进行了修

◎八达岭长城（中国）

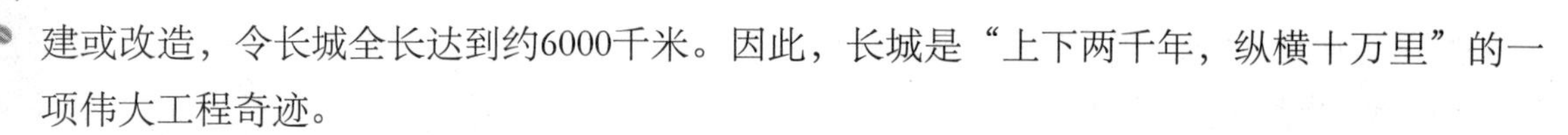

建或改造，令长城全长达到约6000千米。因此，长城是“上下两千年，纵横十万里”的一项伟大工程奇迹。

现存留的长城建于明代，东起鸭绿江，西至嘉峪关，穿越河北、天津、北京、内蒙古、山西、陕西、宁夏、甘肃等八省、自治区、直辖市。作为一道防御工程，长城所经地形极为复杂，古代的工匠巧妙地利用地形设计了独特的结构，展示了华夏祖先的聪明才智，在世界古代工程史上留下了光辉的篇章。长城在重要道口、山口、山海交接处设立关城，既便于交通，又利于防守。墙身上每隔不远就建有突出的墙台，用于左右射击；每隔一段距离都设有敌楼，用于存放武器、粮食和士兵居住，战时用作掩体。长城沿线还建有独立的烽燧、烽火台，用于在敌人入侵时举火燃烟迅速传递信息。城墙沿着山坡起伏延伸，宛似一条巨龙，穿越北方。

自修建以来，长城就在我国历史上扮演着举足轻重的角色。长城的守失牵连到许多朝代的更替，关系着中华民族的兴衰。伴随着长城内外著名战役的发生，英雄人物辈出，大大丰富了这座防御性建筑的文化内涵。

2. 异曲同工的屏障——罗马帝国防线（英国与德国共有）

公元122年，哈德良国王命令在英格兰和爱尔兰边界修筑一条长约118千米的长城为边界，以阻隔英格兰和苏格兰，防止凯尔特人南下，从而巩固罗马帝国对英格兰的统治。逶迤于英格兰北部的哈德良长城全长120千米，高约4.5米，宽2.5～3米，用约75万立方米的石头砌成，历时6年才基本完成。防御体系中除了城堡、塔楼和要塞，还有给养基地和土木工事。

罗马帝国防线既是当时军事领域中重要的组成部分，也有力地说明了当时罗马人的技术水平及其战略思想和地质学的发展。据专家推测，这条长城防线有借鉴秦长城的可能性。尽管由于地域隔阂与年代差距，还没能找到可以让人信服的确凿证据，但无论哪国的长城，都是在捍卫自己的疆土和家园，都是令人惊叹的一道人工屏障。虽然它们的防御功能在现代社会早已退化，但这却是历史的符号，记录了保家卫国的壮志豪情。

三、流动的文化线

若是没有水，人类的一切活动都会停止运转，是河流孕育了生命，造就了文明。流动的水体，使得产生的文化在时间和空间上相互交流和滋养，形成纵横交错的文化线。如果线条缺失，人工水道便将义不容辞；如果线条阻隔了空间，桥梁就会自然地沟而通之。可以说，它们就是文化线上的精灵，在文明传承的过程中不断创造奇迹。

1. 南方运河

南方运河横贯法国的加农省、奥德省和埃罗省。这一蜿蜒流淌360千米的水路运河网穿越328座建筑物（船闸、沟渠、桥梁、隧道等）与地中海和大西洋相连，是现代史上最辉煌的土木工程奇迹之一。这条为工业革命修筑的水路工程非常浩大，经历了十余年的时间。其中，圣费雷奥尔大坝是运河最雄伟的工程。运河设计师比埃尔·德里凯（1604—1680）创造性的构思，将技术成果转变为艺术作品，使运河与周边环境和谐地融为一体。

2. 都江堰

都江堰是我国一项著名的古代水利工程，位于四川省岷江从山区泻入成都平原的地方。在都江堰建成以前，岷江江水常泛滥成灾。公元前256年，秦国蜀郡太守李冰和他的儿子，吸取前人的治水经验，率领当地人民兴建水利工程。都江堰工程包括鱼嘴、飞沙堰和宝瓶口三个主要组成部分。鱼嘴是在岷江江心修筑的分水堤坝，形似大鱼卧伏江中，把岷江分为用于灌溉的内江和用于排洪的外江。飞沙堰是在分水堤坝中段修建的泄洪道，洪水期不仅可以排泄洪水，还可利用水漫过飞沙堰流入外江水流的漩涡作用，有效地减少了泥沙在宝瓶口前后的淤积。宝瓶口是内江的进水口，形似瓶颈而得名。除了引水，还有控制进水流量的作用。

◎ 都江堰（中国）

都江堰水利工程创造了与自然和谐共存的水利形式，孕育了蜀文化繁荣发展的沃土。它是世界上唯一具有2000多年历史的水利工程，且至今仍在发挥重要作用。

3. 加尔桥

加尔桥位于法国加尔省，是公元前19年罗马人为使长约50千米的尼姆水渠横跨加尔河而建。桥身高约50米，分上中下三层。下层有6个拱门，为行人通道；中层有11个拱门，起支撑作用；上层有35个支撑水渠的小拱，是最长的一层，为275米。该桥的设计极为科学，造型极其优美，是现存最早和最长的高架水槽，创造了一个技术上同时也是艺术上的杰作，是人类建筑史上一颗璀璨的明珠。

4. 西班牙的维兹卡亚桥

西班牙毕尔巴鄂的维兹卡亚桥建于1898年，桥高45米，跨度160米。该桥的独特之处在于它没有桥面，桥身高出河面很多，下面悬挂着一个吊篮。中间的部分可以停放车辆，两侧有用来运送乘客的座舱。它是世界上第一座也是目前唯一一座仍在使用的供行人和车

辆通过的高空拉索桥。将功能性和建筑美学完美结合在一起的维兹卡亚桥，被誉为工业革命时代杰出的钢铁建筑之一。

四、农业景观

人类的生存与农业发展息息相关。代代相传的农业知识、神圣的种植传统观念、有趣的灌溉系统和微妙的社会平衡，形成了人类与环境之间和谐而美丽的景观。

1. 梯田文化

说到稻米梯田，应该是我们比较熟悉的一道景观，因为它在我国南方的乡间极为常见。但是，完全依靠人工力量在崎岖的山脊上进行开垦、创造出来的稻米梯田，却为菲律宾所独有。菲律宾著名的稻米梯田位于马尼拉北边的伊富高省境内，当地土著部落人民为了谋生，在裸露的山地上开垦出土地进行耕作。几个世纪以来，伊富高部落人民一直保持这种耕作方式。为了防止土壤流失，他们不辞辛劳地用一块块的岩石垒成一道道的堤坝，直至成为现在被美誉为“通往天堂的天梯”的稻米梯田。

对世世代代生活在这里的当地人来说，稻米梯田不仅是其生活的重要依靠，而且还是他们自己创造的一处优美环境。如今这里早已成为著名的旅游胜地，其田园风光和艺术魅力让游客如痴如醉。

2. 南厄兰岛上的农业景观

瑞典的厄兰岛位于波罗的海，其南部由一片巨大的石灰石高地构成。当地居民已经在这里生活了好几千年，他们的生活也已逐渐适应了岛上恶劣的自然环境。岛上的风景极为独特：北部到处都是郁郁葱葱的灌木丛和高大的森林；中部是农业区，有大量的草场和小落叶林场；南部主要是大草原，动植物资源丰富。风车是该岛最重要的标志，这里曾经有2000多架风车，现存400多架。这里是人类会在不同地区、不同地理环境下选择最适宜自己的生活方式的一个突出例证。

3. 庄园文化

古罗马人学会了奢华，于是就有了庄园；英国人看透了工业，于是就有了乡村的庄园；俄国人得到了农奴，于是就有了贵族的庄园；法国人创造了葡萄酒，于是就有了飘满酒香的庄园。而庄园文化也就蕴含在人与人及人与地所交织的时间和空间中。

匈牙利的托考伊葡萄园，这里生产的“托考伊奥苏”甜白葡萄酒闻名于世。它不仅代表了1000多年葡萄栽培的传统历史，还充分展示了原汁原味的葡萄酒酿造及生产全过程。托考伊景观既体现了欧洲葡萄庄园美丽的自然景色，也生动地展现了当地特殊的土地使用传统。这里每年都会举办葡萄节、品酒会等民间活动，每年都会吸引众多的国内外游客，将这片醉人的土地上的葡萄酒文化远播异国他乡。

古巴东南部最早的咖啡种植园遗址，位于马埃斯特腊山山脚下。咖啡最早被引入古巴是在1748年。1804年海地革命后，大批法国种植园主逃到古巴，他们在这里建起咖啡种植园。咖啡种植园一度也曾发展到鼎盛时期，但是后来由于受到巴西咖啡市场的冲击以及战乱影响，种植业逐渐衰落。遗留下来的建筑和设备，为进一步了解加勒比海和拉丁美洲地区的经济、社会和科技历史提供了重要线索。

4. 阿曼的阿夫拉季灌溉体系

阿曼的阿夫拉季灌溉体系包括5个阿夫拉季水渠灌溉系统，至今仍为阿曼人民所使用。这种灌溉系统起源于公元500年，但据考古发现，由于这一地区极其干旱，早在公元前2500年就已经开始使用。该系统利用重力将水从地下或山泉疏导出来，一般能灌溉方圆几千米的土地，并向人们提供家庭用水。这一地区地下水水位很低，所以阿夫拉季灌溉系统是土地资源得到合理使用和充分保护的典范。

5. 荷兰的金德代克的风车

荷兰的风车举世闻名。在世界范围内，没有什么比风车更能指代荷兰，也没有任何一个地方比荷兰的一个村镇——金德代克的风车还要多。18世纪金德代克村就开始修建坚固的风车，这些风车至今依然完好无缺。

荷兰这些巨大风车的作用主要是将风能转化为动能，从而将低处的水提上来。风车网络系统是人工制作的突出景观，它展示了人类的独创性和坚韧性。当地人民依靠发展水利技术和应用水利技术，用近千年时间，建设了这个排水系统，成功地保护了这片土地。

粮食是人类生存最基本的一个物质条件，农业通过把土地、水、植物与人紧密地联系在一起，在社会发展中起着重大作用。所以，世界遗产里的著名农业景观也成为游人向往的圣地。

五、工业景观

如果说农业是生存的基础，那么工业则带来了人类社会的巨变。在工业革命时期声名显赫的各类工厂，如今已经成为历史发展的见证。其中大多数有力的证据都来自掀起工业革命浪潮的欧洲城市，如英国的布莱纳文工业区、康沃尔和西德文矿区、乔治铁桥区，德国的埃森煤矿同盟工业区、弗尔克林根炼铁厂，法国的阿尔克-塞南皇家盐场，瑞典的恩格尔斯堡炼铁厂、法伦的大铜山矿区，波兰的维耶利奇卡盐矿，荷兰的迪·弗·沃达蒸汽泵站，芬兰的韦尔拉木材加工厂，比利时的路维勒和鲁尔克斯主运河上的四座水闸及其环境、斯皮耶纳（蒙斯）的新石器时代的燧石矿，奥地利的梅塞林铁路，智利的亨伯斯通和圣劳拉硝石采石场、苏埃尔铜矿城，墨西哥的瓜纳尤阿托历史城及其周围矿区，印度的山区铁路和我国的青藏铁路等。

1. 德国的埃森煤矿同盟工业区

埃森煤矿同盟工业区位于德国西部的鲁尔区，是一处稀有的工业建筑群遗址，也是“现代运动”的建筑理念运用于纯工业化环境的杰出典范。

19世纪初煤铁工业的建立，使这个当年仅有3000人的小城发展成为欧洲最大的采矿城市。近两个世纪以来，来自地下的“黑色黄金”促生了德国的经济奇迹，但是也带来了严重的文化认同危机和土地及河流污染，成为欧洲大陆最脏的地区。为了解决这样一个从经济、产业跨越到社会的严峻课题，1988年，当地市政府开始对该地区进行大力整顿，将整个埃姆舍尔河地区由传统的工业区发展成为一个连贯的生态景观大公园；把工业建筑作为见证历史的古迹保存下来；传播“在公园中就业”的理念，将过去的工业区土地改建为“现代化科学园区”“工业发展园区”以及相关“服务产业园区”。

在那之后，埃森煤矿同盟工业区开始重新打扮自己，“埃森擦去了脸上的煤灰”已经成为其自我宣传的一个口号。这一至今仍保留完好的工矿区已经变成了一个具有重要意义的工业遗址历史中心。在这个“鲁尔区最具吸引力的煤矿”，游客既可以追寻欧洲传统的重工业情况，又能体会现代艺术发展的脚步。

2. 英国的布莱纳文工业区

布莱纳文工业区遗址位于英国南威尔士的布莱纳文郡，是一个典型的19世纪英国工业区，也是南威尔士显赫一时的证据。这里拥有矿场、采石场、原始的铁路运输系统、高炉、工人生活区和其他社会基础设施等一切工业区必备因素。这个曾为世界钢铁和煤矿工业的发展做出过巨大贡献的工业遗址，是研究英国工业革命时期社会和经济结构的典型范例。

3. 奥地利的梅塞林铁路

奥地利的梅塞林铁路是铁路建筑史上的一个壮举。它建于1848—1854年，全长4100米，是世界上第一条山间铁路。坚固的隧道、稳固的高架桥和高质量的工程，使它至今仍作为主要干线正常运行，成为铁路建筑史上的一座里程碑，也是第一条被评为世界遗产的铁路。在这条铁路线上行驶，不会感到旅途的乏味，因为透过车窗就可以欣赏到高山地区最壮美的景色。这条铁路的开通，带动了沿线地区发展成为著名的文化景区。

4. 波兰的维耶利奇卡盐矿

维耶利奇卡盐矿位于波兰南部以盛产盐而著称的克拉科夫州，而维耶利奇卡的意思就是“伟大的盐”。13世纪末，维耶利奇卡盐矿正式开采。14世纪以后，波兰1/3的财政收入都来源于这座盐矿。至今，这里的挖掘工作仍在进行。

在漫长的岁月中，矿工们把岩盐原料雕刻成各种物品，像地下教堂、圣坛、浮雕以及数以百计的真人大小的雕像等；最让人叹为观止的是圣金加教堂和盐矿历史博物馆，堪称欧洲中世纪劳动艺术的结晶。

5. 与世界巅峰约会的中国青藏铁路

自1825年铁路问世以来，在其190余年的历史中，世界上没有哪个国家的铁路竣工，能像青藏铁路那样在世界上引起如此强烈的反响。2006年7月1日，青藏铁路正式通车。这条世界上海拔最高、线路最长的高原铁路的建设者们，攻克了“高寒缺氧、多年冻土、生态脆弱”三大难题，谱写了人类铁路建设史上的光辉篇章。它是当代中国的历史性创造，是中华民族的光荣和骄傲。

钢铁巨龙穿越莽莽雪域高原，一路上，旅客们尽情地享受着世界屋脊的“巅峰之旅”，欣赏着广袤无边的苍茫大地、银光闪闪的雪山群峰，陶醉于云低草绿的可可西里自然保护区，惊喜于窗外突然闪现的藏野驴、藏羚羊等高原珍稀野生动物……青藏铁路是一道展示、保护和传承藏文化的文化风景线，是一条带动藏区走向富裕的经济线，还是让世人拥抱世界巅峰的黄金旅游线。

工业带来了社会的巨变，成为改变人类文明的里程碑。多种形态、不同地域的工业文明景观，共同见证了社会的前进速度。工业的发展需要科技来注入新鲜血液，而知识是科技的灵魂，于是人们开始走进更高的殿堂。

六、智慧的殿堂

大学是人类社会进步的表现，能开启智慧，升华灵魂，是人们生存发展的精神源泉，走进这样的殿堂是每个年轻人的愿望，而当殿堂送走一批批杰出青年后，殿堂便愈发绽露光芒，并且还会越来越亮。

1. 修达德大学区

委内瑞拉的修达德大学区由建筑师卡罗斯·罗·维拉诺瓦于1940—1960年期间设计建造，是体现现代城市规划、建筑和艺术的杰作。大学区把众多建筑物及其功能和视觉艺术成功地融合成一个整体，例如奥拉·马格纳与亚历山大·卡尔德的“云”、奥林匹克体育场和穹顶广场。

2. 美国的夏洛茨维尔的蒙蒂塞洛和弗吉尼亚大学

蒙蒂塞洛和弗吉尼亚大学位于美国弗吉尼亚州夏洛茨维尔市，由美国著名政治家、第三任总统托马斯·杰斐逊在1784—1809年间亲自设计建造而成。蒙蒂塞洛高高地矗立在弗吉尼亚山麓地带的一座小山顶上，是一座带有多利安式门廊、白色圆顶以及低矮红砖的建筑。它曾是杰斐逊的私邸，也代表了杰斐逊的建筑理念，现已成为杰斐逊纪念馆。

1819年，杰斐逊建立了为平民提供教育机会的弗吉尼亚大学，占地面积大约为113 312平方米，校园由中央的圆顶建筑——图书馆、草坪两侧的两排学生宿舍和大帐篷式的教师公寓以及大面积的花园组成，弗吉尼亚大学成为融实用主义、象征主义与自然环境为一体

的新古典主义建筑形式的极好例证。

3. 西班牙的埃纳雷斯堡的大学和历史区

埃纳雷斯堡是世界上第一座被规划成为大学城的城市，也是近代欧洲最重要的文化学术中心之一。大学的历史可追溯到1293年，由红衣主教西奈罗斯所建。“上帝之城”的理想化的概念首次在这里得到了体现，后来被西班牙传教士传到美洲，成为世界大学城的原始模式。古老的埃纳雷斯堡大学在16世纪时达到鼎盛，与萨拉曼卡和巴亚多利大学并称为西班牙最著名的三所大学。17世纪时，大学陷入危机，1836年，大学迁至马德里。

4. 英国剑桥大学

剑桥大学成立于1209年，是世界十大学府之一，已有90多位诺贝尔奖获得者出自这里。剑桥大学位于风景秀丽的剑桥市，著名的剑河横贯其间。这所举世闻名的大学，没有围墙，也没有校牌，整个校园郁郁葱葱，气韵自华。 难怪当年的才子徐志摩吟出了“在康河的柔波里，我甘心做一条水草”这样的诗句。

剑桥大学有31个学院，各学院历史背景不同，实行独特的学院制。剑桥的许多地方都保留着中世纪以来的风貌，到处可见几百年来不断按原样精心维修的古城建筑，许多校舍的门廊、墙壁上仍然装饰着古朴庄严的塑像和印章，高大的染色玻璃窗像一幅幅瑰丽的画面。800多年的人文积聚和学术气氛，潜移默化地影响着剑桥学子，也吸引着全世界的目光。

◎ 剑桥大学三一学院（英国）

◎ 剑河（英国）

七、现代主题公园

享誉世界的影都——美国好莱坞

位于洛杉矶西北角的环球影城好莱坞是美国电影的诞生地，也是当今世界上最大的电影工业中心。早在19世纪80年代，这里还是一个小村庄，一个富豪在此修建别墅，并将此地起名“好莱坞”，意为常青的橡树林。后来，一些电影制片人纷纷来此设厂，拍摄电影。到了20世纪三四十年代，好莱坞逐渐闻名于世。现在，这座占地1.6平方千米多的环球影城不仅有制片厂，还有近200个以世界各地名胜为背景、布局精巧的摄影棚。它同著名的星光大道、好莱坞剧场一道构成了“环球影城之旅”。

◎ 好莱坞（美国）

好莱坞不仅是摘星族梦寐以求的天堂，还是美国文化扩张的一个重要组成部分。高度发达的电影工业，形成了好莱坞独特的繁荣景象和文化气息，吸引了全世界旅游者的目光。

八、战争、和平与自由

虽说一部没有战争史的人类史是不完整的，但追求和平与自由却是贯穿人类史的主旋律。因此，在文明发展的过程中也就少不了代表战争、和平与自由的符号。

1. 奥斯维辛集中营

奥斯维辛是波兰南部的一个小镇。在第二次世界大战中，德国法西斯在这里设立了其最大的集中营，上百万平民百姓葬身于此，这里淌满了苦难人民的血和泪。自德国侵略者建起这座集中营之日起，“奥斯维辛”一词就成了恐怖、种族灭绝和大屠杀的一个代名词。这里壁垒森严，四周电网密布，内设哨所看台、绞形架、毒气杀人浴室和焚尸炉。集中营关押了犹太人、波兰人、吉普赛人、苏联战俘和其他一些国家的囚犯。在奥斯维辛集中营，有150万人被屠杀，其中大部分人死于比克瑙毒气室。1945年1月，盟军解放了集中营。1946年，为了让后人永远铭记这段历史，在这里建起了奥斯维辛殉难者博物馆，向世人昭示纳粹的滔天罪行。一个独特的纪念碑耸立在博物馆内。陈列在馆内的物品，包括绞死集中营头目赫斯的绞架、法西斯溃逃时来不及运走的用具、饰物等物品，无一不让人触目惊心。

2. 海地国家历史公园

海地国家历史公园里的遗迹记录了19世纪初海地宣布独立的岁月。逍遥宫、建筑群遗迹，特别是古城堡，都标志着解放和自由。这些建筑是解放了的黑奴赢得自由后，由他们自己亲手建造的最早的建筑遗迹。

海地是美洲第一个独立的黑奴国家，海地人民在推翻法国殖民统治后，于1804年1月1日建立了海地共和国。为了庆祝解放，追求和平，海地人民花费了15年时间建造了城堡要塞。在海地赢得独立后，其他的美洲殖民地国家也纷纷独立。这些遗迹的历史价值就在于它们是追求自由的结果，是和平开始的标志。

3. 广岛和平公园

日本广岛和平纪念公园最具有代表性的“原爆遗址”展示了战争的残酷。它坚实的外衣被原子弹的烈焰烧得像一个被剥光了所有衣裳的乞丐，神色凄惨地立在元安桥头，给来此凭吊、游览的各国人民昼夜不停地唱着忧郁的哀歌。

随着人类所创造的毁灭性力量的释放，广岛和平公园成为人类半个多世纪以来为争取世界和平所取得成就的力量象征。在广岛，和平是它的希冀，美丽是它的翅膀。祝愿世界终能驱走悲悯，放飞和平。

4. 美国的自由女神像

自由女神像位于美国纽约哈得孙河口的自由岛上，是法国为纪念1886年美国独立百年时赠送给美国人民的礼物。女神像高46米，重229吨，高擎火炬的右臂长12.8米，加上基座高47米，因此火炬的尖端高出地面93米。女神像的脚上有象征推翻暴政的断铁镣，左手握着一本美国《独立宣言》，头冠上象征自由的七道射线遍及七大洲。女神像体内的螺旋形阶梯使游客能登上头部，鸟瞰纽约全城。自由女神像基座内还设有介绍美国移民历史的博物馆。自由女神百余年来成为美国精神的象征和标志。

思考与练习

第三章　自然景观文化

自然景观文化，即通常所说的山水文化，就是山山水水中所蕴含及引发的文化现象，也是绚丽的山水和辉煌文化的结晶。这里的山水不是指具体的山水，而是指以具体山水为主的自然环境、自然景观。世界上众多的名山胜水，不仅雄奇秀丽，而且蕴藏着丰厚的文化底蕴，闪耀着奇异的光彩。这是祖先留给我们的宝贵财富，需要我们好好珍惜，更需要我们进行系统的开拓和深入的研究，使之更好地为社会服务。

本章视频

第一节　自然景观文化概述

一、自然景观与文化

人类是自然界的一部分，是在自然环境中孕育出来的，自然环境为人类提供了丰富的生活资源，同时它又是人们实践的主要对象。人们在这个广阔的舞台上不断地改造和利用自然，与自然界产生各种各样的联系，这就必然会使自身的需求、智慧、能力凝聚于自然环境之中，从而在悠久的历史长河中积累起丰富的自然景观文化。不过，自然景观本身并不是自然景观文化，而是自然景观文化赖以存在和传承的载体。自然景观文化的形成是一个长期的不断创造的过程，随着时代和社会的发展，人类不断创造出新的文化，并将它融入今天的自然景观之中，使自然景观的文化内涵不断得到丰富和发展。

自然景观文化包含两部分内容：一是自然景观的客观文化，即自然景观本身客观存在的文化价值，这主要是指自然景观的美学价值；二是自然景观的主观文化，即人类附加在自然景观上的文化，这主要是指人类在历史发展过程中，在利用自然和改造自然的过程中，逐渐形成的对自然界的认识，以及关于人与自然的各种思想的总和——这主要包括自然景观的历史价值和科学价值。另外，由于自然景观文化是以自然景观为载体的一种文化形态，因此我们又可以根据自然景观的不同，将自然景观文化分为地质景观文化、水体景观文化、生物景观文化、气象与气候景观文化四种类型。

二、自然景观文化发展史

一般来说，自然景观具有相对稳定性，在漫长的历史中不会发生明显的变化，但是依附于自然景观中的文化是在随着历史的发展而不断变化。在人类发展历史中，生产力发展水平不同，人类认识自然、改造自然的能力不同，对自然景观的认识也就不同。因此，不同的历史时期，也就有不同的自然景观文化。

1. 农业社会时期

农业社会阶段包括原始社会、奴隶社会和封建社会，是一个漫长的农业发展时期。这一时期由于生产力比较低下，人们对自然界的一些现象难以做出合理的解释，所以对自然界既敬又怕，并在这种敬畏心理的驱使下对自然产生了虔诚的膜拜，并逐渐发展成为原始宗教，如我国早期出现的对图腾的崇拜、对山川的祭祀以及对昆仑、蓬莱神仙的信仰，就都是在这一时期出现的。

随着历史的发展，生产力的提高，人们对自然界的畏惧逐渐减弱，开始亲近自然，并把对自然的崇拜升华为一种审美境界。孔子提出了“智者乐水，仁者乐山”的审美理念，把自然山水的美比喻为智者和仁者的智慧和品德，水象征人的智慧，山象征人的品德，并认为对山水的游览可以使游人从中获得感悟和熏陶，这种审美观被后人称为“君子比德”，对后世产生的影响颇为深远，也为我国自然景观的审美文化揭开了崭新的一页。

2. 工业社会阶段

随着生产力的发展，科学技术的进步，特别是工业革命以后，人类认识自然和改造自然的能力逐渐提高，对自然的利用和改造范围越来越广，程度也越来越深。这一时期的自然景观文化也因之而发生了相应的变化，过去蒙在自然景观上的神秘面纱被逐渐揭去，人类对自然和自然景观的认识越来越趋向科学化，对待自然景观的态度也发生了根本性的变化。

一方面，人类更加强调以人为本，大量开采资源以满足人类需要，使人类所需要的物质财富得到极大丰富，生活水平得到极大提高。另一方面，由于科学技术的进步，人类对自然景观原先所具有的神秘感进一步减弱；并且随着交通运输的发展，越来越多的人开始走出家门，去了解自然、探索自然和欣赏自然，使得自然景观文化中的科学价值得到进一步体现。

3. 后工业社会阶段

由于工业社会阶段盲目掠夺式的开发，导致工业社会阶段后期自然界生态恶化、环境污染严重，极大地影响了人类的生产和生活。因而，在后工业社会阶段，人类开始反思自己对待自然的行为和观念，并开始理性地回归自然、欣赏自然和亲近自然，强调人与自然

的和谐统一，以实现人类与自然的和谐发展。这一思想的确立使自然景观文化的内涵得到极大的扩展，尤其是第二次世界大战以后世界各国都开始大规模建立自然保护区，联合国也制定了《世界遗产名录》，以保护自然景观，使之免受人类破坏，体现出了崭新的人地关系思想。

三、自然景观的文化特性

1. 自然景观的审美文化特征

自然美和社会美、艺术美有所不同，其感性形式具有更为重要的意义。自然美主要美在它的千姿百态，其内容具有模糊性与不确定性。当我们观赏“山青、水秀、洞奇、石美”的桂林山水时，往往会情不自禁地寻求这些美的形态背后所隐藏着的内容。所以，自然美的最大特点就在于其无限多样的展现形态——主要包括其形象美、色彩美、听觉美、内在美、动态美和静态美等。另外，不同的自然景观所展现出的形象美感也有所不同。因此，在我国传统的审美历史中，又将自然景观的形象美概括为：雄、秀、奇、险、幽、旷等。

2. 自然景观的历史文化特征

“江山也要伟人扶，神化丹青即画图”，自然景观的观赏价值往往和其历史文化特征有着密不可分的联系，一般而言，自然景观开发的历史越悠久，其历史文化价值就越大，观赏价值也就越高。我国人民历来崇尚山水名胜，精于建设，在自然风景区留下众多的文化性景观，例如古建筑、摩崖石刻、书画题记、宗教文化以及名人活动的遗迹和旧址等。因此，在我国，几乎每一个古老的风景名胜区具有厚重的历史文化氛围。从自然景观文化的发展历史来看，自然景观的历史文化主要包括自然崇拜历史与祭祀历史、群众性宗教活动历史、文人墨客的游览观赏历史、历史事件和历史人物等内容。自然景观的历史文化具有较高的价值，它不仅能够陶冶人们的情操，净化人们的灵魂，增强人们的爱国思想，而且能够使人感受到历史的沧桑，增加历史知识，启迪智慧，增长见识。因此，我们可以说，每一处风景名胜都是一部巨大的历史教科书。

3. 自然景观的科学文化特征

自然旅游资源分为地质景观、水体景观、生物景观、气象景观。这些自然景观要素不但是旅游的主要对象，还是地理学、地质学、矿物学、水文学、生物学、生态学、气象学等学科研究的主要对象。因此，它们不仅具有较高的审美价值和历史文化价值，而且具有极为重要的科学研究价值。如自然旅游资源中的冷、热、干、湿、风、雨、云、雪、霜、雾、雷、电、霞等气象气候景观是气象学和气候学的研究内容；自然旅游资源中的地质景观、水体景观、生物景观、气象景观又都是地理学研究的主要内容，尤其是其中的水体景观，它以海洋、湖泊、河流、涌泉、瀑布、冰川等形式存在于大自然中，是大自然的雕刻师和美容师，充当着岩溶地貌、海岸地貌、冰川地貌等地貌形态的外营力，构成了地球的血脉，是地理学、地质学和水文学研究必不可少的对象。可以说，一切自然学科都或多或少地和自然旅游资源及自然景观存在联系。

第二节　地质景观文化

地球已经有46亿年的历史，在这一漫长的历史演变过程中，由于地质营力的作用，使得地球的结构、构造、物质成分等都处于不断的变化当中，整个地球的表面也随之发生了沧海桑田的变化。地球表面千姿百态的地貌形态都是地质作用的直接结果，大陆的分离与聚合、海洋的诞生与消亡、盆地的沉降、岩浆的活动等现象均直接受控于地质作用。与此同时，一切地质景观也都能反映过去已经发生的或现在正在进行的地质作用，如三江并流与板块运动密切相关，夏威夷火山活动是地球内部活动的“晴雨表”，云南石林反映了构造运动与流水侵蚀的共同作用等。

在内力地质作用和外力地质作用的共同影响下，地球表面呈现出千姿百态的地貌形态。这些地貌形态直接作用于人类的生产和生活，并对长期生活于其环境中的人的思想、性格和审美观点产生一定影响，最终形成了各种地质景观文化。

一、地质景观文化

地质因素是某一地域风景总体特征的“本底”，是自然景观基本的组成条件与构造基础。亿万年来，地球演化的脚步从未停止，演化历程生生不息。各种地质体及地质体中的大量动植物化石，是地球演化历史中的宝贵片断，是我们进入地球科学殿堂的钥匙。按照不同的地质因素，可以把地质旅游景观分为典型的地质地貌景观、古生物遗址景观、火山遗址景观等类型。

（一）地质地貌景观

构造运动是指由地球内力所引起的可以导致地壳岩石发生变形、变位的一种机械作用。自地球形成以来，地壳物质及地表形态就一直处于不断的运动变化之中。由于地质作用的存在，地表留下了大量典型的地质地貌景观，它们不仅具有审美价值，而且具有很高的科学价值。

著名的地质地貌景观有：云南三江并流保护区（中国）、大峡谷国家公园（美国）、黄石国家公园（以下简称黄石公园）（美国）、麦夸里岛（澳大利亚）、格罗斯莫讷国家公园（加拿大）等。

1. 云南三江并流保护区

云南三江并流保护区这一遗产突出的价值在于它展示了伴随印度板块与欧亚板块的碰撞、古特提斯海的闭合以及喜马拉雅山和西藏高原的隆起而来的最近5000万年的地质历史。这些过去曾是亚洲地表演变的主要地质事件，并且如今仍处在不断的发展演变中，这一区域内存留的各种岩石类型记录了这一历史。此外，在这一高山带中还包括了世界上山脉中一些典型的喀斯特分布区、花岗岩和丹霞砂岩地貌。

三江并流保护区位于我国云南省西北部，地处东亚、南亚和青藏高原三大地理区域的交汇处。这里不仅是世界上罕见的高山地貌及其演化的代表地区，也是世界上生物物种最丰富的地区之一，其主要特色是金沙江、澜沧江和怒江这三条发源于青藏高原的大江自北向南并行奔流170多千米，形成了世界上罕见的“江水并流而不交汇”的奇特自然地理景观。此外，该地区还被誉为“世界生物基因库”。区域内云集了北半球南亚热带、中亚热带、北亚热带、暖温带、温带、寒温带和寒带等各种气候环境类型。该地区拥有多种生态系统，是欧亚大陆上生物生态环境的缩影，也是自新生代以来生物物种和生物群落分化最剧烈的地区。

2. 麦夸里岛

麦夸里岛位于塔斯马尼亚东南部约1500千米处，是一块长约34千米，宽5千米的海岛带。该岛的形成源于印度洋板块和太平洋板块在这里互相挤压，使得麦夸里海脊的最高部分露出海面。作为地球上唯一一处从地幔开始向上运动，直至升出海面的地区，麦夸里岛有着极为重要的地质学保护意义。

占地约162 000平方千米的麦夸里岛海洋公园以其优美的景色，丰富的海洋资源、陆地资源以及考古遗址吸引了大量的游客。公园内植被丰富，除有80余种各类苔藓外，至少还有46种花卉，以及各式各样的地衣、硅藻类植物等。这里没有树木或高大灌木丛，草本植物便是岛上最高的植被。长毛海豹和本土的各种鲸鱼是公园内的主要动物，海象、海狮等其他大型动物也时常出现。另外，这里还有很多其他种类的哺乳动物和鸟类。

公园里还保留了许多经过雕琢的、有着重要艺术内涵的土著人窑洞、考古遗址、土著人文化以及大约7000处艺术古迹，展示了早期人类罕见的艺术成就。

3. 格罗斯莫讷国家公园

格罗斯莫讷国家公园位于纽芬兰岛西海岸，不仅拥有奇特而绚丽的自然风光，而且拥有许多特殊的地质现象。这些地质现象为大陆漂移学说和板块构造学说提供了宝贵的证据。

6亿年前欧洲大陆和北美大陆本是一体，后来逐渐开始分离，同时岩浆从地壳下喷涌而出，填满了两块大陆间的空隙。现在，在格罗斯莫讷地区西小溪湖的悬崖上仍可以看到

已经凝固的岩浆。5.7亿年前到4.2亿年以前，公园现在所处的位置是两块大陆之间被称为亚派图斯海的大洋。4.6亿年前，欧洲大陆与北美大陆被挤压到一起，阿巴拉契亚山脉升起，填满了亚派图斯海。一部分大洋地壳与地幔板块向东移动并升起成为陆地的表面。地表又经过多年冰川的地质作用，形成了各种各样壮观的地质景观。

格罗斯莫讷国家公园还拥有丰富的生物资源和独具特色的生态特征。多样的地形给陆地哺乳动物、鸟类、鱼类、植物等提供了各种栖息地。

（二）古生物遗址景观

古生物是指地质历史时期中曾经生活在地球上的生物。化石是由于自然作用保存在地层中的地史时期的生物遗体和活动遗迹。古生物化石反映了特定地质年代的动植物面貌，是动植物漫长进化过程的一个片断，是地质年代生物进化的缩影，对研究物种的起源及进化具有重要的价值。另外，古生物化石也是旅游资源的一个重要组成部分，具有很高的审美价值。在旅游过程中，游人不仅可以欣赏奇特的化石，也可以获得古生物学知识。

被列入世界遗产中的化石遗址有：澄江化石遗址（中国）、澳大利亚哺乳动物化石遗址（澳大利亚）、米瓜莎国家公园（加拿大）、艾伯塔省恐龙公园（加拿大）、加拿大落基山脉公园（加拿大）、麦塞尔化石遗址（德国）、伊沙瓜拉斯托–塔拉姆佩雅自然公园（阿根廷）等。此外，我国还有一些著名的化石遗址，如辽西化石群（中国）、四川自贡恐龙化石群（中国）。

1. 澄江化石遗址

澄江化石遗址（距今5.3亿年）位于被誉为“世界古生物圣地”的云南省澄江县，与澳大利亚的“伊迪卡拉动物化石群”（距今约6亿年）、加拿大的“布尔吉斯页岩动物化石群”（距今5.15亿年）并列为“地球历史早期生物演化实例的三大奇迹”。这些动物化石群的发现，掀开了“寒武纪生命大爆发”的神秘面纱，大大推进了世界古生物研究的进程，被国际古生物学界誉为“20世纪最惊人的科学发现之一”“世界近代古生物研究史上所罕见”。

澄江化石遗址中的动物生活在寒武纪早期。化石的形成时间处于前寒武纪晚期的伊迪卡拉动物化石群和中寒武世的布尔吉斯动物化石群形成时期之间，填补了早期生命演化的空白，是“寒武纪生命大爆发”的重要的证据。这里发现了许多寒武纪早期动物化石门类，包括保存完好的软体生物化石群。这些化石如实地再造了当时海洋生命的壮丽景观。

2. 辽西化石群

20世纪90年代，世界各国的古生物学者和地质学家相继把目光定格在我国辽西——这块贫瘠却曝出惊人发现的土地上。我国辽西地区是世界著名的中生代热河生物群的主要产

地。现在的热河生物群所包含的生物组合十分丰富，囊括了中生代众多门类的陆相化石生物，包括鱼类、两栖类、爬行类、鸟类、哺乳类和古植物及其孢粉以及无脊椎动物类群中的双壳类、腹足类、节肢类、介形虫等。其中，早期鸟类、带毛恐龙、原始哺乳动物和早期被子植物的发现，成为20世纪古生物学界重大发现的一部分，对它们的研究涉及现代生物界许多重要生物门类的起源和早期演化问题，为探讨地球陆相生态系统的演变过程和规律提供了难得的线索和例证。热河生物群种类之繁、数量之多、保存之精以及科研价值之高，堪称世界之最。近几十年来，“中华龙鸟（带羽毛的恐龙）”“圣贤孔子鸟”“五尖张和兽”等化石的发现，接连震惊世界，被学术界誉为20世纪最重要的发现之一。甚至有科学家预言，由于我国辽西中生代古生物化石群的重大发现，生物进化理论存在的一些难题，有望在不久的将来得到破解。辽西古生物化石宝库中各种各样奇异的化石，构成了一个五彩缤纷的地史时期的生物世界，它不仅是中国的，也是世界的。

3. 四川自贡恐龙化石群

自贡大山铺恐龙化石群是1.6亿年前中侏罗世恐龙及其他脊椎动物化石的遗迹。在已发掘的恐龙化石中，既有长达20米的食植物性蜥脚龙类恐龙，也有凶猛的食肉类恐龙，还有仅1.4米长的鸟脚类恐龙。此外，这里还有目前世界上保存完整的原始剑龙及与之相伴的翼龙化石。由于这里的化石埋藏集中、数量多、门类全、保存好，且其产出时代为中侏罗世，填补了恐龙演化史上这一时期恐龙化石材料匮乏的空白，从而成为世界上重要的恐龙化石遗址之一，具有重大的科学价值。

4. 加拿大艾伯塔省恐龙公园

艾伯塔省恐龙公园位于加拿大艾伯塔省西南角红鹿河谷一带，占地74.93平方千米。公园以出产恐龙化石而著称于世。这些“爬行动物时代”的化石可以追溯到7500万年以前的白垩纪。这些中生代脊椎动物中的爬行类化石，完整详尽地记录了地球生物的进化历史。

艾伯塔省恐龙公园至今仍然保持着远古时代的自然风貌，岩石台地、砂砾石柱、山峰河谷等一起构成了一幅幅荒凉奇异的景观。然而在白垩纪7500万年以前，现在的艾伯塔省东部地区却是大片浅海的低洼沿海平原，气候温暖湿润，生物种类繁多。这里除了繁衍数量、种类众多的恐龙外，还有鱼类、两栖类、爬行类、原始哺乳类、鸟类等动物。公园于19世纪80年代开始挖掘，在红鹿河谷长约27千米的沿岸地区，至今已经发现了300多具保存完整的恐龙化石骨骼，分属35种不同类型。这些化石不仅埋藏集中，而且种类繁多，保存完好，为世界所罕见。

艾伯塔省恐龙公园于1997年被联合国教科文组织世界遗产委员会作为自然遗产列入《世界遗产名录》。

5. 阿根廷伊沙瓜拉斯托–塔拉姆佩雅自然公园

伊沙瓜拉斯托–塔拉姆佩雅自然公园包括伊沙瓜拉斯托省公园和塔拉姆佩雅国家公园两部分，位于阿根廷中部谢拉潘毗纳斯西部边境，含有三叠纪（2.45亿年前—2.08亿年以前）最完整的陆相化石记录。公园内的6个地质岩层中含有大量原始哺乳动物及植物化石，包括已知年代最早的恐龙的遗骸，记录了恐龙从三叠纪早期到三叠纪后期的演变过程，揭示了三叠纪脊椎动物的演化和古环境特征，具有极高的科研价值。

（三）火山地貌景观

火山是地壳内部喷出的高温物质堆积而成的高地，故在地理学上又被称为堆积山。典型的火山，在地貌上一般表现为顶部有凹形洼地的锥形孤立山峰，但因喷出物质的性质不同，可以有不同的形态。部分火山的火山口由于底部封闭，还会形成火山口湖，形成“高山出平湖”的独特景观。世界上的火山分布都有一定规律，基本上与地震分布带相一致。目前全世界约有2000座死火山，500多座活火山，主要分布在4个火山带上。

（1）环太平洋火山带：与环太平洋地震带基本一致，从南、北美洲西海岸、阿拉斯加、阿留申群岛，经日本群岛、菲律宾群岛至新西兰。

（2）阿尔卑斯–喜马拉雅火山带：从阿尔卑斯山经高加索、喜马拉雅山至印度尼西亚与环太平洋火山带相连。

（3）大洋中脊火山带：约有22座，其中许多位于海面以下，冰岛与詹迈扬岛有露出海面的活火山是大洋中脊上的产物。

（4）东非火山带：沿东非大裂谷分布，它是陆地上的“洋中脊”所在处。

火山景观不但是科学研究的主要内容，还具有极高的审美价值。例如，在东非大裂谷两侧，耸立着一座座火山，至今仍有水汽喷出，温泉涌流；活火山更是热气腾腾，烟雾缭绕。世界闻名的恩戈罗火山口和尼拉贡戈火山的熔岩湖两大火山奇观都位于这里，而乞力马扎罗山（非洲第一高峰）和肯尼亚山（非洲第二高峰）则都是典型的死火山，山顶终年覆盖着白雪，十分美丽。

已被列入世界遗产的著名火山景观有：堪察加火山（俄罗斯）、伊索莱·约里（伊奥利亚群岛）（意大利）、夏威夷火山国家公园（美国）等。

1. 长白山

长白山位于我国吉林省东南部与朝鲜接壤的边陲地带，绵延1000千米，是我国与朝鲜的边界山，主峰白云峰海拔2691米，有“关东第一山”之称。

在长白山脉白头山顶，有一座因火山喷发而形成的火山口湖——长白山天池。天池湖域面积9.82平方千米，平均水深204米，最大水深373米，为我国最高最大的火山口湖。天池也叫“龙潭”“海眼”“温凉泊”，是火山赐予人类的一大胜景，它的一泓碧水宛

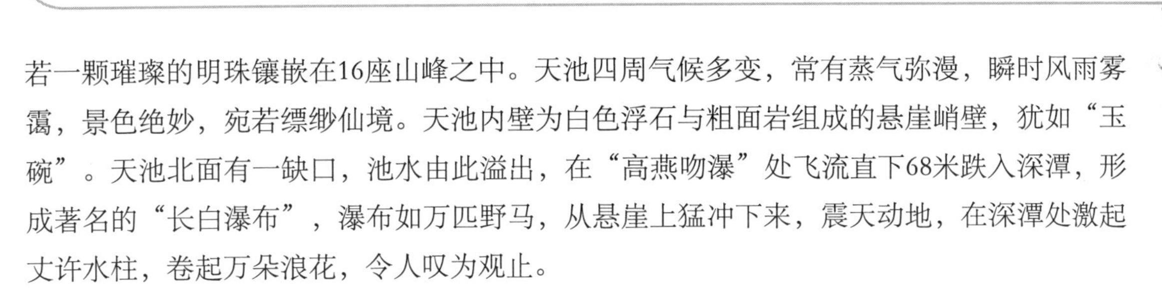

若一颗璀璨的明珠镶嵌在16座山峰之中。天池四周气候多变，常有蒸气弥漫，瞬时风雨雾霭，景色绝妙，宛若缥缈仙境。天池内壁为白色浮石与粗面岩组成的悬崖峭壁，犹如“玉碗”。天池北面有一缺口，池水由此溢出，在“高燕吻瀑”处飞流直下68米跌入深潭，形成著名的“长白瀑布”，瀑布如万匹野马，从悬崖上猛冲下来，震天动地，在深潭处激起丈许水柱，卷起万朵浪花，令人叹为观止。

2. 五大连池地质公园

五大连池地质公园位于黑龙江省五大连池市境内，平均海拔高度400～600米，面积1008平方千米。区内有规律地分布着14座火山，是我国境内保存最完整、最典型、年代最新的火山群，被称为“天然的火山博物馆”“火山公园”。由于最新喷发（1719—1721）的火山熔岩堵塞了石龙江，形成了五个串珠状、溪水相连、倒映山色的火山堰塞湖泊，即头池、二池、三池（腰池）、四池和五池，各湖有暗河相通，终年不枯，“五大连池”因此得名。

五大连池以“山秀、石怪、水幽、泉奇”而为人所称道，14座锥体火山屹立在五池碧水周围，山环水抱，交相辉映。登山远眺，绵延64平方千米的黑色熔岩如巨龙匍匐前行，如瀚海波澜起伏，蔚为壮观。千姿百态的熔岩惟妙惟肖，有的如丘如岭，有的如禽如兽，令人目不暇接。向下俯瞰，池水清澈深邃，光洁如镜。此外，温泉也是园内一绝，仅保护区的药泉山下就有南泉、北泉、翻花泉等，因其含有多种微量元素，对皮肤病、风湿病有着特殊的治疗效果而深受游客欢迎。

3. 夏威夷火山国家公园

美国的夏威夷群岛包括8个较大的岛屿和124个小岛，总面积16 759平方千米。夏威夷岛（又称大岛）是美国夏威夷火山国家公园所在地，岛上有世界上最为活跃的两座火山：冒纳罗亚火山和基拉韦厄火山。

夏威夷群岛海底周围的太平洋板块是一个海底火山活动区，从2000万年前起，一直有岩浆从海底涌出，随着岩浆的不断凝固，夏威夷群岛也就不断“生长”。长期以来，有关夏威夷群岛的成因及其独特的分布形式，一直没有得到科学合理的解释。20世纪70年代美国地球物理学家摩根提出的“热点”假说使得这一问题迎刃而解。他认为在地幔深处有位置固定的地幔物质上升流，炙热的上升物质冲破岩石圈的地方可视为“热点”，而夏威夷岛正处于这一“热点”之上，此外，太平洋板块以每年10厘米的速度向西北方向移动，因岩浆凝固而形成的火山也随板块一起移动，在“热点”处又会形成新的火山。经过几千万年的时间积累，就出现了呈西北—东南走向的“火山传送带”。

夏威夷群岛由5座火山熔合而成，其中的冒纳罗亚火山和基拉韦厄火山是两座著名的活火山。火山喷发时，炙热的熔岩火球般地喷向天空，像橘红色的焰火，染红天际。火山口内的翻滚的熔岩从口内涌出，似一条条赤色火龙，随坡而下，势不可挡。

除了熔岩分布的地区外，夏威夷群岛上大多数地方雨林茂密，景色秀丽。火山喷发带来的肥沃土壤，有利于各种植物生长。栖息在岛上的野生动物有当地特有的夏威夷鹅等。这些动植物与夏威夷独特的火山景观一起构成了一个奇异的、生机勃勃的世界。

二、地貌景观文化

地貌是地球内力和外力相互作用于地表物质的结果，是地球上各种地表形态的总称。作为自然地理的基本要素之一，地貌与自然界的其他要素密切联系，相互制约，共同构成了千姿百态的地貌景观。一般来说，地貌的起伏是构成天然景观形态的基本骨架，是风景区的背景和基盘，地球内外力的作用，形成了不同特色的地貌景观。这些地貌景观作用于长期生活在其中的人类，从而形成不同的地域文化。

地貌景观也是旅游资源的重要组成部分，它们千姿百态，形式多样，既有挺拔的高山、幽深的峡谷，也有荒凉的沙漠和空旷的草原；它们有的高大雄伟，有的旷广阔达，有的俊秀奇巧，有的静谧幽远，不一而足。而复杂多变的自然环境又孕育了丰富多彩的人文景观，并与之交相辉映，光彩熠熠，使其更具审美价值和历史价值。具体说来，根据地貌形态，地貌景观主要分为山岳景观、峡谷景观、喀斯特（岩溶）景观、冰川景观等类型。

（一）山岳景观

在地貌学上，对山岳的划分首先是根据其高度，一般来说，绝对高度在500米以上的称为山或山岳。其中，旅游价值最高的山岳旅游资源应当是中低山。在我国，一般1000～3500米的为中山，500～1000米的为低山。中低山介于平原和高地之间，既可以看到大自然对地貌的作用，又经过了人类一定程度的开发，所以无论在自然景观方面，还是在人文景观方面，都具有较高的观赏价值。通常来说，山岳景观和文化联系比较密切，我们把山岳景观所蕴含的文化内涵称之为山岳文化。山岳文化包括物质文化（即山岳自身）和依附于山岳的精神文化。在山岳文化中，内容最多、形式最丰富的莫过于历代文人墨客颂咏河山的诗词歌赋。“会当凌绝顶，一览众山小”已成为描述泰山雄浑壮丽的千古绝唱，而“峨眉山月半轮秋，影入平羌江水流”更是将峨眉秀甲天下的绮丽景观刻画得淋漓尽致。

被列入世界遗产的著名的山岳景观有：比利牛斯–佩尔杜山（法国和西班牙共有）、泰山（中国）、黄山（中国）、峨眉山和乐山大佛（中国）、武夷山（中国）、阿索斯山（希腊）等。

1. 泰山

泰山古称东岳，初名岱山，也叫岱宗。泰山山势磅礴雄伟，峰峦突兀峻拔，景色壮丽，为五岳之首，有“天下第一山”之称。

◎ 泰山一天门（中国）

泰山是一座历史名山，大约七八千年前，我们的祖先就在此地繁衍生息，5000年前的大汶口文化和龙山文化则生动地展示了泰山古老的文化积淀。从秦汉至明清，历代文人留下了数以千计的关于泰山的诗词碑文，其中像孔子的《邱陵歌》、司马迁的《封禅书》、李白的《泰山吟》、杜甫的《望岳》等诗文，更是成为传世名篇。天贶殿的宋代壁画，以及各处的石刻、碑碣也都是稀世珍品。泰山脚下的岱庙则是历代帝王封禅祭祀的地方，也是泰山最大、最完整的古建筑群，它采用帝王宫城式建筑，在祠庙建筑中规格最高，是我国古代文明和信仰的象征。庙宇道观、碑刻诗文等历史古迹，生动地展示了泰山深厚的文化底蕴，并与雄壮的山峰完美地融合在一起，相映生辉，使泰山成为一座天然的历史博物馆。

泰山的自然景观以奇、险、秀、幽、雄、旷等特点而著称于世。泰山为断块山地，山体高大、气势雄伟，山岩景观令人叹为观止。如回马岭，山崖陡峭，盘道曲折，马不能回；云步桥，单桥凌驾深涧，浑然天成。登临岱顶又可观赏旭日东升、晚霞夕照、黄河金带、云海玉盘四大奇观。日观峰位于玉皇顶东南，古称介丘岩。在此观日，只见四周雾气弥漫，云层翻滚，犹如仙境。随着旭日东升，天空瞬间如染色海洋，绚烂多彩，继而彩霞变幻，金光万道，普照八方，具有极高的美学价值。

2. 黄山

黄山雄踞安徽省南部，古称黟山，是我国著名的山岳风景区之一。黄山以其独特的自然风光以及厚重的人文积淀，赢得了“世界公园”的美誉。

◎ 黄山迎客松（中国）

黄山形成于中生代白垩纪，距今约1.31亿年。后经第四纪冰川的磨削，呈现出奇峰嵯峨、怪石林立、崖壁陡峭、涧壑深邃的奇特峰林地貌，具有内涵丰富、雄浑柔媚、粗犷纤细、刚柔相济的特点。奇松、怪石、云海、温泉被称为黄山“四绝”，闻名遐迩。黄山奇松枝干遒劲，冠顶平整如削，极具矫健劲挺的阳刚之气。黄山怪石星罗棋布，或分散点缀，或集中陈列，遍及峰壑。黄山云海气势磅礴，时卷时舒，状如狂涛巨浪，瞬息多变，姿态万千。黄山温泉背倚紫云峰，下临桃花溪，四季泉涌，灵异奇妙，极宜入浴。

黄山不仅具有很高的美学价值，而且还有深厚的文化底蕴。自古就有轩辕黄帝在此炼丹、得道升天的传说，正因为此，唐天宝六年（747年）改名为黄山。公元754年，李白游黄山，写诗称赞曰：“黄山四千仞，三十二莲峰。丹崖夹石柱，菡萏金芙蓉。伊昔升绝顶，下窥天目松。仙人炼玉处，羽化留馀踪……”（《送温处士归黄山白鹅峰旧居》）。自此，历代文人对黄山多有吟咏，留下许多璀璨的诗篇与游记，如贾岛的《纪汤泉》、杜荀鹤的《送僧赴黄山沐汤泉兼参禅宗长老》、范成大的《浮丘亭》、龚自珍的《黄山铭》、黄炎培的《莲花峰绝顶》…… 另外，历代遗留下来的寺庙、亭阁、盘道、古桥和摩崖石刻也多达200多处，散布于名峰秀水之中。这一切形成了丰厚的黄山文化底蕴，具有极大的历史文化价值。

3. 峨眉山

峨眉山位于四川盆地西南部，距峨眉山市7千米。人们通常所说的“峨眉山”指的是大峨山，面积有120多平方千米。峨眉山以雄奇秀丽的自然风光和深厚的佛教文化积淀闻名于世。境内群山绵延、异峰突

◎ 峨眉山（中国）

兀、飞瀑流泉、景色清幽，有“峨眉天下秀”之称。峨眉山是我国四大佛教名山之一，山上寺庙将近30处，如报国寺、伏虎寺、仙峰寺等。最为著名的乐山大佛，是世界上现存最大的一尊摩崖石像，高达71米。

综观峨眉山全貌，其自然景观集秀、雄、幽、奇、险于一身。这里青峰耸立，或连绵舒缓，或挺拔入云；层峦叠嶂，或茂密葱茏，或幽远清雅。主要的景观有“金顶四大奇观”（云海、日出、佛光、佛灯）和“峨眉十景”（罗峰晴云、双桥清音、白水秋风、大坪雾雪、洪春小雨、九老仙府、象池夜月、金顶祥光、圣积晚钟、灵岩叠嶂）等。其中，洗象池的“象池夜月”尤其著名，每当皓月当空之时，四周清幽静谧，水天一色，景色尤其优美。清音阁之“双桥清音”，飞花玉碎，涛声琴韵，犹如仙境。

4. 武夷山

武夷山位于福建省武夷市境内，处在武夷山脉北段的东南麓。区内山脉绵延曲折、森林繁盛茂密、九曲溪水逶迤流长，“三三秀水清如玉，六六奇峰翠插天”，有“奇秀甲东南”之称。据《武夷山志》记载，商朝末年，我国古代传说中的长寿人物彭祖曾来到武夷，并隐居于幔亭峰下，这也为武夷山平添了几分神秘色彩。

◎ 武夷山（中国）

武夷山景色绮丽优美，集雄浑、隽秀于一体，和其他名山相比，武夷山的动人之处还在于山水的和谐统一。清代丁耀日曾评价说：“他山，山山水水各为一区，此则石根、壁笋各浸水中，看山不用杖而用舟。”区内共有36峰、72洞、99岩及108景点，座座赤峰挺拔隽秀，条条碧溪曲折妩媚。九曲溪及沿岸景观是武夷山景区的精华所在，九曲溪源于三保山，两岸峰峦巍巍，林木葱茏，猿啼鸟鸣，溪水清澈见底，蜿蜒逶迤，贯穿于群山众峰之间，形成“曲曲山回转，峰峰水抱流”的山水相依的自然美景。

曾几何时，武夷山一度成为“东南理窟”，并对东亚地区的文化产生深远的影响。而今这一切已经随着时间的流逝烟消云散，但从遗留下的道观寺庙中，我们仍能依稀寻觅到当年理学家们“继志传道”的痕迹。

5. 庐山

庐山地处江西省北部，紧邻鄱阳湖和长江，有南障山、天子都、天子障等古称。庐山一名出自《史记》，它虽然不在五岳之列，却有“庐岳”之称，历来有“自有天地即有五岳，外甲东南者有庐山”之说。庐山以雄、奇、险、秀闻名，大江大河大湖大山浑然一体，雄奇险秀，刚柔相济，并兼文化名山、宗教名山、政治名山于一体，具有极高的历史、文化、科学和美学价值。

◎ 庐山美庐（中国）

庐山共有山峰90余座，形态各异，正所谓“横看成岭侧成峰，远近高低各不同”。登峰远眺，纵目千里，湖光山色尽收眼底。另外，庐山飞瀑也是一绝，素有“匡庐瀑布誉漫天下”之说，并与泰山青松、华山摩岭、黄山云海、峨眉古寺并称为山川绝胜。“飞流直下三千尺，疑是银河落九天”更是将庐山飞瀑之美形容至极致。

（二）峡谷景观

峡谷景观有高山峡谷景观和幽谷溪涧景观之分，但不管哪种峡谷，都常常和其他旅游资源（尤其是水景和生物景观）共同构成绚丽的自然景色。高山峡谷景观通常因雄壮而闻名，它的观赏价值常常取决于高差和水量，高差越大，水量越大，峭壁越陡，景色也就越奇险，气势也就越宏大，也就更能显示峡谷的雄伟美。幽谷溪涧景观则以清幽秀丽而著称，回环往复的山间小路、弯弯曲曲的溪泉流水都是幽谷溪涧景观的显著特点；这种景观给人一种恬静、泰然的心境，使人品之有味，余韵无穷，是休闲和疗养的极好场所。另外，同山岳一样，地球上大大小小的峡谷也是地质史书的重要部分；正因为有了这些自然历史印迹我们才能够推知过去，遥想未来，所以它们也都具有很高的科研价值。

世界上著名的大峡谷有：长江三峡、雅鲁藏布大峡谷、东非大裂谷和被列为世界遗产的科罗拉多大峡谷（大峡谷国家公园）等。另外，黄石公园、武陵源风景名胜区等世界遗产中也都有峡谷的分布。

1. 雅鲁藏布大峡谷

在号称“世界屋脊”的青藏高原上，有两个世界之最：一个是世界最高峰——珠穆朗玛峰；一个是世界最长最深的大峡谷雅鲁藏布大峡谷。高峰与深谷咫尺为邻，近万米的强烈地形反差，构成了世界上最为震撼人心的壮丽景观。这里高山巍峨，峡谷幽深，雪山冰川晶莹剔透，原始林海郁郁葱葱，滔滔江水奔腾咆哮，这一切无一不在展示着大峡谷的神奇与美丽。

雅鲁藏布大峡谷最深处达到5382米，连续的“V”字形峡谷长达496.3千米，不仅在长度上超过了原被认为是世界之最的美国科罗拉多峡谷（长350千米），也在深度上超过了原被认为是世界之最的秘鲁科尔卡峡谷（深3200米），成为名副其实的世界第一峡谷。

此外，这里还是我国生物多样性最为丰富的地区之一，茂密的原始森林中，从森林上限的冷杉林，到谷底的半常绿季风雨林，雅鲁藏布大峡谷具有了世界上最齐全的垂直自然带。不同的垂直自然带以各具特点的景观浓缩在山坡谷地上，犹如一幅凌空抖落的山水画卷，蔚为壮观。

2. 科罗拉多大峡谷

科罗拉多大峡谷位于美国亚利桑那州西北部的科罗拉多河中游、科罗拉多高原的西南部，是地球上最伟大的地理奇迹之一。大峡谷全长约350千米，宽6～29千米，最大深度约

1740米，呈“V”字形，大体呈东西走向，东起科罗拉多河汇入处，西到内华达州界附近的格兰得瓦什崖附近。美国早年的自然学家、探险家约翰·缪尔在1890年游历大峡谷后，写下了这样一段话：“不管你走过多少路，不管你见过多少名山大川，这个科罗拉多大峡谷，色调是那么新奇，结构是那么宏伟，仿佛只能存在于另一个世界。”

大峡谷是在几十亿年的漫长岁月中由地质作用形成的，是伟大的科罗拉多河的杰作。“科罗拉多”在西班牙语中意为“红河”，这是由于河水中夹带大量泥沙，河水常显红色，因而得名。千百年来，科罗拉多河像一条巨蟒奔腾咆哮，不断地切割着大峡谷，使得两侧谷壁高低错落。由于地层结构不同，疏密不一，河水的横冲直撞有时造成大片坍塌，使峡谷景观百态纷呈，有的相互堆积，有的茕茕孑立，伴随着天气变化，水色山光相互交织，变化多端，天然奇景蔚为壮观。

科罗拉多大峡谷国家公园不仅景色奇异，而且野生动植物资源也非常丰富。这里的仙人掌、罂粟、云杉、冷杉等几乎在同一地区共生，构成了雄浑与秀丽交相辉映的自然美景。

3. 东非大裂谷

东非大裂谷是地球上最大的裂谷带，南起赞比西河的下游谷地，向北延伸到马拉维湖北部，总长6400千米，平均宽度为48～65千米，是地球表面上最大的一块“伤疤”。从空中俯瞰，裂谷气势极其宏伟。

有许多人在见到东非大裂谷之前，凭想象认为，那里一定是一条狭长、黑暗、阴森、恐怖的断涧，荒草漫漫，怪石嶙峋，渺无人烟。其实，大裂谷之内完全是另外一番景象：远处，茂密的原始森林覆盖着连绵的群峰，山坡上长满仙人球；近处，草原广袤，翠绿的灌木丛散落其间，野草青青，花香阵阵，草原深处的几处湖水波光粼粼，山水之间，白云飘荡；裂谷底部，平平整整，坦坦荡荡，牧草丰美，林木葱茏，生机盎然。

东非大裂谷还是人类文明发祥地之一，20世纪中期在这里相继发现的“东非人”头骨化石和“能人”遗骨，充分证明了这里是人类文明的摇篮之一。

（三）喀斯特（岩溶）景观

“喀斯特”本是欧洲斯洛文尼亚和意大利交界处的一个石灰岩高原的名称，由于这里的石灰岩地貌在全球最具典型性，因而地球上所有的石灰岩地貌便都被称为喀斯特。喀斯特地貌在地表和地下发育大量的石芽、峰丛、峰林、落水洞、溶洞、地下河等景观，它们是以大片的石灰岩为基座，经过千万年的流水溶蚀而成。对研究地下水的形成、发展和变化以及局部地壳的变动具有很高的科学价值。

除此之外，由于造型奇特，喀斯特地貌也具有极高的审美价值，它们有的似人、似物、似禽、似兽，有的如笔、如笋、如林，让人心醉。这些奇特的景观还常常伴有一些美丽的传说，如我国路南石林就孕育了阿诗玛的故事，使得这一景观更加能够打动人心。

被列为世界遗产的含有喀斯特（岩溶）地貌的著名风景区有：中国南方喀斯特（中国）、武陵源风景名胜区（中国）、丰芽-格邦国家公园（越南）、阿格泰列克岩洞和斯洛伐克喀斯特（斯洛伐克和匈牙利）、猛犸洞穴国家公园（美国）、卡尔斯巴德洞穴国家公园（美国）等。

1. 云南石林世界地质公园

云南石林世界地质公园位于昆明市石林彝族自治县城内。清代孙鹏在《石林歌》序中写道："路州东去十五里许,石攒簇如林。"石林始得其名。园内石林美学、科学价值皆备，被誉为"造型地貌天然博物馆""天下第一奇观"。

◎ 云南石林（中国）

云南石林世界地质公园拥有典型的喀斯特地貌，遍布着上百个森林般的巨石群，有的独立成景，有的纵横交错，参差峥嵘，千姿百态。处处可见奇石拔地而起，有的巍然耸立，有的危若欲坠，有的饱满丰润，有的瘦骨嶙峋，姿态万千，让人不禁赞叹大自然的鬼斧神工。小石林景区的"阿诗玛"，矗立于金鱼池畔，仿佛阿诗玛身背竹篓，极目远眺，惟妙惟肖。

此外，园区内彝族风情浓厚，环境宜人，与石林地貌相配合，形成了天人合一的和谐美景。

2. 武陵源风景名胜区

武陵源风景名胜区位于湖南省西北部武陵源山脉中段，由张家界国家森林公园、索溪峪自然保护区和天子山自然保护区组成。武陵源以其"奇峰、幽谷、秀水、深林、溶洞"享誉海内外。

武陵源风景名胜区主要的景观是石英砂岩峰林。整个景区共有3103座奇峰，峰林景观错落有致，各具特色，有"神堂湾""西海长卷""天女献花""屈子行吟""罗汉峰"等，似人似物，如笋如柱。武陵源的水景类型丰富，溪、泉、瀑、潭、湖等一应俱全，有"秀水八百"之称。它们或碧水绕峰，或喷涌飞泻，或跌宕激浪；既徐缓妩媚，又抑扬顿挫，恰如一部节奏多变、韵律生动的乐章。这里气候湿润，适合岩溶地貌发育，是"湘西型"岩溶景观的典型代表。主要岩溶景观有石芽、石林、溶沟、落水洞、地下河等。其中，最为著名的景观是索溪峪的"黄龙洞"，该洞长10千米左右，洞内石笋、石柱、石幔等造型奇特，色彩瑰丽。溶洞分为四层，被称为"洞穴学研究的宝库"。

◎ 武陵源（中国）

3. 丰芽–格邦国家公园

丰芽–格邦国家公园位于越南与老挝交界处，公园中的喀斯特地貌大约形成于4亿年前的古生代，是亚洲最为古老的喀斯特地貌区。在漫长的地质历史时期中，由于经历了巨大的构造变化，这个地区的喀斯特景观异常复杂，具有许多典型的喀斯特地貌特征，为进一步研究这一地区的地球演变历史提供了大量的证据。

丰芽–格邦国家公园中最为独特的景观要数其数目众多的地下溶洞和地下河。处于地下的溶洞不仅险奇幽深，而且内部空间宽广旷阔。洞中大量的钟乳石、石笋、石柱等景观外形奇异、玲珑剔透、光怪陆离，石幔、石瀑布等在多角度光线的照射下，呈现出不同的颜色和形态，显得变化多端，瑰丽多姿，装扮得整个洞穴犹如“神仙洞府”一般。地下河曲折通幽，水质清澈。不同地质历史时期河水切割的岩层清晰可见，很好地反映了不同时期地下水位的升落。这些独特的“天书”对于研究同时期大陆的抬升与降落有着极其重要的意义。

丰芽–格邦国家公园于2003年作为自然遗产被联合国教科文组织世界遗产委员会列入《世界遗产名录》。

4. 卡尔斯巴德洞穴国家公园

卡尔斯巴德洞穴国家公园位于美国新墨西哥州东南部森林内部，是由81个洞穴组成的

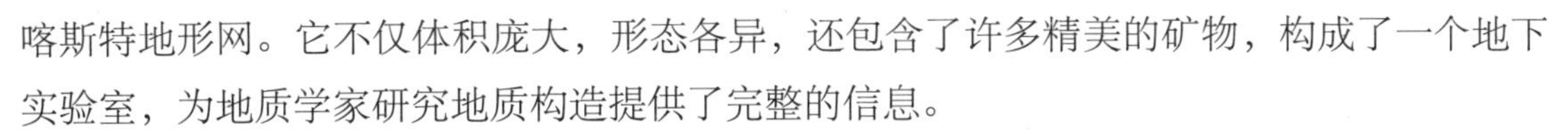

喀斯特地形网。它不仅体积庞大，形态各异，还包含了许多精美的矿物，构成了一个地下实验室，为地质学家研究地质构造提供了完整的信息。

卡尔斯巴德洞穴内部包含大量的矿物形成的石笋、钟乳石及其他滴水岩造型，具有极高的审美价值；尤其是绿湖厅（最深的一个洞穴），洞穴内瀑布、钟乳石、石幕、石笋、石柱相互交织，构成一道道绚丽的景观。黄昏时候，卡尔斯巴德的洞口还会出现另一种奇妙景观；数百万只捕食飞虫的蝙蝠从阴冷黑暗的洞穴中振翼飞出，挡住了整个卡尔斯巴德洞口，不过尽管其数量众多，但绝不会发生碰撞。

（四）冰川景观

在高山和高纬度地区，气候寒冷，终年积雪不化，发育着缓慢流动的冰体，称为冰川。现今世界上冰川覆盖面积大约1600万平方千米，占陆地面积的11%。冰川是一个巨大的固体水库，储存有大量的淡水资源。冰川也具有极高的审美价值和文化价值。如在我国西部的雪域高原上分布着大量的原始冰川，这些处于众山之巅的白色精灵与湛蓝纯净的天空一起，构成了一幅明朗的高原画卷。对于当地人来说，这些冰川与雪山不仅具有神圣的象征意义，还具有更为现实的实用价值。

被列为世界遗产的著名的冰川景观有：冰川国家公园（阿根廷）、伊路利萨特冰湾（丹麦）、瓦特尔顿冰川国际和平公园（美国和加拿大共有）、约塞米蒂国家公园（美国）等。

1. 四川海螺沟国家地质公园

四川海螺沟国家地质公园位于青藏高原东南缘，是一个以现代冰川、温泉及高山峡谷为主要特色的地质公园。公园内雪峰林立，或巍峨雄壮，或危岩嶙峋，具有极高的美学价值。此外，这里还有亚洲东部地区海拔最低的冰川，其长长的冰舌一直延伸到海拔3000米左右的森林中，形成了世界上罕见的冰川与森林共存的奇特景观。

2. 布尔津喀纳斯湖国家地质公园

喀纳斯湖位于我国新疆维吾尔自治区布尔津县境北部，距县城150千米。布尔津喀纳斯湖国家地质公园是一个以第四纪冰川遗迹、地质构造遗迹、流水地貌和其他地质景观为主的国家地质公园。园内高山绵延不绝，峰林姿态万千，分布有大量的冰蚀和冰碛地貌，如冰碛湖、“U”形谷、石河、刻痕、刃脊、角峰等。独具特色的蒙古族图瓦文化、数目众多的岩画与石人，更给喀纳斯国家地质公园增添了神秘的色彩。

喀纳斯湖是一个坐落在阿尔泰深山密林中的高山湖泊。喀纳斯湖湖面海拔1374米，南北长24千米，平均宽约1.9千米，湖水最深188.5米，面积45.73平方千米。喀纳斯湖周边的居民主要是蒙古族，“喀纳斯”是蒙古语，意为“美丽富饶、神秘莫测”，湖面碧波万顷，群峰倒映。另外，湖面还会随着季候和天气的变化而时时变换颜色，是有名的“变色

湖”，每至秋季层林尽染，更是景色如画。

3. 冰川国家公园

阿根廷冰川国家公园是一个奇特而美丽的自然风景区。这里峰峦叠嶂，冰川湖泊星罗棋布。区内的佩里托莫雷诺冰川每隔三四年就发生一次大的冰崩。伴随着巨大的轰鸣声，无数大大小小的冰块从冰体上剥落下来，跌入湖中，激起朵朵浪花，扬起弥漫白雾，场面异常美丽。

第三节　水体景观文化

水体景观文化就是蕴含在水体景观中的文化。水是自然界分布最广、最活跃的因素之一，它以海洋、湖泊、河流、涌泉、瀑布、冰川、冰雪、云雾等形式存在于大自然中，是大自然的雕刻师和美容师，充当着岩溶地貌、海岸地貌、冰川地貌等地貌的外营力，构成了地球的血脉，因而它也就成为水文学、海洋学和地学的重要研究内容，具有很高的科研价值。

水体景观也具有极高的审美价值。海洋辽远开阔而又变化无穷，富有生机之美，曾引起无数人的向往与遐思。涌泉的生生不息、经久不衰、朝气蓬勃的生命力也使无数人为之动容。还有那清澈透明的泉水发出的时高时低、时缓时急的声音，有时犹如琵琶玉箫，其声悠扬；有时犹如细雨潇潇，其声悲凉。“泉声咽危石，日色冷青松”“坐听清泉泻，何须丝竹音”，多少文人雅士都将泉声比作音乐，借以抒发感情。另外，江河、湖泊、瀑布、冰川、冰雪也都有各自的审美价值。

水还是和人类联系最为密切的物质之一，人类古代就有“择水而居”的传统，而且不同的水文条件所形成的文化也往往不同。根据不同的水体呈现形式，水体景观主要包括河流景观、湖泊景观、海洋景观、流泉飞瀑景观等。

一、河流景观

人类文明的产生和发展离不开河流，从空间上看，河流是一条文化联系之线，它将不同的地域文化串联起来，使之成为一个有机整体；从时间上看，河流也是一条历史传承之线，它背负着整个民族的文明。综观世界各地，任何一种文明无一不具有河流背景。如黄河是中华民族的母亲河，尼罗河孕育了古埃及文明，幼发拉底河和底格里斯河是两河流域文明的象征，恒河则哺育了印度文明等。

世界上著名的河流除了黄河、尼罗河、幼发拉底河与底格里斯河和恒河外，还包括亚马孙河、长江、刚果河、湄公河、勒拿河、密西西比河、莱茵河和多瑙河等河流。它们和

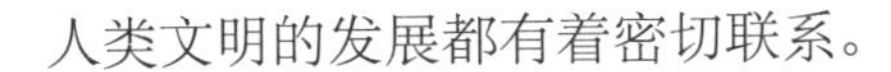
人类文明的发展都有着密切联系。

1. 黄河

黄河发源于青海巴颜喀拉山北麓，全长5464千米，是中国的第二长河。黄河被誉为中华民族的摇篮、华夏文明的发祥地。历史上曾长期是我国政治、经济、文化中心的黄河流域，保留了大量的古代历史遗存，如古人类遗址、古都城遗址、帝王陵墓以及宗教胜迹等，具有厚重的历史文化气息。

2. 长江

长江是我国最长也是最大的河流，发源于青藏高原的唐古拉山，全长6300多千米，流域面积达180万平方千米，气势浩荡，规模宏大，令人叹为观止。这里气候温和，土壤肥沃，历来就是我国的鱼米之乡。优越的生存条件，使得这里成为中华民族及其文化和文明的摇篮之一。

3. 尼罗河

尼罗河纵贯非洲大陆东部7个国家，全长6600多千米，为世界上最长的河流。尼罗河是古埃及文明的源头，它每年7月到10月定期泛滥，给埃及带来了充沛的水源和肥沃的土壤，也带来了高度发达的古埃及文化。

◎ 尼罗河（埃及）

◎ 恒河（印度）

4. 恒河

恒河为印度第一大河，发源于喜马拉雅山脉，全长2700多千米。恒河是印度文明的摇篮，被印度人民尊称为“圣河”和“印度的母亲”。从长度来看，恒河算不上世界名河，但是她却用丰沛的河水哺育着两岸的土地，勤劳的恒河流域人民世世代代在这里生息劳作，创造了世界古代史上灿烂辉煌的古印度文明。

5. 幼发拉底河与底格里斯河

底格里斯河长约1850千米，幼发拉底河长约2700千米，其中幼发拉底河是西亚地区最大、最长的河流。古希腊人把两河流域叫作“美索不达米亚”，意思是“两河之间的地方”。早在4000年前，两河流域就出现了灌溉农业，产生了文字，是世界古文明的发祥地之一，也是人类历史上最古老的文明之一。

二、湖泊景观

湖泊是陆地上的洼地积水形成的水体，也是水体景观中最能体现相对静态的形、影、光、色等审美特征的水体。湖泊地理与环境的差异使得依附于湖泊的地域文化各具特色，丰富多彩。如果说河流是一条文化之线的话，那么散落各地的湖泊就是一个个文化据点，默默传承并展示着地域文化的独特魅力。世界上很多湖泊都具有很高的审美价值和历史文化价值，如我国黑龙江的镜泊湖和五大连池、江苏的太湖、杭州的西湖、天山天池、云南滇池和洱海、湖南的洞庭湖和江西的鄱阳湖等都是著名的游览名胜。

世界上著名的湖泊有：里海（俄罗斯、哈萨克斯坦、土库曼斯坦、伊朗和阿塞拜疆等国共有）、贝加尔湖（俄罗斯）、苏必利尔湖（美国和加拿大共有）、维多利亚湖（乌干达、肯尼亚和坦桑尼亚共有）、咸海（哈萨克斯坦和乌兹别克斯坦共有）、大熊湖（加拿大）、休伦湖（美国和加拿大共有）等。

1. 西湖

西湖位于浙江省杭州城西，湖域面积约12平方千米，是1.2万年前形成的一个泻湖。古时称为武林水、龙川、钱塘湖等，后因苏东坡曾赞美西湖曰：“欲把西湖比西子，淡妆浓抹总相宜。”于是西湖又被称为“西子湖”。

◎ 西湖（中国）

西湖之美，在湖亦在山，山湖相依，交相辉映。西湖三面环山，素有“三面云山一面城”之说。西湖众景之中，以传诵700多年的“西湖十景”为最，即苏堤春晓、平湖秋月、断桥残雪、曲院风荷、雷峰夕照、南屏晚钟、花港观鱼、柳浪闻莺、双峰插云、三潭印月。

2. 贝加尔湖

贝加尔湖位于俄罗斯中西伯利亚高原的南部，是欧亚第一淡水湖，也是世界上最深（1700米）和最古老（2500万年）的湖泊。我国汉代称之为“北海”，曾经是我国古代北方民族的主要活动地区。“贝加尔”一词源于布里亚特语，意为“天然之海”。

◎ 贝加尔湖（俄罗斯）

◎ 贝加尔湖日出（俄罗斯）

贝加尔湖的湖水中杂质极少，透明度达40.5米，仅次于日本北海道的摩周湖（透明度为41.6米），享有“西伯利亚明眸”的美誉。湖畔群山环抱，溪涧错落，林木葱茏。林中有多种动物，如松鼠、熊、黑貂、马鹿等。俄国伟大的作家契诃夫写道：“贝加尔湖异常美丽，难怪西伯利亚人不称它为湖，而称之为海。湖水清澈透明，透过水面像透过空气一样，一切历历在目，温柔碧绿的水色令人赏心悦目，岸上群山连绵，森林覆盖。”

此外，贝加尔湖还是世界上拥有淡水动物群最多和最独特的地区之一，因此它又被誉为“俄罗斯的加拉帕戈斯”。最令人奇怪的是湖中的淡水海豹，它们是怎样来贝加尔湖定居的，以及怎样适应淡水环境的，至今仍是个谜。

3. 北美五大湖

北美五大湖位于美国和加拿大的交界处，其湖面总面积为24.5万平方千米，是世界上最大的淡水湖群，有“北美大陆地中海”和“淡水海”之称。从西往东，依次排列着苏必利尔湖、密歇根湖、休伦湖、伊利湖和安大略湖。湖区自然风光秀丽多姿，尤其是在夏秋两季，湖岸红色的枫叶与湛蓝色的湖水相互辉映，形成了一幅宁静而祥和的画卷。

三、海洋景观

地球上海洋的总面积约3.62亿平方千米，占地表总面积的70.9%。海洋与陆地相互作用，共同形成了各种各样的海岸地貌，具有较高的科研价值。同时，海洋又是自然美的典型，它博大浩瀚，构景层次多种多样；或水天一色、烟波浩渺，或怒涛翻滚、横冲直撞，把自然界的动态美和静态美巧妙地融为一体；再加上明媚的阳光、轻柔的海风、翱翔的海鸥、变换的朝辉晚霞，更为海洋之美锦上添花。在现代旅游业中，有所谓的“三S”（太阳、海洋和沙滩）旅游资源都与海滨有关，也是海洋文化的重要组成部分。

海洋不仅是地球气候的最大调节者，还为人类提供了丰富的食物和方便的交通，和人类的生存与发展密切相关。与此相对应的是，人类在认识和利用海洋的过程中也产生了丰富的海洋文化——这既包括海洋的物质本身，如大洋、海岛等，也包括人类的精神认识，如海洋科学、航海、海洋探险等。

被列为世界遗产的著名海域有：大堡礁（澳大利亚）、加拉帕戈斯群岛（厄瓜多尔）、科科斯岛国家公园（哥斯达黎加）、伯利兹堡礁保护区（伯利兹）等。

1. 大堡礁

大堡礁位于澳大利亚东北海岸，是地球上最大的活珊瑚体，由3000多个形成于不同阶段的珊瑚礁、珊瑚岛、沙洲和泻湖组成，这些礁岛如同一粒粒璀璨的明珠散落在碧波万顷的大洋上。

大堡礁是澳大利亚人最为自豪的自然景观，然而这些令人惊艳的景观的建造者却是一群不起眼的珊瑚虫。这里的珊瑚虫分为软珊瑚和硬珊瑚（能够建造珊瑚礁）两大类，它们形态各异，有鹿角形，有长鞭形，有荷叶形，有海草形等；有的很结实，能禁得住惊涛骇浪；有的则很柔弱，只喜欢生长在平静的水域。在大堡礁礁群中，珊瑚礁色彩明丽，有红色、粉色、绿色、紫色、黄色等。从空中俯瞰，珊瑚岛姿态万千，色彩斑斓，宛若奇葩，静静地绽放在靛蓝色的南太平洋上。

2. 加拉帕戈斯群岛

加拉帕戈斯群岛位于厄瓜多尔西部的加拉帕斯省，以其生物种类的多样性和生态系统的完整性而被誉为“活的生物进化博物馆和陈列柜”。

1535年3月10日，巴拿马主教贝兰加在去往秘鲁途中，偶然发现了这些荒无人烟的岛屿，他为群岛命名为拉斯·恩坎塔达斯，即“迷人的岛屿”之意。此后，有许多西班牙航海家在岛上逗留，由于这里巨龟众多，遂以加拉帕戈斯群岛相称，“加拉帕戈斯”在西班牙语中意为“巨龟”。群岛的位置极为特殊，处于寒暖洋流交汇处，生态环境复杂多变，因此生物种类异常丰富。喜寒、喜暖动物一应俱全，出现了企鹅、珊瑚鱼遨游同一水域的奇异景观。由于群岛所处地理位置特殊，生态环境封闭独立，这里的动植物发展演化十分特别，造就了岛上独特而完整的生态系统。1835年英国生物学家达尔文乘坐贝格尔号远洋船环球考察时来到加拉帕戈斯群岛，在这里他不仅发现了大量其他地方罕见的珍奇生物，而且发现了许多物种变异的事实。岛上生物的多样性和独特性为达尔文提出自然选择的论点和撰写《物种起源》这一旷世巨著奠定了基础。

3. 科科斯岛国家公园

科科斯岛国家公园距哥斯达黎加太平洋海岸550千米，是热带东太平洋上唯一拥有热带雨林的岛屿。它既是连接近北赤道逆流的第一点，又是该岛和周围海洋的生态系统相互作用的交叉点，因此这里是一个理想的研究生物进程的场所。国家公园的水下世界非常著名，鲨鱼、鳐鱼、金枪鱼以及海豚等随处可见，被认为是世界上观看远洋生物的最好的地方之一。

四、瀑布景观

瀑布是流水从悬崖或者陡坡上倾泻下来形成的一种水体景观，是水景中的一个重要组成部分。它将山与水完美地结合在一起，形、声、色、动等俱佳，具有独特的美学价值。根据流量大小，流速的缓急及落差高低的不同，瀑布一般具有雄、奇、幽、秀等特点。正是这些特点，使得瀑布深受历代文人墨客的青睐，留下了许多脍炙人口的优美诗篇，并形成了风格独特的瀑布文化，如李白的“飞流直下三千尺，疑是银河落九天”、袁枚的“有时轻舞工作态，如让如慢如盘旋”等。我国地势复杂，河川众多，为瀑布的发育创造了非常有利的条件，在我国，比较著名的瀑布多达上百，如黄河壶口瀑布、黄果树瀑布、云南大叠水瀑布、黑龙江吊水楼瀑布等。

世界上著名的大瀑布有：尼亚加拉大瀑布（美国和加拿大共有）、安赫尔大瀑布（委内瑞拉）、被列为世界遗产的莫西奥图尼亚/维多利亚瀑布（赞比亚和津巴布韦共有）、奥地利国家自然保护区中的克里姆勒大瀑布（奥地利）、被列为世界遗产的伊瓜苏国家公园中的伊瓜苏大瀑布（阿根廷和巴西共有）等。

◎ 黄果树瀑布（中国）

1. 黄果树瀑布

黄果树瀑布落差达74米，宽81米，是我国最大的瀑布。湍急的水流从悬崖上陡然跌落，似雷霆万钧，如白练悬空，气势磅礴，极为壮观。瀑水跌入深潭，激起丈许水柱，卷起万朵浪花。远远望去，确是“一溪悬捣，万练飞空”。著名的地理学家徐霞客曾这样描述它：“水由溪上石，如烟雾腾空，势其雄厉，所谓珠帘钩不卷，匹练挂遥峰，具不足拟其状也。”

2. 莫西奥图尼亚/维多利亚瀑布

维多利亚瀑布位于赞比西河中游，为赞比亚和津巴布韦共有。它和南美的伊古亚斯瀑布，北美的尼亚加拉瀑布合称为世界著名的三大瀑布。维多利亚瀑布最初于1855年由英国探险家比多·利文斯通发现，以当时的英国女王的名字命名为“维多利亚瀑布”，现改名为“莫西奥图尼亚”，即“雷声轰鸣的水雾”之意。

维多利亚瀑布是世界上最大的瀑布之一，是由五个瀑布组成的瀑布群，最大落差108米。瀑布气势磅礴，平均流量1400立方米/秒，雨季可达5000立方米/秒。水流的轰鸣声及高达300多米的水雾在数十千米内就可闻可见。站在对面崖顶，可以一览大瀑布的雄姿：急速奔流的河水扑面而来，跃过岩石，发出巨大声响，从悬崖上直跌入峡谷。从远处望去，瀑布像一条白色巨龙，翻滚着落向无底的深渊。

3. 伊瓜苏大瀑布

伊瓜苏国家公园处于玄武岩地带，跨越阿根廷和巴西国界，世界上最壮观的瀑布之一就位于这个地区的中心。

被誉为“南美第一奇观”的伊瓜苏大瀑布是南美洲最大的瀑布，也是世界五大名瀑之一。“伊瓜苏”在当地印第安人的瓜拉尼语中意为“大水”。伊瓜苏大瀑布位于阿根廷北部和巴西交界处、伊瓜苏河下游，距伊瓜苏河与巴拉那河汇流点约23千米。这是一个马蹄形瀑布，高82米，宽4000米，比维多利亚瀑布还要宽很多。悬崖边缘有许多树木丛生的岩石岛屿，使伊瓜苏河由此跌落时分作约275股急流或泻瀑，高度在60～82米之间。这一道人间奇景，在30千米外人们就能听到它的飞瀑声。

瀑布壮丽的景观使其成为一个旅游胜地，吸引着世界各地众多的游客。阿根廷和巴西在瀑布的南、北两侧分别建有国家公园。阿根廷所建的公园称伊瓜苏国家公园，面积达550平方千米。公园里森林、沼泽广布，野猪、山猫、猿猴等动物出没其间。每年8—11月是游览的最好季节。

4. 尼亚加拉大瀑布

尼亚加拉大瀑布位于通往安大略湖的尼亚加拉河上。河流上游水流平缓，至中游，尼亚加拉陡崖横贯而出，形成100多米的落差，河水直泻而下，形成气势磅礴、震撼人心的大瀑布，奔泻的河水、飞溅的浪花、弥漫的水雾，在阳光照耀下，如万卷珠帘垂挂，有时有美丽的彩虹穿插其间，更是锦上添花，无比壮美。

五、泉与泉华文化

泉是地下水的天然排泄露头。不断喷涌的泉水给周边环境带来了无穷的生机与活力。有的泉水因含有多种对人体有益的微量元素而具有保健功能，像北京的小汤山温泉，辽宁的汤岗子温泉等。此外，泉水还跟“茶文化”和“酒文化”密切相连，杭州的“龙井茶叶、虎跑水”被称为“西湖双绝”，茅台、五粮液等著名白酒皆为泉水酿造，正所谓“地有名泉，必有佳酿”。泉华是泉水溢出口及其附近的疏松多孔堆积物，可分为钙华、硅华等。

世界上被列为世界遗产的含有泉或泉华的著名风景区有：黄龙风景名胜区（中国）、九寨沟风景名胜区（中国）、黄石公园（美国）等。

1. 黄龙风景名胜区

黄龙风景名胜区位于四川省西北部的阿坝藏族羌族自治州潘县境内。景区内群峰屹立、沟谷纵横、森林密布、溪水蜿蜒，集奇、绝、秀、幽于一身，自然景观静谧优美。其中尤以规模大、类型全、结构巧、色彩艳的地表钙华景观而闻名于世，素有“世界奇观、人间瑶池”之称。

◎ 黄龙彩池（中国）

黄龙风景区的钙华景观主要集中于3.6千米长的黄龙沟内。沟内钙华沉积类型多样，呈金黄色，于沟中层层叠嶂，仿佛是一条蜿蜒于崇山峻岭中的金色巨龙，黄龙沟由此得名。沟中流水受钙华影响，形成无数彩池，彩池规模形状不一，大者数亩、小者如桌，似蹄似莲，姿态各异。随着光线照射角度的变化，池水色彩斑斓，瑰丽神奇。在阳光直射下，整个沟谷金光闪闪，蔚为壮观。

2. 九寨沟风景名胜区

九寨沟风景名胜区位于岷江上游、四川省阿坝藏族羌族自治州九寨沟县境内，与黄龙并称为川北双璧。景区以五绝——雪峰、彩林、翠海、叠瀑和藏族风情而驰名海内外，有“人间仙境”和“童话世界”之称。

◎ 九寨沟（中国）

九寨沟风景区内层峦叠嶂、山清水秀、云淡天高，显得明朗而纯净。尤其在秋季的时候，沟内层林尽染，片片翠绿、金黄、火红的树叶与白色雪峰交相辉映，相得益彰。沟中高原钙华湖泊星罗棋布，共有108个彩色的“翠海”（当地人习惯称湖泊为海）。由于湖中生长有水绵、轮藻等水生生物，从空中俯瞰，“翠海”水色有的蔚蓝，有的浅黄，有的墨绿，有的灰黑，满湖斑斓，绚烂多姿，素有“九寨归来不看水”之美誉。

3. 黄石公园

黄石公园是世界上第一个国家公园。黄石公园里面有美国最大的高山湖——黄石湖。

◎ 黄石公园城堡间歇泉（美国）

◎ 黄石公园（美国）

湖两岸峭壁对峙，其中有一段叫黄石峡谷，谷长大约24千米，深约400米，宽约500米，两侧裸露出的岩层，橙黄中混杂着红、绿、紫、白多种颜色，绚丽多姿，“黄石公园”也由此得名。

黄石公园以保持完好的原始自然风光著称于世，其最为独特的风貌要数被称为世界奇观的间歇喷泉。园内约有一万多处地热地貌，间歇喷泉300多处，占到地球上间歇喷泉总数的2/3。其中最为著名的是“老忠实”喷泉。这个间歇泉每间隔66分钟喷发一次，每次持续4～5分钟，常年如此，几乎分秒不差，因而博得了“老忠实”的美名；每次喷发时，水柱高达45米，甚至60米；尤其在严寒的天气中，当热水遇到冷空气便凝结成白色的云柱，宛若巨簇银花，悬挂空中，蔚为壮观。

第四节　生物景观文化

生物景观文化即蕴含在生物景观中的文化。生物景观包括各种鸟兽虫鱼、花草树木等动植物景观，是自然界中最富生机和活力的景观类型。它们具有生命活力，这种生命力以其自身的生命节律周期表现出来，其变化多端的形态为人类呈现了大自然的色彩美、声音美、形象美和内在美，使单调的山水有了灵性，有了生命，有了品格，也使自然景观的美更加富有文化内涵。

生物的分布受气候的影响较大，不同的气候条件下存在着不同的生物景观。由于气候要素具有纬度地带性、干湿度地带性和垂直地带性的分布规律，世界各地的生物景观的分布也都呈现出明显的地域性。在我国，生物景观的东西差异表现得最为明显，由于气候的影响，由东向西依次分布有森林、森林草原、典型草原、草原荒漠和荒漠等生物景观。这些不同的景观影响了人们的生活方式和人们对自然的认识，形成了不同的生物景观文化。

一、 森林景观

森林景观是生物景观的重要组成部分，也是重要的旅游资源。它通常以葱郁苍翠、幽深神秘为特色，如青城山山林之美的最大特点就体现在一个“幽”字上，山间小路两侧苍松翠竹，碧绿成荫，溪泉清澈见底，潺潺入耳，还不时传来的鸟鸣声，使游客感到无限的安逸和舒适。“山光悦鸟性，潭影空人心”，体现的正是这种深幽的境界。所以，森林景观具有很高的美学价值；同时也是沟通人与自然的情感，使人亲近自然，了解自然的良好场所。

另外，森林还是地球上重要的生态组成部分，不仅能够为人类提供食物、药品和木材等物质产品，还能够涵养水源，调节气候，减少水土流失，净化空气，为人类和其他生物提供良好的生存环境，具有较高的生态价值。

被列为世界遗产的著名的森林景观有：辛哈拉加森林保护区（斯里兰卡），马德拉岛的阔叶常绿乔木群落（葡萄牙），科米原始森林（俄罗斯），肯尼亚山国家公园/自然森林（肯尼亚），开普植物群保护区（南非），大西洋沿岸的森林保护区（巴西），红杉树国家公园（美国），昆士兰湿热带、澳大利亚冈瓦纳雨林（澳大利亚）等。

1. 西双版纳原始森林

西双版纳处于热带北部的季风气候区域，主要受来自印度洋的热带季风的影响，气候高温多雨，有干季和雨季之分。西双版纳原始森林虽然未被列入世界遗产，但是与地球上同纬度其他地方的荒漠相比，这里发育了丰富的动植物种类，被誉为“植物王国”和“动物王国”。仅从植被来说，西双版纳目前保存着我国面积最大和特征最完整的热带雨林，这种群落树种最高可达70米，树干数人合抱，独木成林，许多藤本植物分布于林层之间，附生、茎花现象令人叹为观止。

2. 昆士兰湿热带

昆士兰湿热带位于澳大利亚东北海岸，是澳大利亚最大的雨林，占地8940平方千米。它已有1.3亿年的历史，其中一些树种是世界上最古老的树种。崎岖的山路，浓密的热带雨林，湍急的河流，深邃的峡谷，白色的沙滩，绚丽的珊瑚礁，活火山和火山湖，构成了昆士兰湿热带奇特的美景。

昆士兰湿热带地区几乎保存着世界上最完整的地球植物进化纪录。这些雨林有着众多的层次和不同的植物种类，是澳大利亚保存得最广阔的湿热带雨林保护区，其他生物，如袋鼠、两栖类动物、脊椎动物、爬行动物、昆虫、鸟类、鱼类等，也都以此地区作为栖息地，使得其具有极大的科学价值。

昆士兰湿热地带也是少有的几个能同时满足四条世界自然遗产遴选标准的地区之一，它展现了地球上生物进化历史过程的主要阶段，是一个突出表现正在进行的生态与生物进程的实例，包含最高级的自然现象，是最重要的具有自然生物多样性的生物栖息地。

3. 苏门答腊热带雨林遗产

印度尼西亚苏门答腊热带雨林占地25 000平方千米，由三个国家公园组成：古农列尤择国家公园、克尼西士巴拉国家公园和武吉巴里杉西拉坦国家公园，是世界上最大的花——大王花的原产地。保护区提供了该岛的生物地理进化的证据，区内约有植物10 000种，包括17个地方属，哺乳动物200多种，鸟类大约580种，其中465种是留鸟，21种是地方种。在哺乳动物中，这个群岛有22种是亚洲特有的，15种仅限于印度尼西亚地区，包括地方性的苏门答腊猩猩。

4. 红杉树国家公园

红杉树国家公园位于美国加利福尼亚州北部海岸，占地429.3平方千米，园内充满了壮观的红杉树森林，拥有世界最高的树种。

公园中名叫“谢尔曼将军树”的巨杉，高达83.79米，树干周长为34.93米，已活了3500年；经精细测算，树重足足有2800吨，相当于460多头非洲象或15条蓝鲸的重量。它已作为世界上最大的树而列入《古尼斯世界纪录大全》中。

二、草原景观文化

“天苍苍，野茫茫，风吹草低见牛羊。”一望无际，宽广旷阔的草原，总是给人一种辽阔高远、苍凉悲壮的美，蓝天白云、牛羊成群、牧笛阵阵、牧歌悠长，人与自然有机地融为一体，使游人陶醉于此，流连忘返。尤其是春夏之际，红花盛开，绿草茸茸，蓝天、白云、绿草、红花、河流、远处的雪山再加上独特的草原民居，共同组成了雪域高原独特的韵味。

独特的草原景观也孕育出了豪放壮美、雄浑飘逸、丰富多彩的草原文化。这些文化以不同的载体展示着草原的历史风貌，如我国北方的岩画，展示了草原民族的游牧、狩猎文化，而以蒙古族《江格尔》为代表的众多英雄史诗则进一步丰富了草原文化的内涵。

世界上著名的草原景观有：内蒙古大草原（中国）、潘帕斯大草原（阿根廷）、澳大利亚大草原等，另外世界自然遗产中的塞伦盖蒂国家公园（坦桑尼亚）与大圣卢西亚湿地公园（南非）中也含有草原景观。

1. 内蒙古大草原

内蒙古大草原位于我国第二大高原——内蒙古高原上，由呼伦贝尔草原、科尔沁草原、锡林郭勒草原、乌兰察布草原、鄂尔多斯半荒漠草原和阿拉善的荒漠草原共6个草原组成。

◎ 内蒙古大草原（中国）

内蒙古自治区山脉蜿蜒数千里，河流湖泊星罗棋布，内蒙古大草原更是世界闻名。古代民歌“敕勒川，阴山下，天似穹庐，笼盖四野。天苍苍，野茫茫，风吹草低见牛羊”，就是对这里草原风光的生动描述。

每逢仲夏之季，眼前是一望无垠的绿野：地是绿的，溪是绿的，线条柔美的小丘也是绿的。在那苍翠欲滴的绿野上，间或点缀着一些野花，姹紫嫣红，把千里草原打扮得更加迷人。傍晚，那缕缕炊烟、流动的马群、悠扬的歌声，又给这幅美丽的草原画面增添了无限的生机。站在草原之上，放眼远眺，天空蔚蓝、高远，大地碧绿、壮阔，还有那雄伟的大青山、巍巍贺兰山、滔滔黄河水、苍苍茫茫的兴安岭林海、烟波浩渺的湖泊、浩瀚无垠的沙漠奇观等，足以让人感叹不已，流连忘返！

2. 潘帕斯大草原

潘帕斯大草原位于阿根廷的中、东部地区，面积约76万平方千米，是阿根廷的经济心脏地区，这里集中了全国75%的人口、80%的工人，放牧着全国3/4的牛和1/3的羊。“潘帕斯”在印第安语中是“平坦地面”“没有树木的大草原”的意思。阿根廷人常说，即使从大西洋沿岸一犁头耕到安第斯山下，你也碰不到一块石头。虽然这未免有些夸张，但也自有这样说的道理。在这片幅员辽阔、地势低平的沃野上，耕地面积有23万平方千米，约占全国耕地的70%。这里气候温暖，东部降水充足且季节分配均匀，西部降雨虽少，但有丰富的地下水。潘帕斯这一得天独厚的自然条件，非常适合温带作物和牧草的生长。阿根廷人民充分利用了这一有利条件，使潘帕斯成为阿根廷最大的小麦、玉米、大豆、油料作物和牛肉产区。

潘帕斯地区畜牧业非常发达，其中以养牛业发展最快，产品闻名世界。阿根廷每年宰牛约1000万头，烤全牲是这里的传统食品，牛肉出口量常居世界前两位。著名的“英国烤牛肉”主要的来源地就是潘帕斯。

三、生物保护区

生物保护区是为了保护各种重要的具有代表性的天然生态系统及环境，保护濒危的野生动植物及其栖息地，保护自然历史遗迹而划定的专门进行保护和管理的特殊地域的总称。在人类干预自然的能力越来越大的今天，如何保护好宝贵的动植物资源已经成为一个重大的课题，而建立生物保护区不啻为一条最佳途径。由于生物保护区都具有一定的典型性，因此，它们在科研和美学价值上也都具有极高的地位。

世界上被列为世界遗产的著名的生物保护区有：马纳斯野生生物保护区（印度）、通艾–会卡肯野生生物保护区（泰国）、弗兰格尔岛自然保护区（俄罗斯）、朱吉国家鸟类保护区（塞内加尔）、德贾动物保护区（喀麦隆）、恩戈罗恩戈罗自然保护区（坦桑尼亚）、塞伦盖蒂国家公园（坦桑尼亚）、瓜纳卡斯特自然保护区（哥斯达黎加）、埃尔维采诺鲸鱼禁捕区（墨西哥）、新西兰次南极区群岛（新西兰）等。

1. 四川大熊猫栖息地

2006年7月12日，在立陶宛首都维尔纽斯举行的联合国教科文组织第30届世界遗产大会一致决定，将我国四川大熊猫栖息地作为世界自然遗产列入《世界遗产名录》。

四川大熊猫栖息地世界自然遗产，包括卧龙、四姑娘山、夹金山脉，面积9245平方千米，涵盖成都、阿坝、雅安、甘孜4个市州12个县。这里生活着全世界30%以上的野生大熊猫，是全球最大最完整的大熊猫栖息地，也是世界上植物种类极为丰富的区域之一。它曾被自然保护国际选定为全球25个生物多样性热点之一，被全球环境保护组织确定为全球200个生态区之一，以“熊猫之乡”“宝贵的生物基因库”“天然动植物园”享誉中外。

大熊猫的渊源可以追溯到1869年。当年，法国传教士、生物学家阿尔芒·戴维在雅安宝兴县邓池沟首次发现了大熊猫，并将其制成世界第一具大熊猫标本，运到巴黎展出，引起国际生物学界的轰动。从那时起，世界各国人民无不对憨态可掬的大熊猫满怀喜爱之情。

2. 弗兰格尔岛自然保护区

弗兰格尔岛自然保护区位于俄罗斯东北端的北极圈内，是一个经历了长期演化过程的岛屿生态系统。在一个小的地理空间范围内，植物物种的数量和类型、植物群落的多样性、冻原类型的快速演替和镶嵌性、猛犸象牙齿和头骨的存在、地质岩层的地域范围，都是这个岛屿丰富的自然历史及其独特演化特征的见证。

保护区包括巨大的弗兰格尔岛（7608平方千米）、赫洛德岛（11平方千米）及其周围水域。弗兰格尔岛在第四纪冰期并没有被冻结，因此在这一地区导致了生物多样性的异常高水平状态。这个岛以其拥有世界最大的太平洋海象种群和最高密度的祖先北极熊巢穴而著称。这里也是从墨西哥迁徙来的灰鲸的主要觅食之处，是100种候鸟（许多是濒危品种）最北端的筑巢地。目前，在这个岛上已有417种和亚种维管植物被鉴定；其数量是其他类似大小的北极冻原地区的两倍，多于北极岛其他任何地方。一些是广泛分布的大陆类型的衍生种，其他种是新近杂交的结果，23种是地方性的。

3. 德贾动物保护区

德贾动物保护区位于喀麦隆南部高原的中心地区，面积为5260平方千米，是非洲最大的保护区之一。保护区内热带森林浓密苍郁，野生动物数量和种类众多，德贾河在这里蜿蜒流淌，形成一道天然保护疆界。这里人烟稀少，生态环境保护完好，是人类的一处珍贵的自然遗产。德贾动物保护区拥有丘陵、平原、河间地等多样化的地形，位于赤道气候区域内，年均气温为23.4摄氏度。德贾河及其支流纵横交错，水源异常充足，为野生动物提供了天然的栖息地。保护区内的野生动物种类繁多，有大象、野牛、大猩猩、黑猩猩、长尾猴，还有两栖类、鸟类等。

第五节　气象气候景观文化

气象气候类景观文化，也就是指气象气候等自然景观所蕴含的文化现象。气象是地球外围大气层中经常出现的大气物理现象和物理过程的总称，它包括：冷、热、干、湿、风、雨、云、雪、霜、雾、雷、电、霞等现象。气候则是指某一地区多年的天气状况的综合，不仅包括该地区相继稳定发生的天气状况，也包括偶尔出现的极端的天气状况。气象和气候旅游资源包括：日出、晚霞、佛光、海市蜃楼、雾凇、雨凇、雪凇和云、雾、雨所构成的气象奇观。气象气候类自然资源本身就具有较高的科学价值，如对一地区冷、热、干、湿、风、雨、云、雪、霜期等指标长期的、连续的统计是生态学和农业科学研究的重要内容，也是气象学预测天气变化的主要根据。

各种气候气象景观要素往往相互交织、千变万化，这些千变万化的气候气象要素与地球其他旅游景观相互结合，构成一幅幅美妙的画卷，再经过千百年来文人雅士的吟咏描绘，不但使其审美价值大增，而且使其更加具有历史文化价值。总的来说，气象气候旅游资源通常可分为两类：一是水的相态变化，如云、雾、雨、雾凇、雨凇、雪景等；二是自然界中的光景，如日出、日落、佛光、极光和海市蜃楼等景观。

一、云、雾、雨、雪、冰景观

薄云、淡雾、细雨好似奇妙的轻纱，赋予大自然一种朦胧之美。透过云、雾、细雨欣赏风景时，景物若隐若现，朦朦胧胧，虚虚实实，捉摸不定，让人产生置身仙境般的虚幻、玄妙的美感。“山无云则不秀，无雾则不媚”，充分说明了云雾在成景中的点睛作用。因此，“巴山夜雨”“狮洞烟云”“鹊华烟雨”“崇泉晓雾”都成为著名的旅游景观。冰、雪、雾凇也具有极大的审美价值，它们或晶莹剔透，或婀娜多姿，或栩栩如生，或千奇百怪，让人产生妩媚而又壮观的美感，如毛泽东《沁园春·雪》中所描述的“千里冰封，万里雪飘”，其壮观之美给人以极大震撼。

这类景观比较著名的有：黄山、泰山、峨眉山、齐云山、阿里山的云海，庐山的云瀑，吉林的雾凇，黄山的雪景等。另外，欧洲阿尔卑斯山的冰雪公园、南极大陆的冰原、我国东北的林海雪原等也都属于这类景观。

1. 黄山云海

“自古黄山云成海。”黄山云海，瑰丽奇幻，变化万千，有“黄海”之称。气流在山峦间穿梭流动，漫天云雾随之飘忽，时而上升，时而跌落，时而翻滚，时而舒缓，构成了一幅蔚为大观的云海图。清代诗人吴应莲在《黄山云海歌》中写道：“望中汹涌如惊涛，天风震撼大海潮。有峰高出惊涛上，宛然舟楫随波漾。风渐起兮波渐涌，一望无涯心震

恐。山尖小露如垒石，高处如何同泽国。”五百里山云交辉，尽在诗中。

2. 庐山云瀑

瀑布云是庐山特有的气象奇观。春夏时节，雨后庐山清新俊秀，向阳山坡水汽大量蒸发，白色云雾依山而上，翻过山顶又随坡而下，较流水瀑布更为多姿。它轻盈飘逸，如熠熠银河坠地，一泻千里；又似万匹白驹奔腾，声势浩大，宏伟壮观。

3. 吉林雾凇

北方的雾凇之中，以吉林为最，并与桂林山水、云南石林、长江三峡一起被誉为我国四大自然奇观。沿着松花江堤远远望去，只见松柳凝霜挂雪，玉枝垂挂，如朵朵白云，排排雪浪，在微风轻吹下，银片飞舞，犹如仙女散花。

二、光学景观

光学景观主要包括日出、日落、月色、蜃景、佛光和极光，是旅游活动中极为诱人的一种景观。日出日落之时，那硕大、椭圆的太阳光盘、跃然而出静然而落的动态美以及衬托太阳的彩云霞光，常常让人眼花缭乱、目不暇接；月明星稀之夜，皎洁的月光、寂静的夜色，让人思绪万千；奇妙的蜃景、佛光以及绚丽的极光变化多端，离奇怪异，让人怦然心动。这些景观都具有很高的美学价值，千百年来为文人雅士所吟咏，“夕阳无限好，只是近黄昏”（李商隐《登乐游原》）、“浮云游子意，落日故人情”（李白《送友人》）、“星垂平野阔，月涌大江流”（杜甫《旅夜书怀》）都是对光景的描述。另外，光景也是众多旅游景点中不可或缺的组成部分，如西湖的“雷峰夕照”、济南的“汇波晚照”等。光景之美，在于丹霞萦绕，浮云飘悠，在于亦真亦幻，扑朔迷离。

典型的光学景观有：泰山日出、华山日落、峨眉宝光、蓬莱蜃景以及南北极的极光、北京的卢沟晓月、杭州的平湖秋月、泰山的晚霞夕照、天子山的霞日等。

1. 泰山日出

“旭日东升”为泰山四大奇观之一，也是泰山的重要标志，历来为游人所向往。随着旭日发出的第一缕曙光冲破黎明前的黑暗，东方天幕逐渐由漆黑转为鱼肚白、红色，直至耀眼的金黄，最后喷出万道霞光，一轮火球跃出水面，腾空而起，在瞬间变幻出千万种多姿多彩的画面，使群峰尽染、大地复苏，令人叹为观止。

2. 峨眉宝光

峨眉宝光又称佛光或“金顶祥光”，为峨眉山十大胜景之首。每当雨雪初歇，午后晴明之时，斜阳西照云海，游人立于睹光台上，远远望去，只见云端出现形态各异的七彩光环，游人身影立于光环之中，影随身动，交映成趣，变幻之奇，出人意料，十分奇妙。佛光是一种非常特殊的自然物理现象，其本质是太阳自观赏者的身后，将人影投射到观赏者面前的云彩之上，云彩中的细小冰晶与水滴形成独特的圆圈形彩虹，人影正在其中。峨眉山舍身岩就是一个得天独厚的观赏场所。早在19世纪初，科学界便把这种难得的自然现象命名为“峨眉宝光”。其实在峨眉山金顶的舍身岩前，这种自然现象并非十分难得，据统计，平均每五天左右就有可能出现一次便于观赏佛光的天气条件，其时间一般在午后三点到四点之间。

峨眉宝光自公元63年被发现以来，已有1900多年的悠久历史，并以世界奇观驰名中外。我国历代文人学者凡过此地多有吟咏，使其历史文化价值大增。

3. 蓬莱蜃景

山东蓬莱是我国乃至世界上出现海市景观最为频繁的地区。有关蓬莱海市蜃楼的最早记载见于我国北宋科学家沈括的《梦溪笔谈》。每到夏日，平静无风的海面会突然耸立高大山岳、楼台、庙宇、集市等，个个栩栩如生，形象逼真，令人叹绝；而苏东坡更是“以不见为恨”，留下了“东方云海空复空，群仙出没空明中”的千古绝唱。

海市蜃楼是近地面层气温变化大，空气密度随高度强烈变化，光线在垂直方向密度不同的气层中，经过折射进入观测者眼帘造成的结果。海市蜃楼常分为上现、下现和侧现海市蜃楼。古人不明白这种景象的成因，便认为是海中蛟龙（即蜃）吐气而成，故名“海市蜃楼”。山东蓬莱市特殊的地理位置和气候条件，使得夏季的蓬莱成为“海市蜃楼”现象的高发区。

思考与练习

第四章　聚落文化

聚落泛指人群聚居的地方，包括乡村、城镇和城市。它是在一定地域内发生的社会活动和社会关系，是由共同成员的人群所组成的相对独立的地域社会。聚落是一种空间系统，是一种复杂的经济、文化现象和发展过程，是在特定的地理环境和社会经济背景中人类活动与自然相互作用的综合结果。

本章视频

随着人类文明的逐渐演化，人类社会由旧石器时代向新石器时代过渡，生产工具有了改进，促进了生产力的发展，畜牧业、原始农业开始形成和发展，农业与畜牧业分离，产生了人类历史上第一次社会大分工，出现了从事农耕业生产的人类的固定聚落形式——乡村。乡村聚落是聚落的主要形式。村落文化产生于人类由游牧、狩猎向农业生活转变的过程中。新石器时代晚期，随着生产力的进一步发展，畜牧业和原始农业有了较快的发展，人类生产在满足自身需求的同时，有了劳动剩余物，部分人从土地上解脱出来，成为专门的手工业者，出现了人类历史上第二次社会大分工，即手工业与畜牧业和农业的分离。由此，聚落发生了根本性的变化，出现了专门从事商业、手工业的城镇。社会分工的深化推动了生产力的进步，也导致了生产技术和劳动生产率的提高。人类进入奴隶社会，出现了专门从事商品交换的商人，商业从农、牧、手工业中分离出来，出现了人类历史上第三次社会大分工。乡村聚落的产生也为城市的出现奠定了基础。基于军事、政治、宗教等目的，人类开始在聚集区周围修筑城墙，并逐渐演变城市，从而也就出现了居民不直接依靠农业营生的城市型聚落。

聚落不仅是房屋的集合体，还包括与居住地直接相关的其他生活设施和生产设施。聚落由各种建筑物、道路、绿地、水源地等物质要素组成，规模越大，物质要素构成越复杂。聚落的建筑外貌因居住方式不同而异，例如北京的四合院、山西的大院、福建的土楼、开平的碉楼、湘西的吊脚楼、西北黄土高原的窑洞、游牧地区的帐篷等，都是比较特殊的聚落外貌。建筑是凝固的音乐，是文明的结晶，是历史、文化和艺术的综合体。建筑折射出一个民族的生活习俗、文化传统、艺术观念和美学意识。聚落具有不同的平面形态，受到经济、社会、历史、地理诸多因素的制约，其主要经济活动方向决定着其性质所在。乡村聚落经济活动的基本内容是农业，习惯上称为乡村。在历史上，村落先于城市形成，城市的形成和发展又促进了村落的发展。但村落也是社会生产力发展到一定阶段的产物。城市聚落经济活动内容繁多，各种经济活动变量间的关系，反映出城市的功能特征和性质。例如丽江古城，把经济和战略重地与崎岖的地势巧妙地融合在一起，真实、完美地保存和再现了其古朴的风貌。古城的建筑历经无数朝代的洗礼，饱经沧桑，因为融汇了各个民族的文化特色而声名远扬。丽江还拥有古老的供水系统，这一系统纵横交错、精巧独特，至今仍在有效地发挥着作用。丽江古城集中体现了地域文化和民族风情，代表了当时社会进步的本质性，是具有重要意义的少数民族聚居地，并且现在仍保持着原有的风貌和特色。丽江古城作为文化遗产于2000年被列入《世界遗产名录》。在世界范围内，还有许多不同的聚落形式都已被列入《世界遗产名录》。

第一节　乡　　村

乡村是从事农业生产的人们生活居住的场所和进行各种生产活动、社会活动的基地。乡村聚落按经济活动可分为农业聚落、林业聚落、牧村、渔村等。我国乡村聚落中的古村落，作为一种传统的人居空间，具有悠久的历史和独特的人居文化思想，承载着丰富的地域文化。古村落不仅以其独特的建筑风格、天然的生态环境和本色的民俗风情吸引着现代社会的人们，更以其“天、地、人、和”的完美统一，以及人与自然，人与人，人的物质生活与精神生活的高度和谐，令世人心驰神往。

乡村旅游发源于19世纪中叶的欧洲，最早起源于法国。乡村旅游是利用乡村风貌、民俗风情、乡土文化、气候、景观、自然和人文社会环境等资源开发旅游项目，主要吸引城市居民观光、体验、休闲、度假等。“2006年中国乡村游”这一主题使乡村旅游在全国范围内广泛开展，充分发挥了乡村旅游在建设社会主义新农村中的作用，带动了地区旅游经济的发展。我国乡村旅游的主要形式有古村落、生态村、民俗村、度假村等方式。目前，我国的乡村旅游正在朝着规范化、规模化和品牌化的方向发展。我国的乡村旅游市场正逐渐从单一的“农家乐”，开始向集观光、休闲、度假、娱乐、科学考察等于一体的综合型方向发展。代表现代旅游价值取向的乡村旅游，已成为旅游市场新的热点之一。作为乡村聚落的基本形式的古村落，蕴藏着丰富的人文和自然资源，是我国乡村社会文化的典范。我国的古村落不仅是弥足珍贵的文化遗产，而且也正在逐渐成为国内外旅游者向往的旅游目的地。开发利用古村落资源，加快发展旅游产业，正在成为我国经济社会发展的新潮流。古村落是我国民间传统文化的集中体现，作为乡土建筑的精华，具有很高的文物价值，生动地展现着民族文化的丰富多样，鲜明地折射出我国悠久的历史和民族文化的传统，成为了解我国历史和文化的一个重要窗口。遍布华夏的古村落向人们展示了其古老、神秘、幽静和独特的民俗文化和异彩纷呈的民间艺术，不仅是中华建筑艺术的经典之作，是民间文化的载体，是浪漫的田园诗，还体现着不同时代的历史风貌，寄托着人们对美好生活的向往和追求。

一、古村落的文化内涵

村落文化以农耕经济为基础，农耕经济出现于人类社会由旧石器时代向新石器时代过渡之后。与农耕经济形式相适应，人类聚居采取了村落形式。村落文化就是人类由游牧、采集、狩猎生活走向定居生活所产生的一种文化形态，它更能体现人类的初始特征，更接近人类文化的本原。我国古代社会是一个典型的以血缘关系为纽带的宗族社会，人与人之间的一切关系都以血缘为基础。因此，人类居住的村落也就成为一个以血缘为基础聚族而居的空间组织。我国的古村落从选址到布局都强调与自然山水融为一体，表现出明显的山水风光特色；它们崇尚自然、追求和谐与稳定的聚居空间，表现出一种典型的东方式的人居思想与人居文化，对今天的人居环境建设具有重要的启发作用。

我国的古村落往往都有着深厚的历史文化，它们在选址与布局上，都具有强烈的宗族文化色彩和耕读文化色彩，生动地反映了耕读文化和宗族文化，浓缩了我国本土文化色彩的经典遗存。作为一种传统的人居空间，我国的古村落有其独特的人居文化思想。一是贴近自然、融于山水；二是受“世外桃源”居住模式的影响，使追求恬淡、抒情风格的村居生活逐渐成为人们的向往；三是注重血缘，聚族而居，礼制秩序和睦族之风表现明显。

古村落保留的价值不仅仅是古老建筑本身，更重要的是赋存其中的文化内涵。古村落的旅游价值主要体现在其历史文化内涵上，古民居建筑的技术观赏性和艺术观赏性都是一种外在形式，最终都要归结到对古村落历史文化内涵的理解上来。开发特色古村落旅游，不仅可以使旅游者深刻理解农耕文化的特定内涵，还可以使旅游者深刻理解不同区域古村落的各自地理、民俗、文化和历史风貌。

皖南古村落——西递和宏村作为世界文化遗产于2000年被列入《世界遗产名录》，标志着皖南古村落已成为全人类共享的宝贵财富。这意味着中国的古村落不仅是弥足珍贵的文化遗产，也正逐渐成为国内外旅游者向往的旅游目的地。古村落集人文、历史、建筑、民俗多种文化于一体，具有很高的历史、艺术和科学价值。开发利用古村文化旅游资源，加快发展旅游产业，正在成为我国经济发展的新潮流。

二、我国古村落的地域分布

安徽省是我国古村落最为集中、最具特色的省份之一，其古村落主要分布在南部山区，被誉为皖南古村落。皖南古村落堪称我国聚落文化的一个杰出范例，它多是明清时期的遗存，是地域文化——徽文化的载体，反映了徽商鼎盛时期的社会文化。徽州古村落是中华民族聚落文化的典型代表，其保存数量之多、形态之完整、环境之优美、建筑之恢宏、装饰之精湛，令人叹为观止。古村落中多建有书院、书屋、家塾等文化教育设施。安徽省主要的古村落有西递村、宏村、南屏村、关麓村、屏山村、卢村、塔川村、唐模村、呈坎村、渔梁村、棠樾村、坑口村、陈村、查济村等。

江西省的古村落以婺源周边最具特色。婺源地处偏远山区，鳞次栉比的古民居，粉墙黛瓦，飞檐翘角，掩映在青山绿水之中，有世外桃源般的意境，被誉为“中国最美丽的乡村”。这些古村落主要包括理坑村、李坑村、晓起村、汪口村、思溪村、流坑村、渼陂村、安义村、白鹭村等。

浙江省的古村落大多依山傍水，古民居装饰古朴典雅，布局清新多变，构筑精巧别致，大都建有寨门、书院、牌坊、宗祠等，融自然风光和人文景观于一体。主要的古村落有郭洞村、俞源村、诸葛村、新叶村、岩头村、芙蓉村、苍坡村、蓬溪村、大济村等。

湖南省的古村落主要集中在湘西和湘南的一些偏远山区和少数民族地区，以张谷英村为代表。2003年，张谷英村被建设部*、国家文物局公布为第一批中国历史文化名村。

湖北省的古村落是以土家民居为特色，以鱼木寨为代表，位于群山中的一处悬崖顶部，始建于距今600多年的明洪武年间，后来成为历代土司盘踞和少数民族起义军征战的据点，是国内保存最完好的土家古堡之一。2005年，武汉市黄陂区木兰乡大余湾村被建设部、国家文物局公布为第二批中国历史文化名村。

广西壮族自治区是我国少数民族人口最多的地区之一，这里文化资源丰富，民族风情浓郁，古村落的建筑多为明清时期所建，建造精良，错落有致，古香古色，风格各异，具有少数民族特色。主要的古村落有江头洲村、迪塘村、木源头村等。

广东省的古村落具有独特的地方特色，建筑蕴藏着深厚的文化内涵，具有浓郁的岭南文化气息。开平雕楼融中西方建筑风格为一体，形式多样，独具一格。主要的古村落有南社村、鹏城村、自力村、碧江村、桥溪村、大旗头村、蓬简村、侨乡村、石头村、樟林村、苏家围村等。

福建省的古村落多分布在闽南地区，奇特而神秘的土楼独具特色，是客家文化的生动烙印。主要的古村落有田螺坑村、洪坑村、培田村、芷溪村、下梅村、漳里村、城村、浦源村、金坑村、杨源村等。

云南省地处我国的西南边陲，是少数民族聚集的省份。这里的古村落民居具有浓郁的地域文化和民族风情特色。主要的古村落有白雾村、坝美村、诺邓村等。

贵州省是一个多民族省份，其古村落具有浓郁的地域文化：苗家村寨、侗族鼓楼、土家族的吊脚楼、布依族的山寨等颇具特色，都是以当地特有的民族文化为基础，建筑风格多变，给人以赏心悦目之感。这里主要的古村落有镇山村、芭蕉寨、马头寨、云山屯村、

* 现已更名为“住房和城乡建设部”。

◎ 贵州镇山村（中国）

石头寨、隆里村、肇兴侗斋、岜沙苗寨、加去村等。

四川省的古村落主要集中在四川省的东部和南部，代表性古村落有莫洛村、迤沙拉村、云顶寨、桃坪羌寨等。

山西省的古村落是我国北方古村落分布最为集中的省份之一，其古村落主要集中在沁河、汾河和黄河流域，其中一些比较典型的古村落是西湾村、李家山村、张壁村、车辋村、北洸村、乔家堡村、师家沟村、丁村、西文兴村、窦庄村、湘峪村、尉迟村、皇城村、郭峪村、后沟村、娘子关村等。

北京的古村落主要分布在京西门头沟山区，古村落民居大多依山而建，以山地四合院为主，青砖灰瓦、错落有致、布局合理、装饰华美，门楼、影壁、石阶一应俱全。古村落把传统庭院与崎岖的山脉巧妙地融合在一起，集原始的民居风貌、古朴的山地四合院、丰富的历史遗存、美丽的自然和人文景观为一体，堪称我国明清山村建筑史和乡村社会文化的典范。典型的古村落有川底下村、灵水村、桑峪村、杨家峪村、马栏村、东胡林村、西胡林村、沿河城村、灵岳寺村、燕家台村、杜家庄村、齐家庄村、张家庄村、碣石村等。

河北省的古村落以鸡鸣驿村和于家村为代表。鸡鸣驿始建于元代，是迄今为止国内最大、功能最齐全、保存最完好的一座古代驿站。2005年，鸡鸣驿村被建设部、国家文物局公布为第二批中国历史文化名村。于家村位于河北省石家庄市井陉县的中西部，距井陉县15千米，是现今保存完好的一座明清古村落。整个村里石街、石巷、石房、石院、石楼、石阁、石桌、石凳、石碾、石磨，处处是石，家家有石，人人用石，到处一片石头天地，堪称“石头之村”。

陕西省的古村落是以韩城市西庄镇党家村和米脂县杨家沟镇杨家沟村为代表，这两座

古村落均为中国历史文化名村。

另外，山东省章丘县官庄乡朱家峪村、河南省平顶山市郏县堂街镇临沣寨（村）、内蒙古自治区土默特右旗美岱召镇美岱召村、新疆维吾尔自治区鄯善县吐峪沟乡麻扎村也都是我国历史文化名村。

三、中国名村

（一）安徽省的古村落

皖南古村落有着丰富的文化内涵，最大的特色就是村落选址布局与自然环境融为一体，以风水理论为依据，强调天人合一，大多依山临水，既考虑生产、生活上的便利，又突出精神上的需求。古村落街巷幽深宁静、丰富多变，是徽州古村落的空间特色。村落建筑群体多由曲折幽深的巷道分割或相通，显得宁静、安详，生活气息浓厚。

"五岳归来不看山，黄山归来不看岳。"大自然的鬼斧神工造就了黄山的奇秀美景，而黄山的佳山丽水，又孕育出徽州灿烂夺目的徽派文化。地处黄山西南麓的黟县是徽商和徽文化的发祥地之一，因群山阻隔，历代免遭战乱，徽商遗留下来的大量明清时期的古民居、祠堂、牌坊、庙宇、园林、桥梁、亭台楼阁等古建筑被奇迹般地保存下来。这些徽州古民居建筑就是徽派古文化百花园中最艳丽的一朵奇葩。皖南黟县的古村落堪称我国古村落的典范，这里有被称为中国明清民居博物馆的西递村，它是一个以血缘关系为纽带，以商业力量支撑起来的聚族而居的村落。这里有设计奇特的牛形古村落——宏村，既以古民居著称于世，又以人工水系蜚声中外。另外，这里还分布有南屏、关麓、屏山、卢村、塔川等闻名遐迩的古村落。唐代大诗人李白曾写下"黟县小桃源，烟霞百里间，地多灵草木，人尚古衣冠"这样脍炙人口的诗句。黟县美丽的自然环境、独特的风貌和别致的民居使这里成为拍摄电视剧和电影的基地，《菊豆》《卧虎藏龙》《走出蓝水河》《历史的天空》《徽州女人》等多部影视剧都曾把这里作为拍摄的外景地。除此以外，歙县、绩溪、泾县等地也分布着一些有特色的古村落。

皖南古村落有着鲜明的地域文化背景，它们以徽商资本为经济基础，以宗教观念为社会基础，在徽文化的影响下，形成了自己独特的建筑风格、建筑格局和建筑艺术，因而有着巨大的认识价值、历史价值、艺术价值、实用价值、审美价值。建筑，是一个历史时期社会文明的象征，是当时一段社会生活的缩影。徽州人用自己的聪明才智创造了徽派古民居文化，这不但丰富了徽派文化，也极大地丰富了中华民族的文化宝库，同时也给世界艺术宝库增添了灿烂的一页。

1. 西递村

黟县位于安徽省南部，始建于公元前221年。西递位于黟县东南部，距黟县县城8000

米。西递村是一处胡姓聚居的古村落，始建于北宋，距今已有900多年的历史。该村东西长700米，南北宽300米，西递村四面环山，两条溪流流经此村，素有“桃花源里人家”之称。村中街巷沿溪而设，均用青石铺地。街巷两旁的古建筑淡雅朴素，巷道、溪流、建筑布局相宜。西递村现存明、清古民居120多幢，祠堂3幢，包括凌云阁、刺史牌楼、瑞玉庭、桃李园、东园、西园、大夫第、敬爱堂、履福堂、膺福堂、青云轩等，建筑错落有致，石雕、砖雕、木雕点缀其间，堪称徽派古民居建筑艺术之典范。村落空间变化韵味有致，建筑色调朴素淡雅，体现了当地人居环境营造方面的杰出才能和成就，具有很高的历史、文化、艺术和科学价值。

◎ 安徽西递村（中国）

2. 宏村

宏村始建于南宋绍兴年间（1131—1162），距今已有800多年的历史。宏村位于黟县县城东北11千米处，原为汪姓聚居之地。整个村子呈“牛”型结构布局。村中各户皆有水道相连，汩汩清泉从各户潺潺流过，层楼叠院与湖光山色交相辉映，处处是景，步步入画。全村现保存完好的明清古民居有140余幢，包括承志堂、敬修堂、东贤堂、三立堂、叙仁堂等，这些建筑古朴典雅、意趣横生，体现了传统徽派建筑风格的极致。村中数百幢古民居鳞次栉比，其间的“承志堂”是黟县保护最完美的古民居，其正厅横梁、斗拱、花

◎ 宏村月沼（中国）

◎ 南屏村（中国）

门、窗棂上的木刻，工艺精湛、层次繁复、人物众多，堪称徽派“三雕”艺术中的木雕精品。南湖书院的亭台楼阁与湖光山色交相辉映，深具传统徽派建筑风格；整个村落古朴民居与湖光山色交相辉映，有“中国画里的乡村”之美誉，反映了悠久历史所留下的广博而深邃的文化底蕴。

3. 南屏村

南屏是一座具有千年历史的古村落，距黟县县城西南5千米。南屏至今仍完整保存近300幢明清古民居，村中有8座祠堂，36眼井，72条高墙深巷。南屏还是《菊豆》《卧虎藏龙》《大转折》《徽商》等多部影视片的拍摄地，被称为“中国影视村”。

4. 关麓村

关麓位于黟县西南，距县城7千米，是黟县古时汪氏聚族而居的又一大村落。清朝中叶，关麓汪氏家族在沿江一带经商发财，回乡大兴土木，建造民居、祠堂和书屋，尤以“八大家”古宅最为奢华。“八大家”系汪氏兄弟八人所建的8座豪宅，以清代著名书画家汪曙故居“武亭山房”为首。表面上看，这8座宅院自成单元，而实际上楼与楼之间相互连通，如同连体，为宗族观念和势力的生动写照。“八大家”共有楼房10幢、四合院2座、学堂厅和书斋各1座，占地面积约6000平方米。

◎ 关麓村（中国）

5. 屏山村

屏山位于黟县东北，距县城约4千米，因村北之山状如屏风，得名屏山村，又因古时建制曾属黟县九都，故又名九都舒村。屏山是以舒姓聚族而居的古村落，至今已有1100多年的历史。村中保存完好的明清古民居有200余幢、祠堂7座；此外，还有三姑庙、红庙、舒绣文故居、小绣楼、玉兰庭、长宁湖、葫芦井等名胜古迹。

◎ 屏山村舒绣文故居（中国）

整个村落按中国古代风水理论建造而成，村中清澈的河水穿村而过，8座古桥连接一幢幢古民居，构成了一幅绝妙的“小桥、流水、人家”的图画。

6. 卢村

卢村位于黟县县城东北12千米处，距宏村仅1千米。卢村古民居群为清道光年间四品朝议大夫卢帮燮所建，至今仍保存完好的志城堂、思奇堂、思成堂等宅院中，最为典型的当数志城堂的木雕装饰。志城堂的木雕采用了混雕、线雕、剔雕、透雕等精湛工艺雕刻而成，雕刻的人物和动物构图巧妙，雕刻精细，栩栩如生。闻名遐迩的“木雕楼”为徽派木雕艺术的极品，被誉为“徽州木雕第一楼”。卢村还是《徽州女人》《走出蓝水河》等多部影视剧的拍摄地。

◎ 卢村木雕楼（中国）

7. 渔梁村

渔梁村位于歙县县城东南1.5千米，村落占地8.2万平方米，人口1700余人。该村形成于唐，姚姓迁居渔梁，并发展为村落。渔梁在唐代即已具雏形，渔梁的名称由坝而来，渔梁整体格局保存完整，渔梁坝和水运码头是村落最有特性的要素。古村落内现存传统古建筑430处，占古村落建筑总数的65%。其中保存较为完好的有320处。渔梁作为一座徽商古埠，一个徽州昌盛数百年的水路码头与交通要津，至今仍保留着古代街衢、水埠和码头的风貌。这里不仅风光秀丽，而且古迹众多，同时还是徽州商业的发源地。明代水利工程渔梁坝是国家重点文物保护单位，一条青石板铺就的狭长的主街蜿蜒东西，穿村而过，街两

◎ 渔梁村李白问津处（中国）

侧布满历经沧桑的古民居。在这里，游人还可以寻觅到新安古道、李白问津处、巴慰祖故居博物馆、渔梁坝博物馆等名胜。

渔梁反映了依托江河发展的商业性聚落的历史风貌痕迹，村落特色主要体现在自然环境景观，村落形态空间格局，多种类型的历史建筑及其鲜明的人文特色上。

（二）江西省的古村落

婺源是江西省一个历史悠久的古县，历史上曾属安徽管辖，是古徽州一府六县之一。婺源是南宋著名理学家朱熹的故里和中国铁路之父詹天佑的家乡。有着深厚文化底蕴的婺源，自古以来就被誉为“江南曲阜”和“书乡”。婺源被称为“中国最美丽的乡村”，以山、水、竹、石、树、木、桥、亭、涧、滩、岩洞、飞瀑、舟渡、古民居为组合的人文与自然景观，有着世外桃源般的意境，粉墙黛瓦的村落被青山和绿水所环绕，加上缥缈朦胧的薄雾、古意盎然的石径和廊桥，全然是水墨丹青的韵味。

1. 理坑村

理坑是理学之源，进士之乡。位于婺源县沱川乡的理坑村有着全县最典型的明清官邸群。

理坑原名理源，建于南宋初年的理坑，镶嵌于锦峰秀岭之中，苍松翠竹与黛瓦粉墙互衬倩影，古道石梁和潺潺流水相映生辉。村人好读成风，崇尚“读朱子之节，服朱子之教，秉朱子之礼”，被文人学者赞为“理学渊源”。 理坑历史上村中先后中进士十余人，出了尚书余懋学、余懋衡，大理寺正卿余启元、司马余维枢，知府余自怡等七品以上官宦36人。还有一些学子取仕不成外出经商，也多成巨贾富豪。

村落至今仍保存完好的古建筑有明代崇祯年间知府余自怡的“官厅”、明代天启年间吏部尚书余懋衡的“天官上卿”、明代万历年间户部右侍郎和工部尚书余懋学的“尚书第”、清代顺治年间司马余维枢的“司马第”、清代道光年间茶商余显辉的“诒裕堂”，还有花园式的“云溪别墅”、园林式建筑“花厅”、颇具传奇色彩的“金家井”。这些古建筑建造精良、风格各异、粉墙黛瓦、飞檐戗角，被誉为“中华民居之瑰宝”。村中“饮马池”“小姐楼”“九世同居楼”等也堪称胜迹。

◎ 理坑村（中国）

2. 李坑村

李坑，建村于北宋祥符年间（1010年），至今已有近千年的历史。李坑村民以李姓为主，据其家谱记载其始祖为唐代宗室，唐末避乱到歙县，到五世祖迁到这里，时称理源，后改称为理田。李坑自古文风鼎盛、人才辈出。自宋至清，仕官富贾达百人，村里的文人留下传世著作达29部，南宋年间出了一位武状元，名叫李知诚。到清代晚期，与徽州山区的很多村落一样，村中有大量人口出外经商，以茶商居多。他们积攒了钱财回故里，除了建造住宅外，也修宗祠、桥、路、亭、寺院等。李坑村群山环抱，山清水秀，风光旖旎。村中明清古建遍布、民居宅院沿溪而建，依山而立，粉墙黛瓦、参差错落。村内街巷溪水贯通、九曲十弯；小桥、流水、人家在这里体现得淋漓尽致。

◎ 李坑村（中国）

3. 汪口村

江西省婺源县江湾镇汪口村，古称永川，宋大观三年（1109年）建村，是一个以俞姓为主聚族而居的徽州古村落。汪口村山环水绕，风景秀丽，得山水之灵气，地灵人杰，是古徽州一方“徽秀钟灵”之地，有诗云：“鸟语鸡鸣传境外，水光山色入阁中。”历史上这里文风鼎盛，人文蔚起，经科举中进士者14人，出任七品以上官员73人；著书立说，以文采斐然名于世者9人著作27部，还有一大批徽商富贾和工篆刻、善书画的贤达名士，故有“书乡”之称。村中历史遗迹众多，官路正街、俞氏宗祠、一经堂、生训堂、守训堂、大夫第、养源书屋等，均特色鲜明，具有重要价值。

◎ 汪口村俞氏宗祠（中国）

4. 流坑村

流坑村位于江西省抚州市乐安县牛田镇东南部的乌江之畔，距县城38千米。五代南唐升元年间（937—943）建村，是一个董氏单姓聚族而居的血缘村落。流坑村以规模宏大的传统建筑、风格独特的村落布局而闻名遐迩。全村现有明清住宅260余幢、祠堂50座、宫观庙宇8处、文馆和戏台各1座。流坑村是名胜荟萃的地方，历史悠久，有着灿烂的文化。村内有亭台楼阁、龙檐书柱、门楼牌坊星罗棋布，状元楼、三宫殿、武堂阁、观音堂等古建筑更是让人目不暇接。由于其深厚的历史文化底蕴，该村被专家誉为中国古代文明的缩影，并有“千古第一村”的美誉。

（三）山西省的古村落

山西历史悠久，是中华民族文明的发祥地之一。山西不仅拥有众多的名胜古迹，而且还遗存有大量的古村落。山西的古村落主要集中在沁河、汾河和黄河流域，而且这三个流域的古村落各具特色，主要分布于沁河流域的阳城县、沁水县、泽州县等地，汾河流域的太谷县、平遥县、祁县、介休市、灵石县等地，以及黄河岸边的临县碛口镇附近。一些典型的古村落是临县碛口镇西湾村、李家山村，介休市龙凤镇张壁村，沁水县西文兴村、窦庄村、湘峪村、尉迟村，阳城县北留镇皇城村、郭峪村，晋中市榆次区后沟村等。这些散落的村庄里，遗留着明清以来的神采风韵，文化底蕴源远流长，组成了一条古文化长廊，逐渐成为人们旅游的胜地。

明清时期的晋商创建了旷世商业和金融奇迹，其巨大的影响力覆盖中国，波及欧亚。如今，晋商大院已成为一种文化。

1. 张壁村

张壁村是山西省介休市龙凤镇的一个行政村，又称张壁古堡，位于介休盆地东南三面沟壑，一面平川的险峻地段的黄土丘陵上，海拔1040米，占地面积12万平方米。张壁村是

◎ 张壁村（中国）

国家级文物保护单位、中国历史文化名村、2005年度中央电视台“中国十大魅力名镇”之一。已具有千年历史的张壁村，是盘踞在绵山脚下的中国第一军事古堡。这里筑有厚厚的城堡墙，城内设有五道军事堡门。这座神秘的城堡式村落一派古朴，却又给人以扑朔迷离之感。

历经兴衰起落的张壁村，积淀着深厚的历史文化内涵，就像一部厚厚的史书能让人深刻地感受到它的分量。张壁村是我国现今保存完好的一座融军事、居住、生产、宗教为一体的古代村堡，其古民居多为明清建筑，石雕、砖雕、石盆、石鼓、石柱、石花缸、影壁砖雕、龙鹤福字造型，无处不在彰显山西晋商崇儒治家之文化传承。不大的村子里集中和包容了夏商古文化遗址、隋唐古地道、金代墓葬、元代戏台、明清民居建筑、明代空王佛行宫，为世人所瞩目。

2. 西湾村

西湾村位于临县碛口镇约1千米处，是明末清初随碛口镇水陆码头一并崛起的一个村庄。西湾村为陈氏家族聚居地，由当年依靠黄河船运发迹的陈氏家族历经近300年历史逐步修建而成的，占地3万多平方米。西湾村是一处集人文、历史、建筑、民俗多种文化于一体的村落。

西湾民居是典型的晋西风格的四合院，现在保存基本完好的有近40处院落。该建筑群整体设计合理、布局严谨，防洪排水设施畅通。大门、垂花门、照壁，厅堂上的木雕、砖雕、石雕风格各异，青石板铺就的街道两边的石匾又各具神韵。洋溢着浓烈人文气息的门额“进士第”“岁进士”，印证了整个村落丰厚的文化底蕴。村落以金、木、水、火、土的5条石砌街巷将几十座宅院连为一体，四周以高墙围护，形成城堡式封闭空间。民居建筑均以磨砖对缝砌筑，砖、木、石雕及精美匾额比比皆是，窑洞、楼台、亭、阁设计多样，具有很高的艺术价值。

楼房院墙不拘一格，样式多变，与周边环境十分和谐，防盗、防火、排水、泄洪的各种设施配置精妙。这里的一砖、一石、一木都洋溢着浓浓的传统文化气息。西湾村不仅是当地人民几百年遗留下来的宝贵文化遗产，也是人类历史上对人居环境所创下的杰出典范。西湾民居体现了人与自然的完美和谐，最终创造出了具有独特风格的“立体交融式”的乡土建筑。

3. 皇城村

阳城县北留镇皇城村，枕山临水，依山而筑，城墙雄伟，雉堞林立，官宅民居，鳞次栉比，是一组别具特色的古代建筑群。

皇城相府——陈廷敬府第——是清朝康熙皇帝的老师、《康熙字典》的总裁官、文渊阁大学士、光禄大夫陈廷敬的故居，就位于这里。皇城相府建筑群分内城、外城两部分，

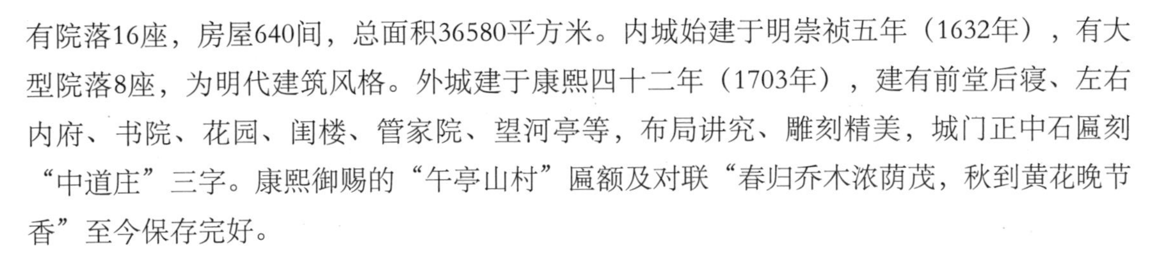

有院落16座，房屋640间，总面积36580平方米。内城始建于明崇祯五年（1632年），有大型院落8座，为明代建筑风格。外城建于康熙四十二年（1703年），建有前堂后寝、左右内府、书院、花园、闺楼、管家院、望河亭等，布局讲究、雕刻精美，城门正中石匾刻“中道庄”三字。康熙御赐的“午亭山村”匾额及对联“春归乔木浓荫茂，秋到黄花晚节香”至今保存完好。

4. 西文兴村

西文兴村位于山西省沁水县土沃乡境内，全村有50多户人家、200余口人，村民多为柳姓，是唐代大文学家柳宗元后裔自河东徙居而来的一个血缘村落。西文兴村以“柳氏民居”闻名。唐代思想家、柳宗元的后人曾在山西沁水县境内的“柳氏民居”聚居数百年。民居现仍存有“河东世泽”及“司马第”两块门匾，道出了西文兴村与大诗人柳宗元的渊源。“柳氏民居”始建于明永乐年间，依山而建，整个建筑大体分为外府区、中部、内府区等三个部分。内府区为全封闭建筑，进入内府区只有两门可通，其四角有小戏台、观河亭、赏景亭、府门楼等。柳氏宅第的建筑，是家族兴衰的见证，显示着其几百年来的发展历程，向人们展示着其独特的文化价值和艺术价值。

（四）北京的古村落

北京周边的古村落主要分布在北京西部的门头沟区。门头沟区方圆近百千米的面积里竟然分布有30多座古村落，构成了一个庞大的古村落群，其中部分古村落建村年代久远，已逾千年，大部分古村落为明清时期建成。连绵起伏的群山阻隔了这些古村落与外界的联系，却造就了它们与世隔绝的世外桃源般的景色。京西古村落蕴含着儒雅、质朴、恬静和深邃之美，有着优美的地理环境、众多的文物古迹、风格各异的建筑、浓郁的乡土文化，从而当之无愧地成为最具中国乡村文化特质的古村落群之一。古村落民居精美的木雕、砖雕、石雕注入了雅致、空灵、通透的意境，让人赏心悦目，品味无穷。这里的自然风光与人文景观交相辉映，蕴藏着浓郁的民俗风情和丰厚的乡土文化。这些古村落将人类的生活方式和文化信息，通过凝固的建筑和非物质遗产传承给了后人，由此也留住了昔日历史和文化的烙印。北京地区最具代表性的古村落是已被列为中国历史文化名村的川底下村和灵水村。

1. 川底下村

川（原字爨）底下村位于北京门头沟区斋堂镇西北部的深山峡谷中，坐落在一条重要的京西古道上。京西古道是明清年间京城连接边关的重要军事通道，又是通往河北、山西、内蒙古一带的交通要道。相传，川底下村的祖先早在明朝永乐年间（1403—1424）就从山西迁移到这里，建立了韩氏家族聚居之地。

村落整体布局呈“元宝”状，取“金银”聚财之意。从侧面观看这个村子时，整个村

◎ 川底下村（中国）

子又酷似一座城堡。川底下村保存完整的四合院有70余套，住房有500余间，建筑多为砖瓦结构，建筑结构严谨，错落有致，整体精良，布局合理，装饰华美。始建于明代的川底下村，在清朝渐渐兴旺起来，过往商旅在古道上这个必经的小村庄落脚，熙熙攘攘的过往商人让这里成为一个货物集散地。到了康熙、乾隆年间，川底下村兴起了多家商铺，如瑞福堂、瑞庆堂、三义堂、保全兴等。

川底下村面积5.33平方千米，为群山环绕，海拔650米，属太行山脉，清水河流域，气候为温带季风气候。这里自然植被良好，苍松翠柏，绿树成荫，有“世外桃源”之感。川底下村周边有着丰富的自然景观和人文景观，如一线天、卧虎岭、笔架山、金蟾望月、蝙蝠献福、神驹蹄窝、九百九石阵、古道遗址等，美不胜收。

川底下村具有浓郁的乡土文化，村民的文化娱乐活动丰富多彩，世代相传的民俗文化延续至今，如农历正月十五转灯游庙、耍中幡、荡秋千、唱蹦蹦戏、民间说唱等。

这里美丽的自然环境、独特的风貌和别致的民居早就成了拍摄电视剧和电影的天然基地，《投名状》《侠女十三妹》《关东大侠》《慈禧西行》《太极宗师》《无言的爱》《手机》等几十部影视剧都曾选择这里作为拍摄的外景地。如今的川底下村游人如织，画家、摄影家、作家、诗人等纷沓而至，成了人们寻幽访古的好去处。

经过数百年的沉寂，川底下村又开始恢复往日的繁荣，一批批游人来到这里，追寻历史、感受自然、寻幽访古。漫步巷间，村落中的老宅、石碾、古槐仿佛都在向人们诉说其久远的历史。

2. 灵水村

灵水村是京西古村落群中最具文化底蕴的一座古村落，为门头沟区斋堂镇辖村，现有村民200余户，700余人。灵水村居民以刘、谭两大家族为主。现在村中居民为多姓聚集。

◎ 灵水村（中国）

作为千年古村落的灵水，其文化遗存、古老民居、寺庙遗址、文物古迹、千年古树，使得这座古老的山村显得格外古朴典雅，弥散其间的悠久的历史和厚重的文化底蕴更是让人回味无穷。可以说，正是当地深厚的历史文化积淀赋予了灵水村儒雅、质朴、恬静和深邃之美。

最晚在辽代，灵水村就已经相当有规模了。当时经济极为发达，有八大著名商号，号称“八大堂”，即三元堂、大清号、荣德泰、全义兴、全义号、三义隆、德盛堂和济善堂。除了“八大堂”，灵水村还有“八大景”。关于“八大景”为哪八景，过去曾有过很多说法。现在的灵水八景是指东岭石人、西山莲花、南堂北眺、北山翠柏、柏抱桑榆、灵泉银杏、举人宅院和寺庙遗址。

灵水村又以“举人村”名世。灵水村村民们自古以来崇尚教育，读书风气极浓，自明清科举制度盛行以来，村中考取功名的人层出不穷。据记载，此村曾考取过多名举人，2名进士。民国时期，这个小村落曾走出过6名燕京大学的学子。“名举”刘增广等，德行双馨，为灵水村赢得了“京西灵水举人村”的美誉，由此产生了灵水村的“举人文化”。正可谓是：“地灵育人杰，人杰富一方”。灵水村历史悠久，古迹众多，早年经济繁荣，物产丰富，特别是古代出过举人，近代出过学子，现代出过名人，形成了独特的文化现象。

灵水村现有多处举人故居和官宦宅院遗址，如刘懋恒、刘增广等故居。这些宅院建有门楼、影壁、高台阶、大板门，过厅宽大，雕梁画栋，墙壁磨砖对缝，墙体厚实，砖雕简洁而讲究，粗放中含秀美，即符合山区建筑的需要，而又追求“乡村士大夫风范”，保持着读书人的风雅，体现了主人的文化修养和社会地位。

灵水村体现了我国“天人合一”理想境界的北方乡村。汉代一位高僧慧眼识真，选中这块灵山秀水，建灵泉禅寺，传经修行，吸引来八方香客，众人久居而成村。历代僧人在此传播佛教，更与儒家、道家交流碰撞，融会贯通，和谐共存千年之久，形成了灵水村“三教合一”的宗教文化，成为中华文化博大包容精神的一个缩影。

（五）河北省的古村落

1. 鸡鸣驿村

鸡鸣驿，又名鸡鸣山驿，位于河北省怀来县鸡鸣山下，毗邻北京至张家口110国道，距北京约150千米。鸡鸣驿也是北京通往张家口的交通要道和军事要塞。鸡鸣驿曾在我国邮政史上起着重要作用，其特殊的战略位置使之独驿成城。它是迄今为止国内最大、功能最齐全、保存最完好的一座古代驿站。

◎ 鸡鸣驿村（中国）

鸡鸣驿始建于元代，1219年成吉思汗率兵西征，在通往西域的大道上开设驿路，设此“站赤”（即驿站），至明永乐十八年（1420年）鸡鸣驿重新扩建。它是宣化府进京城的第一大驿站，直到1913年北洋政府宣布“裁汰驿站，开办邮政”，它才从历史的舞台上退出。昔日的繁华与荣耀，就这样被岁月尘封，并慢慢地淡出人们的记忆。

鸡鸣驿全城周长2330米，墙高12米，东西南北各长400余米，占地面积20万平方米。在东、西城墙设东、西两座城门，门额分别为“鸡鸣山驿”和“气冲斗牛”。门台上筑两层越楼，上面城墙均筑战台。城墙为黄土夯筑，青砖包面，上有垛口，四角及墙体外侧有向外凸出的方形角台和墙台。北城墙中部筑有玉皇阁楼，南城墙中部筑有寿星阁楼，两座阁楼遥相呼应。城下的东、西马道为驿马进入的通道，城南的“南宫道”即是当年驿卒传令干道。这些遗址记录了古驿站的桩桩岁月往事，承载了厚重的历史文化。

鸡鸣驿正在逐步赢得国内外邮政、考古、历史研究专家和学者的极大关注，同时也吸引了来自四面八方的游客，并大受影视界青睐，在这里先后拍过《血战台儿庄》《大话西游》《慈禧西行》等影视片。1996年8月，国家邮电部为纪念中国邮政创办100周年，发行了纪念邮票《古代驿站》一套两枚，其中一枚就是鸡鸣驿。

鸡鸣驿作为保存最完整的一座古代驿站，具有极高的历史、艺术、科学、文化和社会价值。1982年，鸡鸣驿被列为河北省重点文物保护单位。2001年，鸡鸣驿被国务院公布为第五批全国重点文物保护单位。2005年，建设部、国家文物局公布鸡鸣驿为第二批“中国历史文化名村”。

2. 于家村

于家村位于河北省石家庄市井陉县的中西部，距井陉县约15千米，是现今保存完好的一座明清古村落。于家村也称石头村，距今已有500多年的历史。整个村里石街、石巷、石房、石院、石楼、石阁、石桌、石凳、石碾、石磨，处处是石，家家有石，人人用石，到处一片石头天地。全村六街七巷十八胡同二十二夹道，全用青石铺就，堪称石头之村。于家村的古民居基本有两类，一类是明清时期建的瓦房，青石墙，灰瓦顶，古色古香；另一类是石券窑洞，这是当地的特有建筑。村内建筑多为明清风格，四合院构成了于家村整体空间格局。村中还保留一些古建文物，有清凉阁、观音阁、真武庙、宫坊、于氏宗祠、戏台等。

◎ 于家村清凉阁（中国）

1998年，于家村被河北省民俗学会命名为“于家石头民俗村”。2007年，于家村被列入第三批“中国历史文化名村”。

四、外国名村

在世界范围内被列入世界文化遗产的国外古村落有：日本的白川乡和五箇山的历史村落、韩国的河回村和良洞村历史村落、捷克的霍拉肖维采历史村落保护区、匈牙利的霍洛克村、美国的陶斯印第安村等。

1. 白川乡和五箇山的历史村落

日本的白川乡和五箇山的历史村落地处高山地区，长期以来与外世隔绝。这些村落，以种植桑树、养蚕为生。当地农舍的结构在日本是独一无二的，比一般农舍略大，为两层结构，屋顶坡面很陡，用茅草覆盖。尽管经历了巨大的经济变革，这些村落依旧是传统生活模式同当地生活环境与社会功能完美结合的典范。

1995年，位于日本本州岛中部偏远的高山河谷间的三座农庄：荻町、相仓和菅沼，被列入《世界遗产名录》，它们都位于历史上被称作白川乡和五箇山的地区。这些独特的建筑形式完全为木结构，屋顶呈三角形，三面都覆盖着草。一座座农舍由田野和树林围绕，形成了一种独特的景观，表达出当地的文化。无论就其结构和建筑方法还是内部空间的使用方式来看，这些农舍都算得上是日本木结构房屋的典范。

2. 霍拉肖维采历史村落

捷克的霍拉肖维采历史村落是完美无缺地保留下来的欧洲中部传统村落的一个罕见例

证，它拥有自18世纪和19世纪以来以闻名的南波斯米亚民间巴洛克风格建起的大批质量上乘的本土建筑，犹如一张始自中世纪的珍藏本。

霍拉肖维采历史村落是一座颇具特色的村落，村落田园风光衬托下的房屋住宅和农场建筑物在整体上给人留下了至深的印象。优美的线条，加上风格迥异、丰富多彩的装饰物，使得这一乡村建筑愈加焕发其独特的风采。 霍拉肖维采历史村落是遗存下来的19世纪南波希米亚独特的乡村环境的典范，同时也是人类最初创造的建筑成形艺术的见证，在整个南波希米亚的乡村巴洛克式建筑中展现了自身最独特的魅力。

3. 霍洛克村

霍洛克村是被精心保护下来的传统民居的一个典型范例，这个村落主要是在17世纪和18世纪发展起来的，是20世纪农业革命前乡村生活的生动写照。

霍洛克村位于匈牙利东北部，距离布达佩斯约100千米，堪称匈牙利最具魅力的村庄。它的著名是因为早在1987年就被列为世界文化遗产。如今，这里已成为匈牙利的传统保护区，是一座集旅游和文化保护为一体的民俗村。这座不足百人的小村，人们终日为生计而不停地忙碌，有的手中持着干草叉，有的人则挎着蔬菜篮，固守着世代沿袭的传统生活方式。小村的魅力或许是因为这里至今仍保留着完好的民俗。这里的女人们最喜欢戴着绣花白色头巾，身上经常穿着红色或蓝色的印花套裙。如今，当你走在村落中，如果碰巧与这些美丽的村姑相遇，她们还会以欧洲古典的屈膝礼迎接你的到来，优雅地用手提起裙角，轻轻地一曲膝，风情万种。这里的民居极其漂亮，白色围墙的房子的正面由雕刻精美的木质栏杆点缀着，是匈牙利北部地区的典型建筑风格。在村落附近分布着几个葡萄庄园、蔬菜园、庄稼地和牧场。恬淡而优雅的田园风光为这个小村落增添了几分别样的妩媚。

4. 陶斯印第安村

美国的陶斯印第安村位于里奥格兰河的一个支流的山谷中，是一个用泥砖和石块建成的村落，它反映了亚利桑那州和新墨西哥州的印第安人文明的程度。

陶斯印第安村包括一系列的居民点和仪式中心，是分布在今天亚利桑那州、新墨西哥州、犹他州与科罗拉多州边界地区具有史前传统的阿那萨基印第安部落文化的典型代表。陶斯印第安村从17世纪起就成为当地土著居民的文化中心，今天它仍然传承世代延续的文化传统。

尽管陶斯印第安村采用了欧洲建筑的风格，包括壁炉、外层大门和多用途的窗户，然而，陶斯印第安村是传统建筑风格与这一地区特有的美洲史前时期建筑风格和谐统一的典型代表。陶斯印第安村可以说是一个杰出的建筑博物馆和一个传统人类定居点的辉煌例证。陶斯印第安村当地土著的风情文化和建筑特色，使其成为一处具有魅力的地方。

第二节 城 镇

镇是以非农业活动为主的人口居住区，其规模小于城市而大于村落，是介于乡村与城市之间的过渡性聚落。城镇（镇）的出现是社会分工发展的结果，其文化的形成以商贸为核心。

古老的历史，优美的风景，营造了古镇浓郁的文化氛围。古镇的斗拱飞檐、雕梁画栋，满载往日岁月的留影，也蕴含着都市里少有的宁静。古镇观光无疑是品味古镇旅游文化最好的方式。古镇历史悠久，文化内涵丰富，由民居、街道、店铺、城池等众多要素组成。古镇作为一种聚落形式，蕴含着丰富的文化遗存，是一种文化资源，代表了人类历史的缩影和文明的结晶。

一、我国古镇的地域分布

江苏省是我国名镇最为集中的省份之一，如周庄镇、同里镇、角直镇、木渎镇、沙溪镇、溱潼镇、黄桥镇、枫桥镇、盛泽镇、锦溪镇等。江苏省为典型的江南水乡，其古镇以“小桥、流水、人家”为特色，古民居以清灵、淡雅、秀气而著称。

浙江省自然风光优美，名胜古迹众多，主要的名镇有西塘镇、乌镇、南浔镇、安昌镇、慈城镇、石浦镇、龙门镇等。

上海市周边的古镇是以枫泾镇、朱家角和金择镇为代表。朱家角是典型的水乡古镇，历史悠久、民风淳朴、文化积淀深厚。金择镇的古桥梁很多，至今仍完好地保留下来10余座古桥，有“江南第一桥乡”的美名。

四川省的古镇可谓数量众多，异彩纷呈，主要有平乐镇、安仁镇、老观镇、李庄镇、黄龙溪镇、洛带镇、罗泉镇、铁佛镇、隆昌镇、福宝镇、尧坝镇、仙市镇、柳江镇、罗城镇、上里镇等。

重庆市周边的古镇大多分布在长江沿岸，有涞滩镇、西沱镇、双江镇、龙兴镇、中山镇、龙潭镇、偏岩镇、路孔镇、塘河镇等。

广东省富有岭南文化气息，这里的古镇蕴藏着深厚的文化底蕴，主要以沙湾镇、吴阳镇、大圩镇等为代表。

福建省自然景观美丽，人文景观丰富，客家文化源远流长，别具一格的土楼具有浓郁的地域特色，主要的古镇有古田镇、和平镇、坂东镇等。

云南省的古镇具有浓郁的民族风情和地域特色，最有代表性的是世界文化遗产丽江古城，还有一些特色古镇，如黑井镇、沙溪镇、喜洲镇等。

湖南省历史悠久、文物古迹众多，早在春秋战国时期，这里就是楚文化的腹地，代表性古镇有里耶镇、芙蓉镇、滩头镇等。

贵州省是一个多民族省份，有苗族、布依族、侗族、彝族、土家族等。这里的古镇自然、古朴，充满浓郁的民族特色。主要古镇有青岩镇、土城镇、大同镇、西江镇等。

湖北省的代表性名镇有监利县周老嘴镇和红安县七里坪镇，均为中国历史文化名镇。

江西省的代表性古镇是浮梁县瑶里镇，为中国历史文化名镇。古民居风貌是以婺源周边最为典型，多为明清时期的古建筑。

广西壮族自治区文化资源丰富，民族风情浓郁，古镇文化积淀深厚。主要的古镇有大圩镇、黄姚镇、扬美镇、兴坪镇等。

安徽省是中国古民居最为集中、最具特色的一个省份。独特的徽文化背景、社会结构、地域环境和经济条件造就了众多的古村和古镇，主要以潜口镇、上庄镇、三河镇等为代表。

河南省是华夏文明的主要发祥地之一，被称为中国历史和文化的摇篮。其代表性名镇有禹州市神垕镇和淅川县荆紫关镇，均为中国历史文化名镇。

山西省的古民居以雍容华贵、气势宏大、文化底蕴深厚为特色，主要的古镇有静升镇、碛口镇、润城镇等。

另外，河北省蔚县暖泉镇、辽宁省新宾满族自治县永陵镇、甘肃省宕昌县哈达铺镇、新疆鄯善县鲁克沁镇等也均为中国历史文化名镇。

二、我国名镇

（一）南方名镇

周庄、同里、甪直、乌镇、西塘、南浔6个江南水乡古镇以“小桥、流水、人家”的规划格局和建筑艺术在世界上独树一帜，被誉为“江南六大古镇”。古镇内河港交叉，临水成街，因水成路，依水筑屋，风格各异的石拱桥将水、路、桥融为一体。镇内房屋依河而筑，鳞次栉比的传统建筑簇拥在水巷两岸，毗连的过街楼、临河水阁、河渠廊坊、驳岸石栏、墙门踏渡，疏密有致，构成了独具特色的水乡古镇景色，是江南水乡地域文化的集中体现。

1. 周庄

周庄被国内外公认为“中国第一水乡”，位于昆山市境内西南，古称贞丰里。春秋战国时期，周庄境内为吴王少子摇的封地，称摇城。北宋元祐年（1086年），周迪功郎舍宅为寺，始称周庄。元代中期，沈万三利用周庄镇北白蚬江水运之便，通番贸易，周庄也因之而成为粮食、丝绸、陶瓷、手工艺品的集散地，遂为江南巨镇，至清康熙初年正式定名为周庄镇。

◎ 周庄（中国）

周庄已历经900多年风雨沧桑，因江湖阻隔，交通闭塞，使近百座元、明、清时期的民宅庭院，60多座砖雕门楼和10余座石拱桥、楼桥得以完好地保存下来。众多的古代建筑赋予周庄宁静、古朴、典雅，“小桥、流水、人家”的诗情画意，旖旎的水乡风光，特有的人文景观，传统的建筑格局，淳朴的民间风情，更使许多传奇故事和民情风俗绵延流传。这些濒水而居的明清建筑，古朴典雅，水、桥、街、屋、埠，布局精巧，是江南最为典型的水乡古镇。

全镇桥街相连，依河筑屋，小船轻摇，绿影婆娑。1984年，旅美画家陈逸飞造访周庄，以双桥为素材，创作了蜚声海内外的油画作品《故乡的回忆》，周庄由此作为江南古镇的代表走向世界。周庄具有丰富的文化内涵。西晋文学家张翰，唐代诗人刘禹锡、陆龟蒙等都曾在这里居住过。周庄也是元末明初江南巨富沈万三的故乡，后来还曾留下柳亚子、陈去病等人的足迹。

2. 同里

同里位于江苏省吴江市东北，是著名的江南水乡古镇。同里古名富土，唐初称铜里，宋建镇改为同里。这里的屋宇楼舍与水、路、桥、园林巧妙而自然地联系在一起，是以“小桥、流水、人家”的诗情画意而闻名国内外。镇中至今还保存着不少明清建筑，如崇本堂、嘉荫堂、耕乐堂等。

◎ 同里（中国）

同里是个文化古镇，出过很多名人，其中不少人衣锦还乡后修建了各种建筑。其中最著名的当属建于1885—1887年的退思园，全园以水为主，贴水而筑，独具一格。全园简朴淡雅，水面过半，景色宜人。退思园集清代园林建筑之长，园内的每一处建筑既可独自成景，又与另一景观相对应，具有步移景异之妙，堪称江南古典园林中的经典之作。2000年，世界遗产委员会将退思园作为《苏州古典园林》扩展项目列入了《世界遗产名录》。

3. 角直

吴县角直镇位于苏州城东南，距今已有2000多年历史。古镇角直被誉为“神州水乡第一镇”。

◎ 角直（中国）

角直镇是一座以罗汉塑像和商业古街为主的江南水乡，镇内河道纵横。镇上有许多名胜古迹，如白莲花寺、孙妃墓、吴王宫、保圣寺等。建于公元503年的保圣寺现存九尊唐塑罗汉，堪称国宝，是全国重点文物保护单位。此外，这里的叶圣陶纪念馆、万盛米行、吴东水乡妇女服饰馆、王韬纪念馆等品位高雅，别具特色。“水巷小桥多，人家尽枕河”是角直浓厚水乡气息的真实写照。1平方千米的古镇区原有宋、元、明、清各色石桥72座半，人称“五步一桥”，现存41座。其中最古的桥——和丰桥建于宋代，工艺精细，至今完好，堪称“中国古桥博物馆”。

4. 乌镇

乌镇位于浙江省桐乡市，是江南著名古镇之一，具有1300多年建镇史。乌镇钟灵毓秀，文人荟萃，人才辈出。历史上这个小镇曾出过许多进士和举人，近现代更有名人辈出：文坛巨匠茅盾、政治活动家沈泽民、银行家卢学溥、作家孔另境等更是为小镇增添了几分显赫。如今，乌镇已成为中国文学最高奖“茅盾文学奖”的永久颁奖地。

京杭大运河绕乌镇而过，镇内河网密布，纵横交织。千百年来，百姓房屋临河而建，千余米的古帮岸、水阁和廊棚等透出悠悠的水乡韵味，形成了典型的江南水乡风情。

乌镇自古繁华，民风淳朴，而桐乡拳船、花鼓戏、皮影戏、香市等独特的民俗风情，原汁原味的水乡风貌和千年积淀的文化底蕴，使乌镇声名远扬。江南水乡的旖旎风光在乌镇体现得淋漓尽致。

◎ 乌镇（中国）

5. 西塘

西塘位于浙江省嘉善县北11千米处，地处吴根越角之地，依水成街，因河成镇，是一座已有千年历史文化的古镇。因其早在春秋战国时期就是吴越两国的相交之地，故有“吴根越角”之称。西塘元代成镇，至明代时已颇具规模。

◎ 西塘（中国）

西塘河流纵横，鳞次栉比的明清建筑与纵横交错的河流相映成趣，街衢多依河而建，民居临水而筑，并以桥多、弄多、廊棚多而闻名。俯瞰全镇，处处绿波荡漾，景色如诗如画。古老的历史，优美的景观，营造了古镇浓郁的文化氛围。西塘特有的水乡情调和魅力让人过目难忘。西塘的古民居、石桥、弄堂和廊棚是西塘文化源远流长的写照。西塘的民间木雕、瓦当、服饰、纽扣、书法绘画等博物馆是古镇历史文化的见证。

6. 南浔

南浔地处杭嘉湖平原，北邻太湖东与江苏交界；早名浔溪，后称南林。至南宋淳祐末年建镇，改名南浔。南宋时这里已是“耕桑之富，甲于浙右”。明万历至清中叶，所产辑里湖丝名闻遐迩；近代史上，辑里湖丝在全国出口贸易中占有举足轻重的地位。镇上出了一批靠经营蚕丝业发迹的大贾巨富，俗称“四象八牛七十二墩狗”。南浔名胜古迹众多，人文景观与自然风光相互辉映，既充满着浓郁的历史文化底蕴和灵气，又洋溢着江南水乡古镇诗画一般的神韵。南浔自古以来，人才辈出，书香不绝。明代时就有“九里三阁老，十里两尚书”之谚。仅宋明清三代，南浔就出了41名进士。著名的名胜古迹有嘉业藏书楼、刘镛的庄园小莲庄、张静江故居、张石铭旧居、百间楼和宋代古石桥等。

南浔有“中国名人第一镇”之美誉。深厚的历史文化底蕴和独特的江南水乡自然风光造就了南浔古镇，记录了中国传统文化的博大精深。

◎ 南浔（中国）

（二）北方名镇

1. 静升镇

山西省灵石县静升镇，位于灵石县城东北12千米处，坐落在风景秀美的绵山脚下，依山傍水，一条大街横贯东西，“九沟、八堡、十八巷”散布于北山之麓，错落古镇的王家大院、红庙和文笔塔等古建筑群，是静升镇悠久历史文化的见证，展示了深厚的传统文化积淀和浓郁的人文景观风貌。静升镇是一个充满传统文化色彩的山庄古镇，在这里可以看到传统文化艺术在民间生活各个角落的渗透，体现着不同时代的历史风貌。

静升镇的主体古建筑群——王家大院，先后经历了清朝康熙、雍正、乾隆、嘉庆几个时期的修建，建筑总面积达到15万平方米。静升王氏家族，历经元、明、清三朝，由农及商，人丁渐旺，继而读书入仕，遂“以商贾兴，以官宦显”，成为当地一大望族。王氏家族鼎盛于清朝康雍乾嘉年间，当时，除大兴土木营造豪宅、开设店铺外，还在当地做了赈灾、修渠等许多善举。王家辉煌时期入宦者五品至二品的官员，包括授、封、赠在内的各种士大夫达101人，家族显赫，威震三晋。

王家大院是山西最大和保存最完好的建筑群，被称为“三晋第一宅”。王家大院是中国清代民居建筑的杰出代表，积淀着深厚的历史文化底蕴，是古代国人智慧的结晶，被国内外许多专家学者誉为“中国民间故宫”“华夏民居第一宅”和“山西的紫禁城”。王家大院的整体建筑就是一件巧夺天工的艺术品，不仅具有精湛的艺术审美价值，而且具有丰富的历史研究价值，折射出东方文化的深厚内涵。

2. 碛口镇

碛口位于临县城南48千米处的黄河边，因黄河第二大碛——大同碛而得名。碛口从清代乾隆年间兴起，并在随后200余年里发展成为我国北方一座著名的商贸重镇，五里长街，店铺林立，商贾云集。船筏在黄河里穿梭，驼铃在山谷里回荡，飘逸着一种迷人的古韵。

碛口现在保存较完整的人文景观主要有古街道、店铺、货栈、票号、当铺、民居、古商道等；碛口的自然景观有二碛巨浪、黄河峡谷、麒麟沙滩、黄河天然水蚀浮雕、高原土柱林及秋季漫山遍野的红枣林等。碛口是一座充满古朴风韵的小镇，镇上的街道全由黄河卵石铺就，街道两边幽深的小巷和古老的民居尽显古朴和沧桑。

三、外国名镇

被列入世界文化遗产的外国主要历史古镇的有：素可泰历史城镇和有关历史城镇（泰国）、维甘历史城（菲律宾）、琅勃拉邦的城镇（老挝）、会安古镇（越南）、扎比德历史城镇（也门）、卡塞雷斯古镇（西班牙）、中世纪贸易集镇：普罗旺斯（法国）、班贝格城镇（德国）、百慕大群岛上的圣乔治历史城镇及相关的要塞（英国）、维斯比的汉萨同盟城（瑞典）、托伦中世纪城镇（波兰）、拉穆古镇（肯尼亚）等。

1. 会安古镇

会安是15—19世纪东南亚保存完好的贸易港的典范，其建筑和街道规划受到土洋结合风格的影响，风格独一无二。会安作为一个海港城镇，迄今已有1500年的历史。古代会安港的发展经历了“形成—发展—全盛—衰落”四个阶段。其中，发展与全盛阶段是会安港最为灿烂辉煌的时期。在长达1000多年的形成与发展时期里，来自中国、日本、东南亚及南亚各国的商船都在会安港进行贸易交流，会安港名列当时东方各大港的前茅。从15世纪起，荷兰、葡萄牙、英国、法国等西方国家先后在会安港设立商站，各国商船经常出入会安港口。

在会安城中，中国式的建筑物到处可见，而且保存得很完整。会安城里的街道和各民族风格的建筑物颇具特色。会安城内除大部分为中国式建筑外，还有为数不少的法式古典建筑和庭院式建筑群，另有不少有越南民族特色的优美建筑。会安是一处著名的文化色彩浓郁的国际商业港，是一处保存极其完好的亚洲传统贸易港的典范。

2. 圣吉米尼亚诺

圣吉米尼亚诺是意大利托斯卡纳区最著名的小镇，位于佛罗伦萨南部56千米处，是往返于弗朗西斯科和罗马之间朝拜圣地者的重要物资补充地。当时控制这个城市的贵族，在这里建造了72座塔楼，塔楼高约50米，现在只有14座塔楼残存下来。这些塔楼是小镇权贵们财富和权力的象征。这座城镇同时还保留了14—15世纪意大利的艺术杰作。圣吉米尼亚诺在有限的环境中积聚了城镇生活所需要的所有建筑物：广场和街道、房屋和宫殿、水井和喷泉，这些是中世纪文明的独特见证。今天，小镇周围有大片的葡萄园，以酿造本地优质的葡萄酒而著称。

3. 拉穆古镇

肯尼亚的拉穆古镇是东非最古老、保存最完整的殖民地，并保持着它的传统习俗。这个镇用珊瑚石和红树林木材搭建而成，以简朴的结构为特色，内部庭院、阳台、走廊、精心雕刻的木门更为其增色很多。从19世纪开始，主要的穆斯林宗教节日活动在这里举行，这里已经成为伊斯兰和斯瓦希里文化的重要研究中心。

作为肯尼亚最古老的居住城镇，拉穆拥有丰富而灿烂的历史。它的房屋及营造物的建筑尤为独特。绝大多数建筑物都可以追溯到18世纪或之前，建筑材料取源于当地，包括修筑墙壁用的珊瑚石、支撑木门用的红树林柱子以及雕刻复杂的百叶窗。在拉穆，尽管现在旅游业已经取代了农业成为当地人的主要收入来源，它却仍然保持着过去的传统风格。古镇的建筑和城镇结构生动地体现了几百年来来自于欧洲、阿拉伯半岛和印度的文化影响，形成了拉穆独特的文化。

4. 圣安德烈

匈牙利的圣安德烈，是一座风景如画的古镇，中国人称“山丹丹”，距匈牙利首都布达佩斯20千米，坐落在多瑙河畔，菲利斯脚下，在布达佩斯和维榭格拉德中间，是匈牙利最重要的旅游城镇之一，也是该国现代艺术流派的“博览馆”。小城不大，但各式教堂、工艺品店、画廊、作坊、博物馆、酒吧、咖啡厅鳞次栉比，彩色的民居风味浓厚，蜿蜒的石子小街更让人们感受到一种传统的浪漫气息。

1690年秋，查诺耶维奇·阿塞大主教带领的塞尔维亚族难民来到这里，重建了这座城市，兴建了东正教堂。城内有7座尖塔教堂，构成城市的格局。高耸的教堂、鳞次栉比的民居、曲径通幽的小巷和色彩斑斓的店铺是小镇的主旋律和生活气氛。城市中心广场上有一个商人们募捐的东正教双十字架，建于1763年，上面的“4”字表示以正当的手段获得的财富，铁锚则是运气的象征。19世纪末，众多的匈牙利画家涌向这座风味十足的小镇，使这里成为远近闻名的“画家之乡”，甚至还形成了一个风格独特的独立画派，现在圣安德烈镇街边的画廊依旧林立。圣安德烈艺术画廊展示了这个具有浓郁气息小镇的现代派画家们的作品。日益增多的博物馆为越来越多的旅游者提供了丰富的文化内容。另外，圣安德烈造就的作家和戏剧艺术家在匈牙利也是有名的。在那里举办的展览、艺术节和各种演出一年到头接连不断。尽管小镇的游客不少，但小镇内依旧宁静，让人们仿佛一下回到过去。

◎ 圣安德烈（匈牙利）

5. 波尔沃

波尔沃，始建于13世纪，位于芬兰首都赫尔辛基以东50千米，是一座景色如画的古镇，坐落在波尔沃河河口。早在中世纪，波尔沃就是一个重要的进口贸易中心，坐落在波尔沃河沿岸的一排排红房向人们展示了波尔沃的航运史，是旅游者争相留影的著名景点。老市区是芬兰目前唯一保存下来的中世纪城区建筑，街道蜿蜒曲折、小巷曲径通幽、庭院和低矮的木屋错落有致，是中世纪城市生活的缩影，被称之为"木制建筑博物馆"。小镇尖拱顶式的大教堂建于15世纪初期，是1809年芬兰第1届议会的所在地。俄国沙皇亚历山大一世在这里确认了芬兰人的信仰、权利和自治，并签署了芬兰的第一部宪法，因此这里也被尊崇为芬兰独立精神的基石。

波尔沃曾是一个重要的文化中心，素以"诗人之城"著称的波尔沃是芬兰许多著名诗人和艺术家居住的小镇，如芬兰诗人约翰·路德维格·鲁内贝格、芬兰艺术家维勒·瓦尔格伦、阿尔伯特·爱德费尔特等。约翰·路德维格·鲁内贝格（1804—1877）的故居就在这座小镇里，他从1837年到1877年一直住在这里，他的大部分作品都是在这里完成的，其中最著名的便是芬兰国歌的歌词。鲁内贝格逝世后，他的故居经过修缮，改成博物馆对外开放。故居内的许多物品，如工艺品、座钟、猎枪和瓷器等都完好地保存了下来，真实展现了当年小城的社会生活。

◎ 波尔沃（芬兰）

◎ 波尔沃大教堂（芬兰）

6. 卡罗维发利

卡罗维发利，捷克小城，建于1349年。小城距布拉格以西约120千米。这里森林茂密，流水淙淙，静静的特普拉河穿城而过，温泉散发出的袅袅热气给冬日的小城平添了些朦胧迷离的色彩。小城坐落于山谷之间，沿河两侧依山而建，一幢幢漂亮的楼房在绿树的掩映下，尽显巴洛克式、洛可可式、拜占庭式和新古典主义时期建筑的风格。在翠柏丛生、四季常青的山坡上，筑有层层楼阁亭台。建筑物依山傍水，错落有致，尖塔、绿树、红瓦和白墙相互映衬，雕像和纪念碑处处可见。

◎ 卡罗维发利国际电影节（捷克）

卡罗维发利是著名矿泉疗养地，素有“温泉小镇”之称。卡罗维发利已有600多年的历史。相传波希米亚国王查理四世到此猎鹿，偶然发现了温泉，泉水清澈甘甜，于是修建了自己的狩猎山庄，并以自己的名字命名将这里的温泉命名为“查理的温泉”，捷克语发音为“卡罗维发利”。与很多地方不同，镇上的温泉不是用来洗浴，而是用来饮用的。据说，泉水对多种疾病都有很好的疗效。几百年间，许多王公贵族、名人雅士都对卡罗维发利的泉水趋之若鹜。马克思、歌德、普希金、果戈理、屠格涅夫、席勒、贝多芬、肖邦以及沙俄彼得大帝都曾到此游览和疗养。

卡罗维发利国际电影节（Karlovy Vary International Film Festival），是世界上历史最久的电影节之一。卡罗维发利国际电影节创办于1946年，中国曾多次参加这一电影盛会，1988年中国影片《芙蓉镇》曾获得该电影节最高奖。

第三节　城　　市

城市是现代文明的标志，是经济、政治、科技、文化和教育的中心。纵观世界历史，一个国家工业化、现代化的过程，也是其逐步实现城市化的过程。当今世界上许多著名城市，在其现代化建设中都采取严格保护文化遗产的措施，从而使城市现代化建设与文化遗产浑然一体、交相辉映，既显示现代文明的崭新风貌，又保留历史与文化的奇光异彩。

城市是一国或一地区政治、经济、文化的中心，是物质财富、精神财富最为集中之地，在人类文明发展史上占有十分重要的地位。城市是人类创造的一种文化景观，具有丰富的文化内涵。正如世界遗产委员会对威尼斯所做的评价：威尼斯始建于5世纪，由118个小岛组成，10世纪成为当时一个主要的航运枢纽。整座城市就是一非凡的建筑杰作，甚至最小的建筑物也会含有一些世界最伟大的艺术家，如乔尔乔涅、提香、丁托列托、韦罗内塞等人的作品。由此可见，这座美丽的城市蕴含着深厚的文化底蕴。

城市大都选择建在交通便利、依山傍水之地，因而也就拥有丰富的生态旅游资源。城市经过从古到今的发展积累，历史文化积淀非常丰厚。城市的格局反映出一个城市整体规划的思想，代表一定的地域文化。意大利名城维罗纳始建于公元前1世纪，这座古老的城市仍保留着传统的罗马城镇的格局，保存有古代、中世纪和文艺复兴时期的许多著名的建筑物。维罗纳不仅是一座美丽的城市，也是莎士比亚剧中女主角朱丽叶的故乡。维罗纳市作为文化遗产于2000年被列入《世界遗产名录》。比利时城市布鲁日是中世纪城市聚落的杰出典范，历经几个世纪演变，仍然保留着其历史的结构——原始的哥特式建筑构成了城镇的特色部分。作为欧洲主要的商业与文化的主要城市之一，布鲁日发展了与世界各地的文化联系。布鲁日历史中心作为文化遗产于2000年被列入《世界遗产名录》。

城市是旅游业的主要载体，在人类长期的社会经济发展中，由于其优越的地理位置，活跃的经济活动，发达的第三产业，立体便捷的交通网络，顺畅的信息交流渠道，高度集中与辐射的区域文化，使城市在推动人类社会发展方面占有主体地位。城市的这种突出地位也在旅游中有所反映，城市可以对旅游者形成巨大吸引力：风格各异的建筑风貌、便捷的交通设施、优越的商务与购物环境、发达的科技与信息、周到的服务和多种娱乐、独特的地方文化，使城市成为一种重要的旅游目的地，是资源型旅游地发展的主要受益者。城市是旅游者的客源地，旅游者不惜千辛万苦、千里迢迢到城市进行旅游，是为了能体验异地城市丰厚的文化内涵、开拓视野、增长知识。阿格拉是印度北方邦的一座城市，印度历史上著名的莫卧儿王朝曾于1526年定都于此。阿格拉是印度著名的旅游胜地，以众多的名胜而著称。城市周边分布有三处世界文化遗产：泰姬陵、阿格拉堡和法塔赫布尔·西格里。因此，这座城市格外受到游客们的青睐，成为世界旅游胜地。

城市旅游文化从属于城市文化，包括在城市文化当中。城市旅游文化不仅是一种视觉文化，更是一种体味式的文化。城市旅游文化具有文化代表性，是一种浓缩过的城市文化，是特色文化，是媒介文化，是对一个城市鲜明形象的集中而恰当的表现和宣传。因此，一种成功的城市旅游文化，往往也要求城市文化建设必须具有主题和特色。实际上，城市鲜明的旅游形象就是城市文化的主题与特色。

被列为世界文化遗产的主要历史名城有：平遥古城（中国），澳门历史中心（中国），大城历史城市（泰国），锡吉里亚古城（斯里兰卡），波隆纳鲁沃古城（斯里兰卡），阿克老城（以色列），大马士革古城（叙利亚），布斯拉古城（叙利亚），阿勒颇古城（叙利亚），萨那古城（也门），伊斯坦布尔历史区（土耳其），萨夫兰博卢城（土耳其），罗马历史中心、城内罗马教廷管辖区和圣保罗教区（意大利与梵蒂冈共有），佛罗伦萨历史中心（意大利），威尼斯及其泻湖（意大利），那不勒斯历史中心（意大利），锡耶纳历史中心（意大利），皮恩察市历史中心（意大利），维罗纳市（意大利），托莱多历史城市（西班牙），萨拉曼卡古城（西班牙），斯特拉斯堡：大岛到新城——欧洲都市景观（法国），巴黎塞纳河畔（法国），里昂历史区（法国），伯尔尼老城（瑞士），布鲁日历史中心（比利时），爱丁堡的旧城和新城（英国），萨尔茨堡市历史中心（奥地利），格拉茨市历史中心（奥地利），维也纳历史中心（奥地利），内塞巴尔古城（保加利亚），杜布罗夫尼克旧城（克罗地亚），特罗吉尔历史城市（克罗地亚），布拉格历史中心（捷克），罗得中世纪古城（希腊），克拉科夫历史中心（波兰），华沙历史中心（波兰），圣彼得堡历史中心和建筑物群（俄罗斯），瓦莱塔城（马耳他），墨西哥城和霍奇米尔科区历史中心（墨西哥），利马历史中心（秘鲁），阿雷基帕市历史中心（秘鲁），基多城（厄瓜多尔），梅克内斯历史城市（摩洛哥）等。

一、我国名城

在我国现今的版图内，关于曾经成为全国都城的城市最初有著名的“四大古都”之说，即北京、西安、洛阳、南京；后来又有“六大古都”，增加了开封、杭州；20世纪80年代，形成了“七大古都”，安阳跻身其中。现在，郑州市也以郑州商城为平台，进入了“八大古都”的行列。现在的八大古都是十一朝古都西安、九朝古都洛阳、七朝古都开封、六朝古都南京、五朝古都北京、殷商古都安阳、南宋都城杭州、第八大古都郑州。

我国幅员辽阔，民族众多，地理和人文环境复杂多样，历史文化名城遍布全国各个省份，因而这些历史文化名城风格迥异，各具特色。历史文化名城是中华民族的瑰宝，具有重要的文化、科学、教育、美学价值。依据其性质和构成，历史文化名城大致可分为古都类、风景名胜类、军事要塞类、革命纪念地以及综合文化名城等类型。

1. 北京

北京简称京，既是我国的政治中心，又是我国的经济与文化中心，位于华北大平原的西北边缘，西倚巍巍太行山，北靠连绵的燕山山脉，面积16 800平方千米。

北京城始建于西周初期。据考古学家和历史学家的研究表明，房山区琉璃河董家村附近的古代城垣就是西周初期燕国都城的遗址。北京建城已有3000多年的历史。北京最早见于文献的名称叫作蓟。从秦、汉到隋、唐，蓟一直是我国北方地区的军事重镇和经济与文化中心。后来的北京城就是在蓟城的基础上发展起来的。

历史上在这座古城建都的朝代有辽、金、元、明、清等，距今已有800多年的历史。1949年10月1日又正式将这里定为中华人民共和国首都。

悠久的历史和灿烂的文化给北京留下了大量的文物古迹和丰富多彩的人文景观。北京宫殿、园林、朝坛和宗教建筑遍布，文物古迹荟萃，集中国文化之大成。北京的长城、故宫、颐和园、天坛、周口店北京人遗址均已被列入《世界遗产名录》；此外，北京的十三陵已作为明清皇家陵寝扩展项目于2003年被列入《世界遗产名录》。位于北京城区中心的天安门广场上建有庄严的毛主席纪念堂和人民英雄纪念碑。北京也是我国最大的科学研究和文化中心，这里有数十所全国著名高校和全国藏书最多的国家图书馆，还有中国科学院等科学研究机构和中关村科技园区等。

◎ 天坛（中国）

北京作为我国的历史文化名城具有深厚的文化底蕴，主要取决于以下因素。

历史因素：早在70万年前至50万年以前，原始人群部落的“北京人”就在北京西南周口店一带繁衍生息。“北京人”创造和发展了旧石器文化，对华夏民族的形成产生了深远的影响。环京地区有许多历史古城，如燕都遗址、蓟城等，建城时间长达3000年以上，特别是北京，在我国历史上，曾为辽、金、元、明、清5代封建王朝的都城，历时达800年之久。这种在历史上作为全国政治、文化中心的都城地位，自然会给这座城市增添众多的名胜古迹和人文景观。

文化因素：环京地区在历史上曾是汉族和契丹、女真、蒙古等北方少数民族交错分布区，是北方游牧文化和中原农耕文化的过渡带，两种文化在此相互渗透和影响，融合了中原文化和游牧文化，从而形成多种民族文化景观。

2. 澳门

澳门历史悠久，有着中华文化一脉相承的传统，而其400多年来的风雨沧桑，更使它成为东西方文化荟萃之地，形成了今日澳门“华洋共处、中西合璧”的社会和城市结构。无论是在中国还是在世界历史上，作为中西方文明沟通桥梁的澳门，在政治、军事、文化和宗教诸多领域都发挥过不可替代的积极作用，为不同民族的相互认识、交流与尊重做出了不可磨灭的贡献。澳门历经中西方文化400多年的交融，形成了独具特色的文化氛围：

现代化的高楼大厦、东方色彩的寺院庙宇、文艺复兴时期建筑风格的天主教堂和欧洲中世纪古堡式的炮台，融东西方文明于一体，被誉为“中国近代第一城”。

“澳门历史中心”是以旧城区为核心的历史街区，覆盖范围包括妈阁庙前地、亚婆井前地、岗顶前地、议事亭前地、大堂前地、板樟堂前地、耶稣会纪念广场、白鸽巢前地等多个广场空间，以及妈阁庙、港务局大楼、郑家大屋、圣老楞佐教堂、圣若瑟修院及圣堂、岗顶剧院、何东图书馆、圣奥斯定教堂、民政总署大楼、三街会馆（关帝庙）、仁慈堂大楼、大堂（主教座堂）、卢家大屋、玫瑰堂、大三巴牌坊、哪吒庙、旧城墙遗址、大炮台、圣安多尼教堂、东方基金会会址、基督教坟场、东望洋炮台（含东望洋灯塔及圣母雪地殿圣堂）等20多处历史建筑。

这片区域是昔日华洋共处的旧城区，它开创了许多“中国之最”，如最早一批天主教堂建筑、最古老的教堂遗址、最古老的西式炮台群、最古老的修道院、最古老的基督教坟场、第一座西式剧院、第一座现代化灯塔、第一所西式大学、西式医院等。这一大范围的建筑群，体现了中西文化融汇交流的特点。

经过几个世纪的变迁以及城市发展的需要，这里依然保持原貌，大量的历史建筑分布在旧城区各处，成为澳门珍贵的文化遗产；更难得的是，这些遗产并未因发展的规划而遭受破坏，反而在前人的保护下，使东西方文化互相碰撞交融，形成澳门独树一帜的文化氛围。中国人和葡萄牙人更是在这里合力营造共同的社区生活，除了展示建筑艺术特色外，还展现了中葡两国人民不同宗教、文化以至生活习惯的融和与相互尊重。

3. 平遥

平遥古城位于山西省中部，建于公元前827—公元前782年间，距今已有2700多年的历史，是我国目前唯一保存下来的明清时代县城原型。现存的古城的城墙、街道、民居、店铺、寺庙等建筑，向人们展示了明清时期文化、社会、经济、建筑等发展的历史风貌。城中有始建于北魏的城墙、最早的金融票号旧址，体现古代县城礼序程式的街市格局、展现浓厚地方风格的3700多座民居。平遥民居基本保持原有格局，布局严谨，轴线明确，左右对称。现在城内的大部分寺庙建筑和县衙署、100多条街巷，都还保留了原来的历史形态，街道两旁的店铺多为100多年前到300多年前的建筑。

古城总面积2.25平方千米，平面呈方形，东、西、北墙方直，南墙随中都河之势蜿蜒而筑。平遥古城的城墙保存完好，城墙高为6～10米，墙顶净宽3～6米，周长6.9千米。环周有72座敌楼，3000个垛口，象征着孔子的三千弟子，七十二贤人。在这里，起着军事防御作用的城墙，与孔子联系在了一起，体现的正是古人所说的“文武之道，一张一弛”“文以辅国，武以卫国”。

平遥古城是一座按照汉民族传统规划思想和建筑风格建设起来的城市。平遥古城众多的文化遗存，代表了我国古代城市在不同历史时期的建筑形式、施工方法和用材标准，也集中体现了明清时期汉民族的历史文化特色。如平遥双林寺中佛教、道教、儒教等庙宇建筑都围绕中轴线有机布置。这种三教同奉的现象，就是三晋文化的一个具体体现。平遥民居是迄今为止汉民族地区保存最完整的古代居民群落，具有较高的艺术价值和美学价值。平遥完整地体现了17—19世纪的历史面貌，为明清建筑艺术的历史博物馆。其古建筑及文物古迹，在数量和品位上均属国内罕见，对研究我国古代城市变迁、城市建筑、人类居住形式和传统文化的发展具有极为重要的历史、艺术、科学价值。

◎ 平遥古城（中国）

二、外国名城

1. 罗马

意大利首都罗马，是意大利的政治和文化中心，也是世界著名的历史和文化名城。它位于亚平宁半岛的中南部西侧、台伯河下游的丘陵平原上，城区面积200余平方千米。正如罗马的谚语所说：“罗马并非一日建成的”。罗马城最初建在景色秀丽的7座山丘之上，故称为“七丘之城”。罗慕路斯（Romulus）和雷慕斯（Remus）于公元前753年建造该城，并将其命名为“罗马”。罗慕路斯成为罗马第一位国王。罗马城是古罗马帝国的发祥地和首都，从那时起一直繁荣至今。自公元前753年建城，时至今日已有2700多年的悠久历史，留下了许许多多的名胜古迹。在古代，它先是罗马共和国的首都，历时近500年，接着又戴上了罗马帝国的首都荣冠达503年；在中世纪，它作为教皇国首都长达11个世纪（756—1870），紧接着它又成为意大利王国统一后的王国首都。罗马还是一座艺术宝库、文化名城，古城就像露天博物馆，记录着罗马的光辉历史。罗马到处都遍布着文艺复兴时期的精美建筑和艺术珍品，宏伟的宫殿、教堂、博物馆、大理石雕像和喷泉遍地分布。罗马每一座矗立的千年建筑、废墟遗址都记录着深远浩大的历史，都是艺术巨匠的大手笔。享有“永恒之城”之美誉的罗马，以其完美的表现形式呈现出人类历史上无与伦比的辉煌岁月，众多的名胜古迹和丰富的文化底蕴，是当今世界上作为国家首都完美保存古城建筑结构的典范。这里的著名景点有斗兽场（又称竞技场）、古罗马广场、威尼斯广场、纳沃纳广场、万神殿、西班牙广场、特莱维喷泉、圣天使城堡、君士坦丁拱门、真理之口、罗马国家博物馆、 巴尔贝里尼宫、诺沃宫、孔塞维特里宫等。

◎ 纳沃纳广场（意大利）

今日的罗马分古城和新城两部分。罗马人不仅继承了昔日的文化遗产，而且还开创了时代新潮流，为城市赋予了新的活力。

2. 佛罗伦萨

佛罗伦萨位于意大利中部的托斯卡纳区、阿尔诺河畔，有着悠久的历史，是文艺复兴的发祥地。早期的文艺复兴是以佛罗伦萨为中心的。早在欧洲中世纪早期，佛罗伦萨就成为一个独立的城市国家，纺织、印染和金融业发达。14世纪，佛罗伦萨为从事银行业的家族——美第奇家族所控制。14世纪末，佛罗伦萨由12世纪的一个小镇成为贸易和金融中心。由于以美第奇为代表的一些家族对艺术的投资和推崇，为佛罗伦萨的文艺复兴运动起到了推波助澜的作用，使这座城市成为意大利文艺复兴的摇篮。遍及这座城市的许许多多的美术馆、博物馆、教堂，珍藏着文艺复兴时期丰富的绘画、雕塑等艺术珍品。这座城市造就了意大利文艺复兴的鼎盛时期艺术史上一些最为杰出的艺术大师，如达·芬奇、米开朗琪罗、拉斐尔、提香等。著名的画家、雕塑家和建筑师达·芬奇生于佛罗伦萨附近的山村。艺术大师米开朗琪罗也出生在佛罗伦萨附近的一个小山村，其杰出的雕塑作品《大卫》至今仍收藏在这座城市的美术馆里。绘画大师拉斐尔和著名科学家伽利略也都在这座城市生活和工作过。诗人但丁出生于佛罗伦萨，他的长诗《神曲》被视为不朽之作。1860年，佛罗伦萨并入意大利。

佛罗伦萨作为文艺复兴的发祥地，以拥有大量文艺复兴时期的绘画和雕塑艺术作品而闻名于世。14—16世纪欧洲文艺复兴运动始于意大利，后扩大到法国、德国、英国等欧洲国家。意大利成为这个运动的中心。当时在意大利，绘画、雕刻、建筑、诗歌、音乐等取得了突出成就。15世纪末到16世纪中叶，文艺复兴达到全盛时期。文艺复兴运动主要思潮是人文主义，主要表现在科学、文学和艺术的普遍繁荣和高涨上。

佛罗伦萨遍布着许许多多博物馆、美术馆、宫殿、教堂等古建筑，向世人展示这座艺术之都的永恒魅力。这里著名的景点有：乌菲奇美术馆、学院美术馆、但丁故居、大教堂（又称花之圣母教堂）、洗礼堂、乔托钟搂、圣克罗切教堂、韦奇奥宫（老宫）、皮蒂宫、韦奇奥桥（老桥）、美第奇·里卡尔迪宫、圣马可博物馆、巴尔杰洛国立博物馆、圣洛伦佐教堂、米开朗琪罗广场等。

作为文化之都，佛罗伦萨造就了一大批学识渊博、多才多艺的新文化代表人物，这座城市对整个人类历史和文化进程都产生过深刻的影响，是世界著名的旅游城市，每年要接待数百万计的游人来此观光和游览。

◎ 韦奇奥桥（老桥）（意大利）

3. 巴黎

巴黎是法国的首都，是法国政治、经济和文化的中心。巴黎是一个生机勃勃、充满活力的都市，是世界上最美丽、最浪漫和最有魅力的城市之一。巴黎，作为一座艺术之城、时尚之都，充满活力、前卫和个性的大都市，是古典高雅与现代时尚完美的结晶。巴黎有2000多年的悠久历史，自6世纪法兰克王国定都于此后，便成为历代王朝都城和历届共和国首都。巴黎位于风光秀丽的塞纳河两岸，一向以美丽而著称，有“梦幻之都”的美誉。在20世纪初期，巴黎即被公认为世界的现代艺术中心，也是人类近代文化的摇篮，养育和造就了许许多多的文学家和艺术家。巴黎既有众多的博物馆、美术馆、美丽的园林、琳琅满目的超级市场和古朴典雅的街区，也有许许多多的豪华百货商店、时髦的时装店、富

◎ 巴黎塞纳河（法国）

丽堂皇的歌剧院、通宵达旦的夜总会以及遍及全城的咖啡馆和酒吧。巴黎的香榭丽舍大街被视为世界上最美丽的林荫大道之一。位于夏尔·戴高乐广场的凯旋门是世界最大的凯旋门。埃菲尔铁塔是巴黎的象征，是世界著名的建筑物之一。巴黎郊区的凡尔赛宫及其园林和枫丹白露宫及其花园作为世界文化遗产先后于1979年和1981年被列入《世界遗产名录》。整个巴黎，不仅自然景色优美宜人，而且到处散发着浓郁的艺术气息，是世界著名的历史文化名城。它那独具匠心的宏伟建筑，令人炫目的文物古迹，无不透出一种华贵、高雅，散发着神奇诱人的魅力。

◎ 埃菲尔铁塔（法国）

4. 哥本哈根

哥本哈根是丹麦王国的首都，位于西兰岛东部海滨，是丹麦的政治、经济、文化和交通中心。哥本哈根是北欧名城，也是世界上最漂亮的首都之一，被称为最具童话色彩的城市。哥本哈根因其丰富的艺术与文化在1996年被评为欧洲文化之都。老城区的古代城堡、尖顶的教堂、花岗石铺成的街道，更为哥本哈根增添了古朴典雅的色调。

丹麦是个充满梦幻色彩的地方，一直都是人们心中最美丽的童话王国。因为《丑小鸭》《卖火柴的小女孩》《海的女儿》《皇帝的新衣》等这些脍炙人口的童话故事，安徒生使丹麦冠上了“童话王国”的美誉。

◎ 哥本哈根美人鱼铜像（丹麦）

丹麦雕刻家爱德华·艾瑞克森根据安徒生童话《海的女儿》铸塑了一座美人鱼铜像。美人鱼铜像坐落在哥本哈根的长堤公园内，高约1.5米，基石直径约1.8米，已成为丹麦的象征。美人鱼雕像从1913年在长堤公园落成已有百年历史。此外，在哥本哈根的市政厅左侧还伫立着一座安徒生的全身铜像。

哥本哈根是一座集古典与现代于一体的城市，充满活力、激情与艺术气息，主要景点有盖费昂喷泉、克里斯蒂安堡宫、阿美琳堡宫、大理石教堂、新码头 、趣伏里公园等。

◎ 哥本哈根盖费昂喷泉（丹麦）

5. 伊斯坦布尔

伊斯坦布尔是一座有着2600多年历史的古城，原名君士坦丁堡，曾是拜占庭帝国、罗马帝国和奥斯曼帝国三朝古都。许多著名的历史遗迹至今还保存完好，有“历史宝库”之称。历史上伊斯坦布尔作为贸易、政治与宗教中心，现为伊斯坦布尔省的首府城市。2600多年来，伊斯坦布尔总是与一些重要的政治、宗教和艺术事件联系在一起。它的杰作包括古代君士坦丁竞技场、6世纪的哈吉亚·索菲亚教堂和16 世纪的苏莱曼清真寺。伊斯坦布尔的清真寺星罗棋布。建于15世纪的托普卡珀皇宫，曾作为奥斯曼帝国苏丹的皇宫长达400多年之久，土耳其共和国成立后改为历史博物馆，以收藏丰富的稀世珍宝、历史文物而闻名于世。特别是宫中珍藏着大量的中国古瓷器和丝织品，更证明了中国和土耳其两国人民源远流长的深厚友谊。

◎ 伊斯坦布尔（土耳其）

伊斯坦布尔是土耳其最大的城市，是世界上唯一横跨欧亚两洲的名城，也是古代丝绸之路的终点。伊斯坦布尔位于博斯普鲁斯海峡两岸。窄窄的海峡把全市一分为二：海峡西岸属欧洲，东岸则属亚洲。如今，这座美丽的古城已成为举世无双的旅游胜地。今天的伊斯坦布尔既是土耳其对外的交通枢纽，也是世界交通上的咽喉要道。这里海、陆、空交通四通八达，不仅联系中东各国，还可达远东、东南亚、非洲、欧洲和美洲的各国。

6. 德里

德里位于印度大平原上的恒河支流亚穆纳河西岸，是印度的第三大城市，由首都新德里和旧都德里组成。德里分新旧两座城市，中间隔着一座德里门，并以著名的拉姆利拉广场为界，广场以南为新德里，广场以北为旧德里。新德里为印度的首都。在历史上，德里

曾是许多王朝的都城。

德里的历史可上溯到3000年前的史诗《摩诃婆罗多》中所称的“因陀罗普罗斯塔城”。公元前100年左右，土邦王德里在此建立城堡，并以自己的名字命名。12世纪末，外来穆斯林征服了印度，开始在德里建都。17世纪中叶，莫卧儿王朝第五代皇帝沙·贾汗沙从阿格拉迁都到此。19世纪中期，英属印度的首都迁至加尔各答。1911年，德里再次被宣布为首都。随即在德里城外的西南开始兴建一座新城并于1931年完工，这就是新德里。1950年1月26日，独立后的印度宣布成立印度共和国，定都新德里。

新旧德里相隔虽只有咫尺之遥，但新旧两城的风格却迥然不同。德里充满着浓厚的宗教气氛，庙宇众多，街道狭窄。古老的德里，留下了许多帝王陵墓。新德里则是另一种风貌，街道宽阔，草坪和绿树、环形大道，环境宜人，住宅区和商业区的布局井然有序，极具现代化风貌。主要景点有红堡、顾特卜塔、胡马雍陵、印度门、总统府、甘地陵、尼赫鲁纪念馆、贾玛清真寺、老堡等。

◎ 顾特卜塔（印度）

◎ 胡马雍陵（印度）

7. 开罗

埃及是世界文明古国，地处欧洲、非洲和亚洲三大洲交界处，是世界驰名的历史文化古城。开罗是埃及的首都，非洲第一大城，是世界上最古老的伊斯兰城市之一。古往今来，已有无数游牧民族、商队、旅行者、军队从这里通过。东西方文化很早便在这里交汇、融合。开罗由于位于连接东西方的交通要道上，历来为兵家必争之地。开罗建城始于公元642年，“开罗”在阿拉伯语中即是“胜利”之意。公元969年阿拉伯帝国法蒂玛王朝征服埃及，将其定为国都。13世纪后，开罗发展成为全国贸易和文化中心。

开罗是一座著名的文化古城，拥有众多的名胜古迹。这里有巍峨的萨拉丁城堡，城堡上建有宏伟的穆罕默德·阿里清真寺，寺院巨大的圆顶和高耸入云的尖塔是开罗的象征。市内的拉美西斯广场中心有古埃及第19王朝法老拉美西斯二世的巨大全身雕像。尼罗河畔的古埃及博物馆以收藏古埃及文物而享誉全世界，共有展品63 000件，其中图坦卡蒙法老的黄金面具、黄金棺材、黄金宝座等尤为珍贵。馆内有埃及历代法老及其后妃们的木乃伊，有的已有3500多年的历史，至今保存完好。件件稀世珍品无不反映了古埃及文明的昌隆与繁盛。

开罗城中现代文明与古老传统并存，西部以现代化建筑为主，具有当代欧美建筑风格，东部则以古老的阿拉伯建筑为主。开罗市内古迹众多，犹如一座阿拉伯建筑艺术博物馆。市内现有250多座各具特色的清真寺。众多高大的宣礼塔使开罗成为“千塔之城”，其中最高的开罗塔，高达187米。

在开罗西南20千米的地方矗立着古代埃及文明的象征——吉萨金字塔和狮身人面像。狮身人面像已经成为开罗的城市标志。

8. *卢克索*

卢克索是埃及中南部城市，位于开罗以南670多千米处的尼罗河畔，坐落在古埃及中王国和新王国的都城底比斯遗址上，古时称底比斯，是中王国和新王国时代的埃及首都。底比斯兴建于中王国第11王朝时期，至今已有4000多年的历史，到了新王国18王朝，底比斯进入鼎盛时期，城市跨尼罗河中游两岸。据说当时的底比斯人口稠密、广厦万千，城门

◎ 埃及国家博物馆（埃及）

就有100座，荷马史诗中把这里称为“百门之都”，是世界上屈指可数的最古老的都城之一。如今的卢克索是世界上最大的露天博物馆之一，有着“宫殿之城”的美誉。尼罗河穿城而过，将其一分为二。由于古埃及人认为人的生命同太阳一样，自东方升起，西方落下，因而在河的东岸是壮丽的神庙和充满活力的居民区，河的西岸则是法老、王后和贵族的陵墓。“生者之城”与“死者之城”隔河相望，形成两个世界永恒的循环。古埃及人认为东方象征着生，西方则意味着死亡。

卢克索是埃及名胜古迹集中的旅游胜地，著名名胜有：卡尔纳克神庙、卢克索神庙、帝王谷、王后谷、哈采普苏特女王神庙等。

◎ 卡尔纳克神庙（埃及）

◎ 卢克索神庙（埃及）

◎ 帝王谷（埃及）

9. 开普敦

开普敦始建于1652年，开普敦是欧裔白人在南非建立的第一座城市，为南非第二大城市，南非立法首都。开普敦以其美丽的自然景观及码头而闻名于世，知名的地标有被誉为“上帝之餐桌”的桌山以及印度洋和大西洋的交汇点——好望角。这座城市历经荷兰、英国、德国、法国等欧洲诸国的统治及殖民，虽然地处非洲，却充满多元欧洲殖民地文化色彩。开普敦集欧洲和非洲人文、自然景观特色于一身，因此名列世界最美丽的都市之一，也是南非最受欢迎的观光都市。由于开普敦曾经被荷兰、英国等统治和殖民的关系，开普敦的建筑都遗留着很浓厚的欧陆风格。开普敦面临大西洋，背靠桌山，这里既有殖民时代的古宅和欧洲古典风格的商业建筑，也有辽阔的荒野、怒放的野花、蔚蓝的天空和美丽的海滩。城市周边著名的景点有桌山、罗本岛、好望角、海豹岛等。

◎ 开普敦（南非）

◎ 好望角（南非）

◎ 海豹岛（南非）

10. 悉尼

悉尼，新南威尔州的首府，位于大洋洲东海岸太平洋之滨。悉尼是澳大利亚最大的城市，人口400多万。它是200多年前英国殖民者在大洋洲建立的第一个定居点，如今已发展成为大洋洲的第一大城市，也是全球最繁华的国际大都市之一。悉尼是国际主要的旅游胜地，悉尼歌剧院和港湾大桥闻名遐迩。悉尼在澳大利亚国民经济中的地位举足轻重，大部分世界知名跨国企业在悉尼都设有分公司或办事机构。2000年，悉尼成功举办了第27届夏季奥林匹克运动会。

当年，阿瑟·菲利浦率领“第一舰队”在此登陆，升起英国国旗，并以英国内务大臣悉尼勋爵的名字命名。如今的悉尼连续多年被评为“全球最佳旅游城市”，被誉为世界上最适宜居住的城市之一。

悉尼拥有被誉为是当今世界建筑艺术经典的悉尼歌剧院、悉尼塔和港湾大桥。悉尼歌剧院是悉尼的标志，是全世界著名的现代化表演艺术中心。悉尼港湾大桥屹立在悉尼歌剧院的西面，是连接悉尼南北两岸的重要桥梁。悉尼塔是市区全景的最佳观赏点，它位于海德公园和维多利亚女王大厦之间，塔高304.8米。位于悉尼市中心的海德公园始建于1810年，已有200多年的历史，那里有大片洁净的草坪，百年以上的参天大树，是休闲的好去处。悉尼拥有本地的音乐与剧场团体，包括悉尼交响乐团、悉尼戏剧团及悉尼舞蹈团。不论购物、饮食、娱乐、艺术，悉尼都是最富活力的城市。

◎ 悉尼（澳大利亚）

◎ 悉尼歌剧院和港湾大桥（澳大利亚）

三、现代都城

巴西利亚

巴西利亚作为世界文化遗产于1987年被列入《世界文化遗产名录》。

巴西利亚位于戈亚斯州高原上，始建于1956年。作为首都，巴西利亚是巴西的行政中心。巴西历史上曾有两个城市作为首都，即萨尔瓦多和里约热内卢，它们都是沿海城市。由于历史的原因，巴西的城市和工业多集中于沿海地区，人口过于密集，建立巴西利亚的目的是为了更好地开发和管理巴西的内陆地区，带动经济的发展。1956年，巴西总统库贝切克决定在戈亚斯州高原上建立新首都，1960年4月21日，巴西人迎来了新首都的落成典礼。

巴西利亚的设计非常有特色，整个城市建筑布局看上去就像一只飞翔的鸟。“鸟头”是由政府宫、国会、最高法院组成的三权广场。“鸟身”是政府各部门办公大楼、大教堂、公园、商业中心等建筑。“两翼”是平坦宽阔的立体公路，路两旁是居民区和商业网点。“鸟尾”主要是工业区和服务性行业区。巴西城市设计师卢西奥·科斯塔设计了新首都的城市规划方案。一些主要政府建筑物是由巴西建筑师奥斯卡·尼迈尔设计的。景观设计师罗伯托·马克斯则将这座新城市点缀得多姿多彩。

巴西利亚这座现代都市不见古迹遗址，也没有大都市的繁华，但其充满现代理念的城市格局、构思新颖别致的建筑以及寓意丰富的艺术雕塑，使它闻名于世。巴西利亚是一座具有现代建筑特色的现代化城市，城市的设计和规划充分体现了人类的创新精神和丰富的想象力，堪称现代城市建设的典范。

思考与练习

第五章　旅游艺术文化

艺术是人类创造的宝贵的精神财富，它能够陶冶人的情操，净化人的心灵，鼓舞人的精神。旅游资源中包含大量的艺术形式，这些艺术形式既包括静态的绘画、雕塑艺术，还有民歌、曲艺、戏曲、器乐曲和歌舞等动态的演出。应该说旅游既是一种艺术欣赏活动，也是一个充满艺术性和审美乐趣的过程。本章通过对上述旅游艺术文化的介绍，以中国的艺术形式为主，西方艺术形式为扩充，希望可以培养和提升读者的旅游艺术审美意识，更好地体会东西方旅游艺术文化的独特魅力。

本章视频

第一节　绘画艺术

所谓绘画艺术，是一门在二维空间（即平面）内运用色彩、线条和块面等手段，创作个性化形象以反映现实图景，表达人的审美情感的艺术形式。绘画的分类，从大的方面可分为中国画和西洋画。

一、中国画绘画史概述

中国画简称“国画”，属于东方绘画体系，具有鲜明的中华民族特色。中国画的历史十分悠久。1921年在河南仰韶村发现的彩色陶器上的纹样和装饰，是迄今为止发现的我们祖先最早的绘画艺术，被称为“仰韶文化”，距今6000多年。春秋战国时代（前770—前221），我国绘画已经达到了一定的水平。中华人民共和国成立后，在湖南长沙楚墓和马王堆汉墓中先后发现了两幅战国时期的帛画（我国古代画在丝织物上的图画）《人物夔凤图》和《人物御龙图》就能体现当时绘画的艺术水平。

秦汉时期的绘画艺术包括宫殿壁画、墓室壁画、帛画、工艺品绘画和画像石及画像砖。秦代咸阳宫壁画是中国目前保存完整的最早的宫殿壁画。两汉时期的绘画以墓室壁画和帛画最具代表性，如形式多样内容丰富的河南、河北、内蒙古的墓室壁画。汉代帛画以山东银雀山和湖南马王堆出土的最为精彩。汉代画像石和画像砖形象丰富，其中尤以山东、河南、四川三地的最具特色。到汉代，随着经济的繁荣，文化艺术也得到进一步发展。人物画首先发展起来；随着佛教的传入，印度佛教绘画也传入了中国。

三国、两晋及南北朝时期，印度佛教艺术在我国广泛传播，出现了大量宣传佛教教义的壁画，敦煌莫高窟、甘肃天水麦积山石窟等地的壁画显示了当时时代的绘画水平。

隋唐时期，我国文化艺术出现了全面繁荣的局面。到了唐代，人物画进入其创作的高峰期，阎立本的《步辇图》、吴道子的《送子天王图》、张萱的《虢国夫人游春图》、周昉的《簪花仕女图》均为绝代佳作。而山水、花鸟也开始作为独立的画科发展起来。尤其是山水画形成了各种不同的风格和流派，例如，以李思训为代表的“青绿山水”、以王维为代表的“水墨山水”、以王洽为代表的“泼墨山水”。

到了五代，山水画以荆浩、关仝、董源、巨然为代表。花鸟画以黄筌和徐熙为代表。宋代更是山水画和花鸟画蓬勃发展的一个时期。宋代将绘画以“画学”之名纳入科举，形成了以典雅、精工为特色的院体画风。山水画十分强调师法造化，出现了号称“南宋四家”的李唐、夏圭、马远和刘松年。宋代文人画比较强调神似和意趣，以苏轼、米氏父子（米芾、米友仁）为代表。宋代最负盛名的画家是张择端，他创作了闻名中外的《清明上河图》长卷风俗画。

元代推行民族歧视政策，废除科举制度，汉族士大夫难以施展政治抱负，便寄情于诗文书画。这一时期，山水画、花鸟画、人物画都相对兴盛，并且出现了众多著名的画家。元代绘画重视主观趣味和笔墨风格的表现，讲究诗、书、画三者的结合，成为继宋代以来中国绘画的又一高峰。

明代初期，画坛主要以崇尚宋代院体画风和浙派为主。中期以后，苏州成为江南的经济和文化中心，浓郁的复古文化风尚促成了吴门画派的崛起，出现了成就卓著的以沈周、文徵明、唐寅、仇英为主的吴门四家。明代后期，山水、花鸟、人物都有长足进步，产生了众多画风与画派。

清代的主要画派有“四王”（王时敏、王鉴、王翚和王原祁），“金陵八家”和“扬州八怪”。其中“扬州八怪”的创作对近代中国写意花鸟画的影响最大。

20世纪堪称中国画大师的人物首推齐白石、黄宾虹和潘天寿。他们的共同之处在于根植于传统而不忘创新，上承古代文人画，集文化修养与生命体验为一体，结合了自己的审美体验与时代精神，把中国绘画推向了现代。

二、中国绘画的分类

中国画的种类较多，可从不同的角度去进行分类。

1. 创作思想及审美情趣（或功用）

按照创作思想及审美情趣（或功用）进行分类，可以分为文人画、宫廷绘画和民间绘画。

（1）文人画：中国画的主流。这种体现文人审美情趣的画风，主要着意体现抽象美，追求“神似”；其题材主要是一些优雅淡泊的云烟山景、枯木竹石、兰菊水仙，用墨清淡，画风自然。

（2）宫廷绘画：即院体画。这种画风代表了皇家显贵的审美趣味，主要体现“具象美”，追求“形似”，风格工致、典雅；其题材主要是珍禽异兽、牡丹红梅之类，大多形态纤丽、色彩浓艳。

（3）民间绘画：朴质无华，洋溢着浓烈的乡土气息和生活情趣。

2. 表现对象

按照表现对象即创作题材进行分类，可将中国画分为山水画（居主体地位）、花鸟画、人物画等。

3. 表现手法（笔法）

按照表现手法（笔法）进行分类，可以分为工笔画和写意画（居主体地位）、半工写等。

4. 绘画原料与基本技法

按照绘画原料与基本技法进行分类，则可分为水墨画、设色画等。

三、旅游中的绘画艺术

在我国，旅游与绘画紧密相连，绘画已成为旅游的重要资源。绘画作品、绘画景观已成为旅游景观中最具魅力的内容之一。

1. 卷轴画

卷轴画泛指用纸（主要是宣纸）或绢画成后，经装裱而成的中国画，是中国画最典型的款式，它既可以作为专项绘画展览向游客展示，也可以作为景点厅堂的重要饰品。

凡综合性的博物馆，都以名人绘画作为镇馆之宝，如故宫博物院的绘画馆，以皇极殿西庑房为馆址，展出了我国自唐代以来的书法绘画精品，如唐代阎立本的《步辇图》，是流传下来最早的一幅反映我国各族人民要求统一团结意愿的重要画卷，描绘了贞观十五年（642年）唐太宗接见吐蕃使者禄东赞迎文成公主入藏时的情景。唐太宗的威严、禄东赞的精干恭敬、礼官的肃穆、宫女的顾盼，画面气氛亲切融洽，画风明朗洗练，借通婚反映出中国各民族之间血肉相连的历史。其他如五代黄筌的《写生珍禽图》，宋代郭熙的《窠石平远图》、张择端的《清明上河图》，元代钱选的《山居图》、王冕的《梅花图》等都是弥足珍贵的艺术品，以其历史价值、文物价值、艺术价值吸引海内外游人。而像中国美术馆、荣宝斋、上海书画社、杭州西泠印社等都有数千种乃至数万种绘画作品。

卷轴画还常见于我国古典园林室内厅堂的装饰，决定着厅堂的品位，表现厅堂主人的喜好志趣，比如，山东曲阜孔府有大量的名贵字画，多为历代名家的手迹和书画珍品，其

中最名贵的为元代大书画家赵孟頫的《孔子像》和《三圣徒》。

2. 壁画

壁画即在墙上所作的画。我国现存的古代壁画有寺观壁画、石窟壁画、墓室壁画等，大多为重要的文物保护单位和旅游景点。其中最著名者有敦煌壁画、永乐宫壁画、新疆克孜尔石窟壁画、西藏佛教壁画、北京法海寺明代壁画和大量的汉代墓室壁画等。

3. 工艺绘画

工艺绘画是一种实用性工艺美术，即利用特殊材料和特殊手法创作的绘画。中国的工艺绘画起源于新石器时代的彩陶纹饰，后来逐渐发展为独立的纯欣赏性的艺术。首先，工艺绘画注重利用材料的美。例如，清代安徽芜湖人汤天池发明的铁画即以铁打成线条，焊接成画，发挥了铁条凝重浑朴、坚实刚劲，乃至铁锈的古朴苍劲之美，成为闻名遐迩的特殊绘画形式；再如蝴蝶画，显示了蝴蝶本身的五彩缤纷的美感效果。其次，工艺绘画注重特种技术之美。例如，火画，体现了火烫木板所产生的焦色之美；漆画，显示了油漆工艺技术之美；剪纸展现了剪刻技术之美等。最后，工艺绘画也具有地方特色和民族民间特色，体现了中国画的多种风姿和民族文化的丰富多彩，使旅游者的猎奇心理得到满足，并增长其见识，开阔其眼界，使其得到一种奇妙的美感享受。

四、中西绘画艺术风格比较

1. 审美追求

在绘画的艺术追求上，中国画注重“神似”，讲究“妙在似与不似之间”（画人则画其神采，画山则取山之气势，画花、鸟、虫、鱼则画其生机），尚意，重表现与情感，重象征与共性，表现手法较传统；西方绘画注重“形似”，讲究比例、结构的科学性，强调写实、具象（如画人物须毫发毕现，人体肌肤或柔嫩光洁或刚强健美），尚形，重再现与理性，重情趣与个性，表现手法新奇。

2. 绘画语言

（1）造型手段：中国绘画以线条造型为主，以书法为缘（追求意境和用笔）。西方绘画以块、面造型为主，与建筑为缘（追求空间感与立体感），着力表现物象的“力量感”“体积感”和“光影”“透视”效果。

（2）用色：中国绘画用色较单纯，以墨色为主（如水墨画）。中国画的最高境界是“无色如有色”“有色如无色”。西方绘画用色复杂调和，注意光色变化（如油画在色彩、色调表现上具有很强的优势）。欣赏油画就是欣赏色彩世界。“近看鬼打架，远看一幅画”，是西方油画运用色彩的妙处。

（3）透视方法：中国绘画主要采用散点透视。如三远法，即高远、深远、平远，不

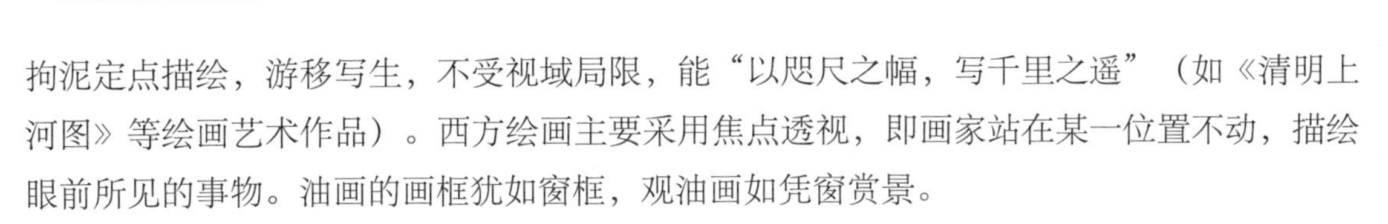

拘泥定点描绘，游移写生，不受视域局限，能“以咫尺之幅，写千里之遥”（如《清明上河图》等绘画艺术作品）。西方绘画主要采用焦点透视，即画家站在某一位置不动，描绘眼前所见的事物。油画的画框犹如窗框，观油画如凭窗赏景。

3. 构图或章法布局

中国绘画的画面比较空灵和单纯，计白当黑，融诗、书、画、印于一体。

西方绘画的画面比较充实，在画面上全部绘图着色。

4. 绘画题材

中国绘画以自然山水、花鸟虫鱼、文人仕女较多，有绘画艺术发源于山水之说。

西方绘画以宗教、神话、田园风光、静物画（“厨房画”）、裸体人物较多，有绘画艺术发源于女人之说。

五、精品赏析

1. 张择端《清明上河图》

《清明上河图》代表了宋代风俗画发展的极高水平。张择端，字正道，东武人，是活跃于北宋后期的一位有独特造诣的画家，一度在宫廷画院任职，后来又在社会上卖画。除传世作品《清明上河图》外，他还画有取材于汴京城西金明池（又名“西湖”）举行龙舟竞赛水上表演盛况的《西湖争标图》。

《清明上河图》，绢本，墨笔淡着色，长527.81厘米，宽25厘米，全卷以全景式构图及严谨精细的笔法，展现出北宋都城汴河沿岸及东角门里市区清明节的风貌。画面分为三个段落，第一段描述了汴京郊区农村景象，树林、淡雾、茅舍、驮炭的毛驴车队，表现出中原地区早春的氛围。往前则是萌芽的柳林，交错的乡间小路，扫墓归来的人群，点出了“清明”。中段画面描述了汴河中往来穿梭的船只，吃力前行的纤夫，河上木制“虹桥”上熙攘拥挤的人群、车辆。最后一段描画了市区街道，街上车马行人，男女老幼，三教九流摩肩接踵，两边酒楼店铺百肆杂陈，好一个“百家技艺向春售，千里农商喧日昼”的景象。

《清明上河图》善于选取和描绘一些戏剧性情节，如船只过桥时船夫的紧张劳动吸引桥上和两岸看热闹的群众，以致造成桥面上的交通阻塞，骑马的人和乘轿的人争道，互不相让，赶驴的人慌忙躲闪，几乎把牲口赶到一侧的货摊之上。作者运用通俗写实的手法，艺术地再现了宋代城市社会生活的各个方面，它不仅是一幅杰出的绘画艺术作品，而且具有高度的历史文献价值。

2. 达·芬奇《最后的晚餐》

达·芬奇（1452—1519），出生于佛罗伦萨地区的一个村庄里，后来到佛罗伦萨拜画家兼雕刻家安德烈亚·韦罗基奥为师。在这样一个名士的手下当学徒，达·芬奇无疑学到了许多宝贵的东西。他通过画裸体或穿衣服的人体，来精细地掌握人体比例和结构；他还学到了画植物、动物的方法；他在透视法、光和色的运用方面，进行了严格的观察和训练。达·芬奇在建筑、绘画、机械设计和哲学方面取得了非凡成就，并且在飞行器、解剖、植物学等方面的非凡设想更令世人觉得不可思议。

达·芬奇流传下来的最有名的作品，第一件就是他画在米兰的圣母玛利亚感恩教堂的壁画《最后的晚餐》，该画已于1980年被列入《世界遗产名录》。由于这幅壁画没有被保护好，现在已经损坏了许多。画面里耶稣和他的12个门徒在一起，他告诉门徒们说："我实在告诉你们，你们中间有一个人出卖了我。"12个门徒都很忧愁，一个个问："主，是我吗？"这是一个极富戏剧性的时刻。耶稣自己知道是谁出卖了他，当然真正出卖他的那位门徒犹大也心知肚明，但其他门徒不知道。于是，门徒们就开始交头接耳，相互验证。在处理这个戏剧性事件上，达·芬奇显示了他非凡、高超的构图能力。他让耶稣居于画幅中央，两边是门徒。不过，达·芬奇不是让这些门徒像我们今天开会一样，正襟危坐在那里。达·芬奇让这些门徒以3人一组，分成了4组群像：有的疑惑，有的吃惊，有的急于表白自己，有的则显得愤怒，只有犹大（耶稣右边第2个）不动声色，既不做表白，也没有手势和询问，其面部整个处于较强的阴影中。而耶稣本人则显得平静而若有所思，仿佛他已经知道了自己的命运，这使他的中心地位显得更为突出。其他11个门徒的表情、神态，都与耶稣的平静形成了鲜明的对比。

显然，达·芬奇不仅是要画出《圣经》中动人的故事，而且是要追求一种前所未有的真实。他不仅是把这些人物作为圣徒来画，更是要将其画成有血有肉、有情感的人。每个人的姿态、神情都各不相同，构成了一幅既富动态，又秩序井然；既突出戏剧性瞬间，又无丝毫紊乱的画面。这正是文艺复兴时期的新的美学。据说，达·芬奇画这幅画时经常爬上脚手架，以挑剔的眼光打量自己已经画出的部分，很久才能画出一笔。整幅画可以说是达·芬奇经过不断沉思、不断寻求画面自身逻辑产生的结果。现在，即使岁月流逝已经使画面大受损伤，但《最后的晚餐》仍是人类天才所创作的伟大奇迹之一。

◎ 罗浮宫展品《蒙娜丽莎》（法国）

同《最后的晚餐》同样出名的一幅达·芬奇的画作就是作为罗浮宫博物馆镇馆三宝之一的《蒙娜丽莎》。这位佛罗伦萨的贵夫人一直以她那神秘的微笑吸引着人们的视线。她的微笑中包含着说不尽的韵味。当你注视她时，你会发现不是你在看她，而是

她在看你，看所有在看她的人，这时她的目光既有女性的温柔，又有圣洁的冷静；既有宽容，又充满嘲讽；既诱惑你，又拒绝你。这种效果的产生是因为达·芬奇在刻画她的嘴角和眼角时采用了“渐隐法”，运用阴影创造了蒙娜丽莎那神秘的、高深莫测的微笑。这位贵夫人神秘的微笑每年都能吸引成千上万来自世界各地的“仰慕者”到法国罗浮宫来一睹她的芳容。

第二节　雕塑艺术

一、雕塑概观

雕塑是艺术家为反映现实生活和表达自己的审美感受、审美理想，利用可雕、可刻或可塑的物质材料（通常用大理石、花岗岩、石灰石、木料、黏土等）塑造出占有三维空间的可视、可触的艺术形象的一种造型艺术。雕与塑是雕塑最基本的两种制作手段。雕，突出一个“减”字，就是把坚固的大块材料（如木、石、金属等）用刻、削、凿等方法将不需要的部分去除。法国著名雕刻大师罗丹说过：“雕刻是怎样的呢？你拿起斧头来，把不要的东西统统砍去就是了。”然而塑，则强调一个“加”字，就是通过对可塑性材料（如黏土、蜡等）用堆积、揉捏等方式，形成所要的艺术形象。除了雕和塑外，还有铸造和集合等方法。

雕塑三度空间的实体性，可使人直接了解形象处于空间中的具体性、可信性，而且随着欣赏者视角与距离的变换，美的感受（如立体感、质量感、力度感、动感等）也是不一样的，也正是由于雕塑是实体的缘故，观赏者甚至可以通过触摸直接去感知作品，或光滑或粗糙，或柔和或坚硬的质感，以及体面转折变化的韵律，让人产生强烈的感受。这既是雕塑艺术的特点，也是它的优点，这种特点或优点是具有二度空间的绘画艺术所难以企及的。正因为如此，雕塑才被称为“最忠实于自然的、表现精神的方式”。

二、雕塑的形式（分类）

雕塑具有多种形式，一般可分为圆雕和浮雕两种。

1. 圆雕

圆雕是最常见的一种雕塑类型，是指那些不附着在任何背景上、独立存在的、观众可以从作品的上下左右各个角度进行观赏、具有三维空间的雕塑。根据圆雕放置场合的不同，又可分为架上雕塑和室外雕塑两类。架上雕塑一般体积较小，便于用各种材料制作。其表现形式多种多样，常见的有头像、胸像、全身像、群像以及动物像等。说到杰出的全身像圆雕作品，我们很容易想到那尊精美绝伦的《米洛的维纳斯》，它体现着女性的完美形体，显示着一种人性之美。室外雕塑一般放置在宽广、开放的空间里，与建筑、风景等

自然环境相互配合、协调，相映生辉。例如，在丹麦首都哥本哈根的海滨公园里，在礁石上坐着的对爱坚定而执着的《美人鱼》铜像。又如，坐落在纽约港伯德罗埃岛上的美利坚民族的象征——《自由女神》像。女神头戴花冠，身穿长裙，右手高擎象征自由的火炬，左手紧握象征美国《独立宣言》的书板。雕像高46米，连台座共高93米，也成为世界各地的游客来到纽约不会错过的一个旅游景点。

2. 浮雕

浮雕是介于雕塑和绘画之间的一种雕塑形式，它是缩小了对象的第三维（深度或厚度），在平面上形成隆起的形象。浮雕只能从一个方向欣赏，立体性差一些，却极富表现力。因为有背景的依托，所以可以表现一些错综复杂的场景，适合于表现有情节性的群众场面，常用在大型建筑物的重要部位。

根据浮雕表面凸起的高度不同，它通常又分为高浮雕和浅浮雕两种。一般来说，压缩后形体凹凸在圆雕二分之一以上的称为高浮雕。例如，法国雕塑家吕德为巴黎的凯旋门制作的《出征》和我们熟悉的天安门广场的《人民英雄纪念碑》都是高浮雕。浅浮雕趋于平面化表现，更近于绘画，例如，希腊帕提侬神庙那组沿建筑四周分布的浮雕《向雅典娜献新衣》就是浅浮雕。

三、我国雕塑史概述

我国雕塑的发展可大致分为孕育、发展、成熟、高潮、衰落和再发展几个阶段。原始时代和商周是中国雕塑孕育发生时期；秦汉与南北朝是我国雕塑发展并渐趋成熟的时期，形成了我国雕塑史上的第一个高峰；唐宋则标志着我国雕塑的鼎盛时期；元明清，我国雕塑走向衰落。中华人民共和国的成立又引来了我国雕塑的新发展。

最早的雕塑并不是一个独立的艺术门类，而是附属于实用工艺，如陶器、玉器、青铜器等。在原始雕塑中，陶塑（即利用黏土的黏附性和可塑性，加工成形后经火烧制而成的塑作）最常见。它们造型丰富、纹饰多样，既是生活必需日用器皿，也是可以欣赏的艺术品。比如，我国新石器时代晚期遗址中出土的大量兽形陶器，如陶猪、陶狗、陶羊、陶鸡、陶鸭等。商代的青铜艺术品是我国工艺雕刻中的珍品，青铜艺术始于夏，兴于商周，整体上凝重威严、雄健奇伟，在细部上则细致精美、华贵神秘。比如，湖南醴陵出土的青铜象尊，外形如一头大象，而在象的全身雕饰有精细的云雷纹、饕餮纹，在其头部、鼻端雕饰有小动物。由此可见，青铜文化从一开始就注重写实和写意的结合，即实用和艺术的糅合。随着人类文明的进步，雕塑艺术逐渐成为独立的艺术门类，秦汉时期，我国古代雕塑艺术大放光彩，尤其是陵墓雕塑，如秦始皇陵的兵马俑以及西汉霍去病陵前的大型石雕，无不反映出秦汉时我国雕塑艺术的繁荣。

南北朝时期，随着佛教在中国的广泛传布，洞窟造像艺术风靡一时，在敦煌、麦积山、云冈、龙门等地陆续兴建的石窟佛像雕塑，无论是形制之大，数量之多，还是造型之精美都使后人叹为观止。

唐代雕塑艺术更加成熟，且呈现出三个方向，一是帝王陵墓前的大型石雕，陕西关中一带18个帝王陵墓前都有大量石雕，包括侍臣、鞍马、狮、虎、朱雀，有唐代露天石刻博物馆之称；二是以山为材造佛像，如我国古代最大佛像——四川乐山大佛；三是形象优美的陶俑，尤其是“唐三彩”俑，精致优美。

唐代以后，佛教造像仍在延续，石窟造像渐少，寺庙造像方兴未艾，其鲜明的时代风格从南北朝的骨相清瘦的悲苦形象发展为唐代体型丰满，面目安详的盛世形象。自宋以后宗教进一步世俗化，尤其是观音和罗汉像的造型，比例适度，容颜端丽俊秀，表情丰富，成为有淡淡宗教观念浓浓世俗趣味的欣赏品。宋代雕塑的特点就是过分世俗化，以致严重地削弱了雕塑艺术所应有的纪念性、恒久性。但是任何事物都有它的两面性，作为雕塑艺术众多分支的一种——民间工艺雕刻艺术，却由于世俗化而得以大力弘扬，像现代的泥、面、糖等彩塑，石、玉、牙、骨、竹等雕刻，以及金工、漆雕等技艺。

◎ 故宫博物院展品兵马俑（中国）

◎ 故宫博物院展品三彩骆驼（中国）

明清是我国封建社会日趋衰落的时代，也是传统雕塑衰落的时代。虽然宫廷、寺庙、道观、陵墓等有官府直接主持建造，其雄厚的经济背景，发达的技术水平，使此类雕塑规模大，用料精，制作细，数量众多，但总体艺术水平则不高，程式化、藻饰化痕迹明显，缺乏创造性和内在生命力，失去了汉唐雄浑壮阔的气魄。不过，这一时期的手工艺雕塑和建筑装饰性雕塑却是大放异彩。民间小型雕塑在宋元就有蓬勃发展的势头。到了明清，更成为封建社会后期雕塑艺术中最有生命力、最有成就的部分。其中，具有代表性的作品都产生于民间，如苏州、无锡、天津的泥塑，德化的瓷塑，广东石湾的陶塑，扬州和苏州的玉雕，福建、浙江、广东一带的木雕等。

进入20世纪以后，我国的雕塑艺术从本质上发生了变化。真正意义上的造型艺术家开始产生，而不再由工匠来完成创作。中华人民共和国成立以后，雕塑艺术得以蓬勃发展，出现了一批卓有成就的雕塑家，如滑田友、王朝闻、刘开渠等。在中西方文化交往中，西方雕塑观念和技巧对中国雕塑产生强大冲击，并很快占据了主流地位。我国现代雕塑以“为社会、为人生”为主旨，出现了大量优秀的雕塑佳作，如由现代著名雕塑家滑田友创作的人民英雄纪念碑浮雕《五四运动》。

四、西方雕塑史概述

古埃及的雕塑艺术大约始于公元前4000年，受古代神话和宗教信仰的支配，其雕塑艺术在创作中严格遵守“正面律”。古埃及人相信，活着是暂时的，死后人的灵魂却可以获得永恒。为了使灵魂在冥界也像在人世间一样，古埃及人制作与人酷似的雕像。这在客观上促进了古埃及雕刻艺术的发展。

古希腊雕塑的题材主要取材于神话和体育竞技，所表现的形象多是美化了的人体。古希腊人认为人体的美不在于衣着或装饰品，而在于其自身的健美。因此，古希腊的运动员可以毫不介意地裸体参赛，比赛中的优胜者，往往是身体最健壮、形体最健美的人。雕塑家也喜欢表现运动中的各种姿态，如米隆的作品《掷铁饼者》，成功地表现了运动员弯腰转身用力掷出铁饼的瞬间。罗马雕塑成就的代表是肖像雕刻，比较注重对人物个性的刻画，2世纪下半叶，罗马开始盛行“情绪肖像”，情绪肖像加强表情的生动性，着力表现人物的内在感情和心理状态。除此以外，罗马人还在建筑、广场、纪念柱等上面雕刻了许多圆雕和浮雕。

欧洲中世纪的雕塑主要是为基督教服务，雕塑艺术放弃了古希腊罗马时期惯用的写实主义与自然主义风格，因而技法显得生涩僵硬。雕塑的主角都是清一色的《圣经》中的人物，雕塑的目的不过是让不识字的人看懂《圣经》。文艺复兴时期西方的雕塑艺术人才辈出，主要集中在佛罗伦萨。首发雕刻之声的是多那太罗，他是文艺复兴早期杰出的现实主义雕刻大师，善于从古典雕塑中汲取营养并突破传统，成为雕塑领域的革新者，代表作是《大卫》（第二件）、《加太梅拉达》等。

米开朗琪罗是文艺复兴时期伟大的雕刻家，他的出现标志着文艺复兴时期的雕刻艺术达到了最高峰，其代表作有《哀悼基督》《大卫》《摩西》《被缚的奴隶》《垂死的奴隶》。其作品《大卫》即是他风格成熟并最为世人所熟知的标志性雕塑。大卫是《圣经》中犹太民族的一个少年牧童，他因在抵御非利士人入侵时用投石器杀死了巨人哥利亚而被尊为英雄。雕像中的大卫被米开朗琪罗塑造成了一位处于备战状态的战士。他的头偏向左侧，眼睛怒视前方，左手扶着肩上的投石器，身上的每一块肌肉饱满紧绷、充满力量。该作品的创作处于文艺复兴的鼎盛时期，人们开始重新从自我身上强烈地感受到人之为人的力量与尊严。《大卫》就是这一时代精神的体现。

18—19世纪，法国成为欧洲艺术发展的中心，涌现了大批伟大的雕刻家，创作了许多不朽的作品。其杰出代表有乌东、吕德、罗丹。乌丹善于刻画眼睛和瞳孔，作品有《莫里哀像》《卢梭像》《伏尔泰坐像》。吕德是一位浪漫主义雕塑家，作品有《玩乌龟的那不勒斯渔童》《出征》。声誉最高、影响最大的是罗丹，代表作有《思想者》《思》《巴尔扎克像》。

20世纪世界雕塑艺术流派纷呈，归纳起来可分为两大体系：现实主义和现代主义（现代派）。现实主义雕塑从内容、形式到表现手法都有所改变，代表人物有穆希娜、夏达尔、符切基奇。现代主义雕塑的表现形式多种多样，有的是各类材料的不规则堆积，有的通过夸张变形表现自我，有的以几何体构成，但它们也有一些共同的特点：反具象、反写实，否定内容对形式的决定作用，其代表是亨利·摩尔。20世纪60年代后，抽象雕塑遍及欧美国家的广场、公园和十字街头。

五、中西雕塑文化比较

1. 审美追求

中国雕塑：追求神韵美（注重“神韵”，妙在“似与不似之间”）；突出共性（求同）；在重视美与善结合的同时更关注雕塑艺术的教化功能。

西方雕塑：追求自然模仿美（注重“形似”，对人体雕塑特别强调形体解剖学意义上的结构准确）；突出个性（求异）；在重视美与真结合的同时更关注雕塑艺术的认识作用。

2. 雕塑材料

中国雕塑：材料丰富多样，以泥土、木材、花岗岩居多。

西方雕塑：材料比较多样，以青铜、大理石等为主。

3. 雕塑技法

中国雕塑：重塑轻雕。

西方雕塑：重雕轻塑。

4. 题材样式

中国雕塑：权势、尊严、神圣的象征，多宗教（佛像为主）、英雄、名人雕塑，庄重意味浓。

西方雕塑：自由、爱情、战斗等抽象观念的体现，多人体雕塑（人体美），娱乐意味重。

5. 形体刻画

中国雕塑：人物塑像以直立式、端坐式为主，表情变化少（静态美）；强调人首而虚化人体。

西方雕塑：人物塑像以运动形式为主，表情丰富（动态美）；强调人体而虚化人首。

6. 艺术技巧

中国雕塑：一面（正面像为主）造型为主，讲究装饰性及色彩的运用（与泥塑等有关）。

西方雕塑：多面造型（如《掷铁饼者》），讲究绘画性及光的效用。

六、旅游中的雕塑

我国的雕塑从题材上可分为佛像雕塑、建筑雕塑、工艺雕塑、陵墓雕塑等。迄今遗留在地上、地下以及收藏在全国各地博物馆中的雕塑艺术宝藏极其丰富，其中被列入《世界遗产名录》的雕塑艺术品就有敦煌莫高窟、秦始皇陵兵马俑、乐山大佛、大足石刻、龙门石窟和云冈石窟。

1. 佛像雕塑

佛像雕塑主要有石窟造像、山陵造像、殿堂造像。全国现存的大型石窟群不下百余处。如甘肃敦煌莫高窟，全长1618米，至今留有492个石窟，保存有2000尊以上千姿百态的塑像，最大的有33米高，最小的仅十几厘米。我们仅取建于唐代的最具代表性而且保存也较为完整的45窟来做一简单介绍。

莫高窟45窟，龛高1.92米，采用盛唐流行的一铺九尊式。彩塑件件优美而且与四周的壁画交相辉映，产生了明丽绚烂的视觉效果，其中的《彩塑菩萨像》，身体呈“S”形曲线，头、胸、胯三部分错落有致，体态丰腴婀娜，身姿优美动人。头梳高髻，弯眉细目，面孔圆润，臂膊丰润，袒上身，披璎珞，下着彩裙，衣纹流畅，造像清新秀丽，气度娴雅，神情圣洁清纯，庄严中更多几分舒缓自在。雕塑家对塑像作了一定世俗化的处理，使菩萨看来亲切可人，从而缩短了神与人之间的距离。

除石窟造像外，还有利用整座山雕凿而成的巨大佛像。四川乐山大佛处于南岷江东岸、凌云山西壁，面临大江，依凌云山栖鸾峰断崖凿成，头与山齐，脚踏大江，通高71米，肩宽24米，头高14.7米，眼长3.3米，耳长7米，耳孔可并立二人，是世界上最大的石刻佛像，俗谓“山是一尊佛，佛是一座山”。

寺庙佛像在我国到处皆是，尤其是四大佛教圣地都是不同菩萨的道场，有众多佛像，艺术价值极高。

2. 建筑雕塑

明清以后，园林建筑雕塑逐渐兴盛起来。窗门、隔扇、梁柱、斗拱的木雕，门前石狮，屋脊殿角的走兽，碑座桥梁，宝塔的石雕，门楼山墙的砖雕，都表现出极高的工艺水平。

3. 陵墓雕刻

在陵墓前雕刻是中国古代帝王和王公贵族盛行厚葬的表现，从秦汉以来一般都设有石碑、石阙、墓表、石人、石兽。现在比较典型而具艺术性的陵墓雕刻有：汉朝霍去病墓雕刻、南朝帝王墓雕刻以及唐乾陵雕刻和《昭陵六骏》雕刻。

《昭陵六骏》是唐太宗李世民为纪念自己骑过的六匹战马而命人制作的六块石屏式浮雕，它们分别是《飒露紫》《拳毛䯄》《白蹄乌》《特勒骠》《青骓》和《什伐赤》。浮雕高约2.5米，石板厚0.33米，作于公元636年。据说是由优秀雕刻师根据宫廷画家阎立本所绘的图形制成。这六匹战马，比真马略小，姿态各异，有的巍然屹立，有的款步徐行，有的腾空疾跃。雕像不仅出神入化地表现出它们各自不同的动态神情，还展示出它们共有的雄健骏朗的外形，以及坚强刚毅、勇往直前的气势。关于《飒露紫》，据《唐书》记载：公元621年，在攻打王世充的战役中，李世民带领小队人马前去探测敌军虚实，结果被发现，小队人马被冲散，飒露紫中箭。眼见情势紧急，邱行恭立即给李世民让马，并回身射退敌军，趁这个机会给飒露紫拔箭。作品中的飒露紫失去了战斗中的彪悍骁勇，后腿微曲，仿佛全身都因疼痛而发抖。人的专注和马的体态，营造了一种紧张的气氛，十分传神。

《昭陵六骏》是我国雕塑艺术的精品，可惜其中的《飒露紫》和《拳毛䯄》两块已于1914年流失海外，现藏于美国费城宾夕法尼亚大学博物馆。剩下的四骏也曾被盗，但被陕西人民拦截下来，现存于陕西省博物馆，已被锯成几块，损坏严重。

七、西方雕塑精品赏析

罗浮宫还有两位著名的女性，就是《米洛的维纳斯》和《胜利女神》。

《米洛的维纳斯》也许是世界上最为人们所熟知的雕塑作品，自1800年在希腊的米洛岛上被发现以来，它一直是文人墨客、达官显贵以至平民百姓心醉神往的目标。古希腊罗

◎ 罗浮宫展品《米洛的维纳斯》（法国）

◎ 罗浮宫展品《胜利女神》（法国）

马神话中的维纳斯，是主管爱与美的女神，在西方文化传统中享有极高的地位。而《米洛的维纳斯》这尊雕像在西方雕塑史上也享有同样至高无上的地位。

这尊雕像中的维纳斯面部具有希腊妇女的典型特征，直挺的鼻子、椭圆形的脸、修窄的额头和丰满的下巴。上半身丰腴饱满而不失秀美，下肢虽被衣裙遮住，但那舒卷自然的衣褶给雕像增添了几分变化和含蓄的美感。这尊雕像最成功的地方不在于它塑造了一个完美的女性躯体，而在于它展现出人性美的巨大光辉。她的表情宁静、脱俗、落落大方，嘴角还有一丝似有若无的微笑，就是这一神奇的微笑让她与一般的裸体女性雕像区分开来。她带给观赏者的不再仅仅是人体美的欣赏，而更多的是人性美的礼赞。

人们对这尊维纳斯断缺的双臂表现出浓厚的兴趣。据说当初在米洛岛发现她时，她还有一只持着金苹果（古希腊罗马神话里选美竞赛中代表最高荣誉的奖品）的手，后来却不翼而飞。后世许多艺术家不忍看到她的残缺，殚精竭虑地要为她补上双臂。或是让一只手下垂，另一只手拿着鲜花；或是左手托着金苹果、右手拽着下落的长裙……然而，任何一种方案都只使得美神显得别扭、不协调，似乎只有这断臂的维纳斯才是最完美、最理想的。

《胜利女神》是为纪念古希腊的一次海战胜利而建的，作者已无从考证，雕像高约2.75米。这座雕像设计新颖巧妙，底座设计成一艘战舰的船头，胜利女神似从天而降，飞立船头，引导舰队，乘风破浪勇往直前。那前倾展翅欲飞之态，被海风吹拂的衣裙贴着身体，衣裙褶纹构成疏密有致生动流畅的运动感，呈现出生命的跃动。尽管头部和肩膀已缺失，但无论从哪个角度都能感受到女神勇往直前的英姿。人们在想象中弥补残缺，反而获得了完美的审美享受。

◎ 艾尔米塔什博物馆内景（俄罗斯）

◎ 艾尔米塔什博物馆雕塑作品（俄罗斯）

这些不朽的绘画和雕塑作品是人类文明开出的最灿烂的花朵，而陈列它们的“花房”——博物馆，也就理所当然地成为艺术爱好者和普通游客的朝拜圣地。如被并称为“世博三雄”的罗浮宫博物馆、梵蒂冈博物馆以及俄罗斯圣彼得堡的艾尔米塔什博物馆，就因其珍贵和丰富的艺术藏品吸引了来自世界各地的游客。

罗浮宫被称为“万国之馆”，是艺术藏品最为珍贵和丰富的博物馆之一。这里共收藏艺术品40万件，其中油画6000件，素描10万件，东方艺术珍品8万件，古希腊、古罗马艺术品3万件。其艺术藏品种类之丰富，档次之高堪称世界一流，使漫步其中的人有一种崇高的艺术享受。其中最重要的镇馆三宝是世人皆知的：《蒙娜丽莎》《米洛的维纳斯》和《胜利女神》。其他著名作品还有：《狄安娜出浴图》《丑角演员》《拿破仑一世加冕礼》《自由引导人民》和《编花带的姑娘》等。

梵蒂冈博物馆的馆址是世界上博物馆中最早的，5世纪末就有了雏形。就搜集宝物而言，梵蒂冈博物馆可谓丰富多彩，罗马教廷借助遍布世界的天主教堂，搜罗了各地的宝物，其力量之大不亚于大英帝国的殖民统治，所不同的是：教廷更感兴趣的不是文物而是宝物。西斯廷小教堂和拉斐尔画室是梵蒂冈博物馆的镇馆之宝。文艺复兴时期的三大画圣就有米开朗琪罗和拉斐尔两圣把近10年时间贡献给了梵蒂冈博物馆。其中西斯廷小教堂里世界名作穹顶画《创世记》、巨幅壁画《最后的审判》都以宗教故事为主题，出自一代巨匠米开朗琪罗之手笔。而拉斐尔则于1508—1518年为梵蒂冈做壁画10年，建立了他的画室，总称为《教权的建立和巩固》，其中希腊哲人的《辩论会》和描述大哲学家苏格拉底、柏拉图和大数学家欧几里得的《雅典学院》堪称极品。

◎ 梵蒂冈博物馆内景（梵蒂冈）

第三节 戏曲歌舞艺术

我国的戏曲歌舞具有鲜明的地域特色和很强的艺术魅力，对游客有着无穷的吸引力，作为旅游中“娱”的主要内容，是一种宝贵的文化旅游资源。我们可以将其归入传统音乐的范畴。按体裁分，我国的传统音乐可以分为戏曲、曲艺、器乐曲、民歌和歌舞五大类，每一大类下又可细分为不同体裁。

一、流派纷呈的戏剧

戏剧是一种包含文学、音乐、舞蹈、美术、武术、杂技等各种因素的综合艺术，是长期以来劳动人民和戏剧作者的伟大创造。它拥有丰富多彩的形式，被公认为是最具中华民族特色的文化之一。

大约在春秋战国时期，楚国优孟善于音乐和表演，由于他常在谈笑中规劝教育别人，“优孟衣冠”也就成为后世戏曲扮演的同义词。最初的戏剧为汉代“角抵戏”，演员三三两两，头戴牛角相抵，模仿战争和决斗。这种形式在汉代十分时兴，汉代百戏（也叫散乐），是民间歌舞、杂技、武术、戏剧等杂耍娱乐节目的总称。戏曲形成应在封建社会后期，其发展过程经历了宋金元时期的南戏与北杂剧、明清传奇与杂剧、清代地方戏三个阶段。

宋杂剧是各种滑稽表演、歌舞、杂技的统称。演出者一般四至五人。据史籍记载，戏剧名目已逾千种。元代杂剧是用元曲演唱的戏曲形式，广泛吸收了多种词曲和技艺发展而成。许多文人参与戏剧创作，有记载的元杂剧作家有120人左右，著名的有关汉卿、王实甫等。现存作品有150种左右，优秀作品有《窦娥冤》《西厢记》《赵氏孤儿》《李逵负荆》等，它们在戏曲史和文学史上都占有很高的地位，对后世的戏曲艺术和戏曲文学有深远的影响，其中不少剧目现今尚在演出。

明清戏曲高潮迭起。明清的传奇是以演唱南曲为主的一种戏曲形式。《牡丹亭》《桃花扇》《精忠谱》等均为著名作品，流传久远。清末民间地方戏纷纷崛起，花鼓戏、采茶戏、花灯戏、秧歌戏都是很有影响的地方戏。

我国各民族地区的戏曲剧种约有360多种。有以一种声腔为主的京剧、豫剧，有几种声腔结合的川剧，有由歌舞发展而来的黄梅戏，有从说唱演变而成的越剧等。比较流行的有京剧、昆曲、越剧、豫剧、粤剧、秦腔、川剧、评剧、晋剧、汉剧、闽剧、潮剧、河北梆子、湘剧、黄梅戏、湖南花鼓戏等50多个剧种。在2006年公布的《首批国家非物质文化遗产名录》中，“戏剧”这一项下就有92个剧种，由此可见我国戏剧剧种的丰富。流派纷呈的戏剧中尤以京剧流行最广，遍及全国，成为“国粹”。

1. 京剧

京剧形成于北京，流行全国，有200多年历史。清乾隆五十五年（1790年）四大徽班（三庆班、四戏班、和春班、春台班）陆续进京演出，与清嘉庆、道光年间来自湖北的汉调艺人合作，相互影响，接受了昆曲、梆子腔等剧目、表演和音乐，逐步形成了具有北京地方特色的艺术风格和表演体系。

京剧把歌唱、音乐、舞蹈、美术、文字、雕塑和武打技艺融会在一起，是“逢动必舞，有声必歌”的综合艺术。它不像歌剧、舞剧、话剧，用歌、舞、话一个字就可以囊括。它是在数百年的发展过程中吸取民间歌舞、说唱艺术和滑稽戏等艺术形式的基础上形成的。一个京剧演员可以以他的四功五法，做到能说会唱、能歌善舞、能打会翻、能哭会笑，既是歌剧演员，又是话剧演员；既是舞蹈演员，又是武术能手，这样就使观众在语言之外，从音乐、形体和美术方面也能受到启发和感染。传统京剧剧目多达1300多个，常演的也有400多个，尤以《群英会》《空城计》《将相和》《打渔杀家》流行较广。

2. 昆曲

昆曲也叫“昆山腔”“昆剧”，是戏曲剧种最古老的一种，至今已有600多年历史的昆曲被称为“百戏之祖，百戏之师”。2001年5月18日，联合国教科文组织在巴黎宣布第一批《人类非物质文化遗产代表作名录》（即《人类口头和非物质遗产代表作》），共有19个申报项目入选，其中就包括我国的昆曲艺术。

昆曲的起源是昆山（今属于江苏）。最初仅是民间清曲小唱，到明嘉靖年间，戏剧家魏良辅对昆山腔进行改革，使唱腔委婉，细腻而动听。其弟子梁辰鱼谱写的第一部昆腔传奇《浣纱记》轰动一时，先是流传于浙江各地，后来更是远至北京。大量文人雅士为昆曲撰制剧本，明代汤显祖的《牡丹亭》、清代洪昇的《长生殿》、孔尚任的《桃花扇》传唱至今。昆曲成了明代中叶至清代中叶影响最大的声腔剧种，兴盛达400年，因其气质高雅清秀，有“中国戏曲的幽兰”之称。昆曲唱腔华丽、念白儒雅、表演细腻、舞蹈飘逸，加上完美的舞台置景，可以说在戏曲表演的各个方面都达到了最高境界。正因如此，许多地方剧种，如晋剧、蒲剧、湘剧、川剧、赣剧、桂剧、越剧、闽剧等，都受到过昆剧艺术多方面哺育和滋养。一个优秀的昆曲演员必须在唱、念、做、打（舞）这几个方面都做到得心应手，才能在舞台上创造出完美的人物形象。其他剧种的许多演员为提高自身技艺和艺术修养，都主动投身于对昆曲的学习中。享誉世界的京剧表演艺术大师梅兰芳先生就曾长期潜心修习昆曲，在他演出的许多剧目中都能发现昆曲的表现手法。

昆曲有南昆北昆两大流派；但是在清朝中叶，昆曲逐渐走向衰落。中华人民共和国成立后，国家对这一珍贵剧种进行了抢救、整理，昆曲又焕发出新的生命力。经常演出的传统昆曲剧目有《牡丹亭》《思凡》《跪池》《醉皂》《痴梦》等，以及经过整理加工的《十五贯》《太白醉写》《西园记》等。

◎ 昆曲（中国）

二、说透人情的曲艺

曲艺是各种说唱艺术的总称，它是由民间口头文学和歌唱艺术经过长期发展演变形成的一种独特的艺术形式，以带有表演动作的说唱来叙述故事，塑造人物，表达思想感情，反映社会生活。

我国是曲艺大国，其曲艺形式的多样性、流布地域的广泛性、种类的丰富性，流派的纷呈性都是其他国家曲艺难以比拟的。

曲艺发展的历史源远流长。早在古代，我国民间的说故事、讲笑话，宫廷中俳优（专为供奉宫廷演出的民间艺术能手）的弹唱歌舞、滑稽表演，都含有曲艺的艺术因素。到了唐代，讲说市人小说和向俗众宣讲佛教故事的俗讲的出现，大曲和民间曲调的流行，使说话伎艺、歌唱伎艺兴盛起来，自此，曲艺作为一种独立的艺术形式开始形成。到了宋代，由于商品经济的发展，城市繁荣，市民阶层壮大，说唱表演有了专门的场所，也有了职业艺人，说话伎艺，诸宫调、唱赚等演唱形式极其兴盛。元明清三代文人参与写作，出现了“三言”“二拍”这样的话本小说。中华人民共和国成立后曾做过粗略统计，全国有影响的曲种有300多个，有些曲种已十分成熟，影响巨大，如扬州评书、山东快书、相声、河南坠子、京韵大鼓、苏州弹词等。在2006年公布的《首批国家非物质文化遗产名录的曲艺名录》中，“曲艺”中列有苏州评弹、扬州评话、山东大鼓、陕北说书、东北二人转等46种。这些形式往往说多用散文，唱用方言，地方特色很强，因此为老百姓所喜闻乐见。

说书，一般指说唱故事的长篇曲艺，分单说和说唱结合。单说即只说不唱，评话、评书皆属此类，有“大书”之称。又说又唱的弹词为“小书”。说书种类很多，有北京评书、天津评书、扬州评话、苏州评话、南京评话、杭州评话、四川评书、陕北说书等，以扬州评话最为著名。

弹词，或一人，或二人，或三至五人，以“说噱弹唱”为主要艺术手段，比较著名的有苏州弹词、长沙弹词、扬州弹词、无锡评曲、南京白局等，以苏州弹词最为著名。弹词表演内容大多为家庭伦理、儿女私情、冤案昭雪等故事，最著名的有《三笑》《珍珠塔》《玉蜻蜓》《双珠凤》《白蛇传》等。弹唱是弹词表演的重要手段，曲调动听、音色悦耳、唱词雅致、音韵合辙，尤其苏州方言为吴侬软语，因而委婉细腻，纤柔悠缓，回肠荡气，一波三折，自然从容而又富有韵味。

道情，多为单口说唱，演唱者右手击渔鼓，左手打简板，以掌握节奏，内容可以固定唱词，也可见景唱物，曲调活泼、简单、自由。道情源于唐代，以道教故事为题材，南宋时始用渔鼓、简板为伴奏乐器，故有“渔鼓”之称。近代各地流行的道情、渔鼓、竹琴等皆为同一曲种。

大鼓，清代形成于山东、河北农村，主要流行于我国北方各省及长江、珠江流域的部分地区；有京韵大鼓、西河大鼓、梅花大鼓、乐亭大鼓、京东大鼓、东北大鼓等数十个曲种。多为一人自击鼓板，另有数人用弦乐伴奏，大都为站唱；题材广泛，多为历史战争和男女爱情故事。其中最有名的是京韵大鼓，流传于河北、东北、华北等地区，是清末木板大鼓传入北京后，经改革，吸取京剧发音吐字方法和民间曲调创造的新腔。传统曲目来自《三国演义》《水浒传》《红楼梦》等。

三、雅俗共赏的民族器乐曲

翻开中国古代的音乐史，可以说就是一部器乐史。历史考证和迄今所发现的远古文物，都反映出我国乐器的产生可以追溯到新石器时代。在河南舞阳县贾湖新石器时代遗址出土的骨笛，在浙江河姆渡等多处新石器时代遗址出土的陶埙，在青海乐都县柳湾和山西省襄汾县陶寺新石器时代出土的石磬，都证明我国器乐的历史距今已有大约7000年的时间。

到了夏商周三代，开始有了鼓、编磬、编钟，还有了最初的弹拨弦乐器：琴与瑟。到两周时，乐器已增至29种之多，并按乐器制作材料的不同，被分为金、石、土、革、丝、木、匏、竹八大类，即八音。

从战国秦汉到三国两晋南北朝，也就是封建社会的前期，笛已经被普遍采用，箫也出现，并且有了九个按孔的筚篥（管子）和唢呐，在打击乐方面则有了铜锣、星（碰铃）和钹。随着器乐演奏和器乐曲创作的发展，也出现了新的音阶：宫、商、角、变徵、徵、羽、变宫、宫，这已经跟现今的音阶很相近了。到封建社会中期，即隋唐和五代，燕乐兴起，声乐和器乐出现了许多名家，当时著名的琵琶演奏家有段善本、雷海清、康昆仑、曹纲等；这一时期又增添了新的弹拨乐器筝和吹管乐器笙，更为重要的是出现了拉弦乐器奚琴（也叫稽琴）。

宋辽金元时，市民音乐兴起，元杂剧的发展达到高峰，这时琵琶、三弦、笙、笛、锣、鼓、板已成为戏曲的伴奏乐器，与此同时，小乐器也得以发展（即两三件乐器的小合奏，经常是稽琴与箫管合奏）；胡琴类乐器广泛流传，马尾胡琴、南胡、二胡、四胡、马头琴都被普遍采用；簧管风琴传入中国，乐器的种类和数量大大增加。

自明清到鸦片战争前夕，各种乐器的独奏与合奏得以长足发展，民间器乐合奏发展起来，如北方的“管乐”、西安的“鼓乐”、南方的“十番鼓”，以及“八板”“四合”和“弦索十三套”，琵琶传谱和古琴打谱基本定型，同时少数民族的乐器合奏曲、独奏曲也得以发展。这时我国的民族乐器有二三百种，经常被使用的有70余种。

鸦片战争以来，日渐活跃的民族器乐合奏形式主要有河北的“吹歌”，山东、山西的“鼓吹”，华中的“八音”，江浙一带的“吹打”“丝竹”和“锣鼓”等，涌现了许多传统的器乐合奏曲目如《放驴》（河北吹歌）、《百鸟朝凤》（山东鼓吹）、《三六》、《行街》（江南丝竹）、《一封书》和《满庭芳》（苏南吹打）。

在新文化运动中，我国各大城市都有民族器乐爱好者组成的各种社团。这些社团研究和学习、演出的内容很广，并改编传统乐曲，如上海“大同乐会”的柳尧章等人把琵琶古曲《夕阳箫鼓》改编成著名的民乐合奏《春江花月夜》就是这方面一个很好的例子。

中华人民共和国成立后，抢救了一大批民族器乐艺术。为了继承和发展民族器乐，改革和完善了许多乐器的制作技术，改进了民族乐器的演奏技法，丰富了民族乐器的艺术表现力；扩大了音量和音域，使民族乐器也有了不同的声部层次；发展了各种器乐合奏的传统形式，并且将民族器乐向交响化的方向推进，取得了历史性的突破和进步。

现在最常见的民族乐器主要有锣鼓、古琴、二胡、唢呐、笛子、琵琶等。

在我国传统音乐中，锣鼓和吹打乐是与广大民众关系最为密切的形式之一。它的特点就是长于渲染，从古代的将士出征、仪仗威风，到老百姓的婚丧嫁娶等红白喜事，常常都需要借助于它们来烘托气氛。此外，在一些宗教仪式、戏曲音乐中，特别是农村逢年过节的群众性娱乐歌舞活动中，从南到北，台上台下，都有这类音乐的演奏。

古琴

古琴亦称瑶琴、玉琴、七弦琴，是世界上最古老的弹拨乐器之一，至今已有3000多年历史。早在《诗经》中就有“窈窕淑女，琴瑟友之”的句子。古代文人修养讲究“琴棋书画”，为首的“琴”即是古琴。“士必操琴，琴必依士”，古琴音乐可以说是中国文人音乐文化的象征。古琴音乐具有深沉蕴藉、潇洒飘逸的风格特点和感人至深的艺术魅力，最擅长用“虚”“远”来制造一种空灵的美感，追求含蓄的、内在的神韵和意境。著名的琴曲有《广陵散》《高山流水》《平沙落雁》等。

古琴音乐所蕴含的音韵在琴曲的标记性、音乐的结构性等方面都是非常优雅的，可以说它集中体现了我国音乐体系的基本特征，尤其是构成了汉族音乐审美的核心。可以说古琴是我国非物质文化遗产的一个精髓，然而目前我国精通古琴艺术的人并不是很多，这种艺术已经衰落到濒临消失的地步。由于古琴所具有的深刻的艺术价值和所面临的濒危状况，2003年11月，具有千年历史的古琴艺术，继昆曲之后作为第二个中国文化门类被列入第二批《人类非物质文化遗产代表作名录》。

四、民族风情浓郁的民歌

我国民歌的起源，最早是劳动类的歌曲，像蒙古族的“猎歌”、景颇族的“杵歌”、川江上的“船夫号子”都属此类。另外，民歌中的大量山歌、牧歌、田歌等，虽然并不一定直接用于劳动，却从不同的侧面反映了人民的生活。流行于我国的民歌是一种很有特色的传统声乐形式，有汉族民歌和少数民族民歌两大类。

汉族民歌是劳动人民的口头创作，从音乐体裁上又可以分为号子、山歌和小调。号子是伴随集体性重体力劳动唱的民歌，旋律简单，节奏鲜明，洋溢着刚健雄浑的情韵。山歌产生于野外的劳动生活中，具有直抒胸臆、顺口成歌、曲调高亢、节奏自由等特点，有鲜明的地域色彩，如信天游。小调是在休息、娱乐、节庆等场合演唱的民歌，其形式较为规整，旋律性较强，比号子、山歌更加细腻含蓄，如云南的《绣荷包》、河北的《小白菜》、江苏的《紫竹调》等。我国56个民族都有自己的文化个性，大多数少数民族都能歌善舞，几乎每个少数民族都有自己的洋溢着浓厚民族风情的民歌。2006年6月7日我国公布的《第一批国家级非物质文化遗产名录》中就将蒙古族长调民歌、河曲民歌、花儿、川江号子、侗族大歌等33种民歌形式收录。2005年11月25日，我国和蒙古国共同合作，将蒙古族长调民歌成功地申报入联合国教科文组织第三批《人类非物质文化遗产代表作名录》。

蒙古族长调民歌

蒙古族长调民歌作为一种古老的文化形式，早在蒙古族形成时期就已经存在。蒙古族长调民歌与草原和蒙古民族的游牧生活方式息息相关，是蒙古民族生产生活和精神性格的标志性展示。同时，它也是一种跨境分布的文化。我国的内蒙古自治区和蒙古国是蒙古族长调民歌最主要的文化分布区。

蒙古民歌分为长调和短调，长调字少腔长、高亢悠远、舒缓自由，宜于叙事，又长于抒情。长调民歌由马头琴伴奏更具草原文化的韵味。长调一般为上、下各两句歌词，演唱者根据生活积累和对自然的感悟来发挥，演唱的节律各不相同。长调歌词绝大多数内容是描写草原、骏马、骆驼、牛羊、蓝天、白云、江河、湖泊等。

作为一种人类非物质文化遗产，蒙古族长调民歌唯一的传人是蒙古族民间歌手。但据介绍，现在内蒙古著名的长调演唱艺人、流派代表人物不是已经去世就是年事已高，一旦师承关系无法延续，独特的演唱方式和方法无法传承，必然危及长调民歌的保护和发展。

五、异彩纷呈的民族歌舞

我国是一个多民族国家，各地皆有歌舞，对游客具有巨大的吸引力。民族歌舞产生并流行于民间，受民俗文化的制约，即兴表演风格相对稳定。不同地区，由于受生存环境、风俗环境、生活方式、民族性质、文化传统、宗教信仰等因素影响，具有鲜明的民族风格和地方特色。民间歌舞的表现形式丰富多彩，常与武术、杂技相结合，出现很多技艺性极强的高难度动作，即所谓“艺中有技，技中有艺”。我国56个民族各有各的舞蹈风格。如维吾尔族舞移颈动肩、眉目传情、热情稳重；傣族舞两手翻动、左右摆摇、轻盈柔美。民间舞蹈是专业舞蹈创作的基础，我国在世界上享有盛誉的《荷花舞》《孔雀舞》等，都是由民间舞加工改编而成。同时我国的歌舞始终注重自娱性和群体性，如秧歌、花鼓、耍龙、舞狮等都是群体参与，大方健美，自娱自乐的形式，尤其是在节庆日期，人们自发聚在一块儿自娱自乐，普天同庆的热闹场面极富感染力。

从1981年开始，《舞蹈集成》对全国（未包括香港、澳门、台湾地区）民间舞蹈进行了不漏村寨、不漏舞种、不漏艺人的普查，历时5年，查明56个民族共有民间舞蹈17 636个。其中，汉族舞蹈14 291个，少数民族舞蹈3345个。就其内容来看主要有：

（1）表现劳动生活、习武生活的舞蹈，如插秧舞、舂米舞、采茶舞、织布舞、绣花舞、猎熊舞、盾牌舞、刀舞、剑舞等；

（2）表现丰收喜悦、节日愉快和青年爱情生活的舞蹈，如秧歌、刀郎舞、腰鼓舞、阿细跳月、踩堂舞、芦笙舞等；

（3）表现婚丧习俗、宗教祭祀和反映神话传说的舞蹈，如伴嫁舞、迎亲舞、跳丧、跳神舞、巫舞、傩舞、罗汉舞、刘海戏金蟾等；

（4）模拟自然景物和生物的舞蹈，如狮子舞、孔雀舞、荷花舞、鱼灯舞等。

新疆维吾尔木卡姆艺术

2005年11月25日，经过两年多的精心准备，“新疆维吾尔木卡姆艺术”终于成功入选第三批《人类非物质文化遗产代表作名录》。

“木卡姆”是一种维吾尔族古典音乐曲牌的音译名称，有“古典音乐”的含意，融音乐、文学、舞蹈和民俗表演为一体。它被誉为反映新疆维吾尔族生活的百科全书和活文物，在文化、历史、社会、哲学、审美等方面具有很高的科学价值。它像蒙古族的

《江格尔》、藏族的《格萨尔》、柯尔克孜族的《玛纳斯》等英雄史诗一样，具有世界性的影响。

◎ 新疆维吾尔木卡姆艺术（中国）

新疆维吾尔木卡姆艺术是集歌、舞、乐于一体的一种大型综合艺术形式，以“十二木卡姆”为代表，包括“刀郎木卡姆”“吐鲁番木卡姆”和“哈密木卡姆”。除新疆外，木卡姆艺术还分布在中亚、南亚等19个国家和地区。作为东西方乐舞文化交流的结晶，新疆维吾尔木卡姆艺术记录和印证了不同人群乐舞文化之间相互传播、交融的历史，被誉为“华夏瑰宝”“丝路明珠”。在所有的木卡姆音乐中，唯有我国新疆的木卡姆结构最庞大、流传时间最长、形态最丰富。长期以来，十二木卡姆师徒相传，口传心授，在新疆凡是有维吾尔族聚集的地方必有木卡姆艺术。

思考与练习

第六章　园林文化

本章视频

园林，凝聚着人类对自然的向往和追求，蕴含着人对自然的理解和诠释。园林独特的造园艺术不仅给人以美的享受，还将民族的文化、特色等融合其中，形成独具地方特色的一方天地。我国园林追求的天人合一，“虽由人作、宛自天开”的造园准则和西方追求的改造自然的原则，形成了我国自然山水式园林和西方几何规则式园林并行发展的格局。如果把西方园林比作一部明朗欢快的交响乐，我国古典园林就是一首委婉细腻的抒情诗，二者各有千秋，同为佳品。

世界上已知的列为世界遗产的园林包括：承德避暑山庄及周围寺庙、苏州古典园林、北京颐和园（中国）；皇家展览馆和卡尔顿园林（澳大利亚）；申布伦宫殿和园林（奥地利）；克罗麦里兹花园和城堡（捷克）；凡尔赛宫及其园林、枫丹白露宫及其花园（法国）；帕多瓦植物园（意大利）；维尔茨堡宫、宫廷花园和宅邸广场，波兹坦与柏林的宫殿与庭院，德绍-沃利茨园林（德国）；斯塔德利皇家公园和喷泉修道院遗址、基尤皇家植物园（英国）；拉合尔古堡和夏拉玛尔花园（巴基斯坦）；卡尔瓦利亚·泽日多夫斯卡：别致建筑、园林景观和朝圣公园（波兰）等。

◎ 卡尔顿园林（澳大利亚）

◎ 基尤皇家植物园（英国）

第一节 我国园林发展史

园林是指在一定的地域和范围内，利用并改造天然山水地貌，或者人为地开辟、塑造山水地貌，结合植物的栽植和建筑的布置，形成优美的景观，构成一个供人们观赏、游憩、居住的环境。园林，凝聚着人类向往自然、美化自然、与自然交流的体验及智慧；蕴含着人对自然的美好追求和向往，对山林野趣的理解和诠释，对美好环境、美好生活的构筑和建造。

古典园林在我国的旅游资源中占有重要地位，如我国十大风景名胜中就有两大风景名胜属于古典园林，即苏州园林与承德避暑山庄。我国园林艺术具有悠久的历史，蕴含中华民族的人文观与美学理想的追求，以东方文化精神的独特性与辉煌的艺术成就为世界所瞩目，在世界园林艺术中颇负盛名，被誉为“世界园林之母”。然而遗憾的是，我们永远无法直接看到明清以前任何一座具体完整的园林作品，它们似乎都被淹没在历史的尘埃里。但我们仍然能够从古代的神话、文学作品、绘画、笔记、方志、经史子集等传世作品中寻觅它们留下的踪迹。“园林”作为中华民族古老历史文化的见证，其发展分为以下几个不同的阶段。

一、先秦时期

先秦时期是我国园林艺术形成的萌芽阶段。一般认为，我国古典园林与先秦的“台”“苑”“囿”等密切相关，它们是我国古典园林的雏形或先导。早在黄帝时代，我国已有园林的雏形。从各种史料记载中可以看出商朝的苑，多是借助于天然景色，让自然环境中的草木鸟兽及猎取来的各种动物滋生繁育，加以人工挖池筑台，掘沼养鱼。其范围宽广，工程浩大，一般都是方圆几十里，或上百里，供奴隶主在其中游憩、礼仪等活动。到了西周，称苑为“囿”。周文王建灵囿，“方七十里，其间草木茂盛，鸟兽繁衍。”最初的“囿”，就是把自然景色优美的地方圈起来，放养禽兽，供周天子狩猎，所以也叫游囿。天子、诸侯都有囿，只是范围和规格等级上有所差别，“天子百里，诸侯四十”。

春秋战国时期，诸侯纷纷割据争雄，建宫设囿以图游乐享受的风气盛极一时，如魏国的温囿、鲁国的朗囿等。这时的苑囿中出现了土木、池水和高台等成组的风景，并且继续圈养各种猎兽，开始有目的地种植很多树木花草。此时的“园林”虽然还仅是一种简陋粗糙的原始状态，但对后世影响颇大。

二、秦汉时期

园林发展到秦汉时期，在造园风格和艺术表现手法上已有较大的进步，我国园林的基本模式逐渐形成。秦汉时期，园林演变为专供帝王理朝和生活游乐之地。宫殿建筑和园囿组合成一体，成为宫苑，此时所建宫苑数量不下300处。由于当时神仙思想弥漫，帝王多求长生不死，所以园林亦以天堂神仙境界为基本格调。秦始皇在咸阳建了“上林苑”，并在园中建起阿房宫。汉朝在秦朝的基础上把早期的游囿，发展成以园林为主的帝王苑囿行宫，除布置园景供皇帝游憩之外，还举行朝贺，处理朝政。汉高祖的“未央宫”，汉文帝的“思贤园”，汉武帝的“上林苑”，梁孝王的“东苑”（又称梁园、菟园、睢园），宣帝的“乐游园”等，都是这一时期的著名苑囿。其中汉武帝的“上林苑”是在秦“上林苑”的基础上修复和扩建而成。离宫别院数十所广布苑中，太液池运用山池结合手法，造蓬莱、方丈、瀛洲三岛，岛上建宫室亭台，植奇花异草，自然成趣。这种池中建岛、山石点缀的手法，被后人称为秦汉典范。综观秦汉皇家苑囿，物质与精神、君权与神权、山水与建设、珍禽与奇葩共处一体，可谓“珍物罗生，焕若仙境”。

在帝王大兴土木建筑园林的同时，王公贵族、富绅官僚等也兴起建造私家园林之风。如梁孝王刘武的梁园、茂陵富人袁广汉的私家园林等，大都以皇家苑囿为标准，只是规模略小。尽管此时的苑囿景色仍然比较粗放，但是人工雕琢的痕迹已明显增多。

三、魏晋南北朝时期

魏晋南北朝是我国园林史上一个重要的过渡阶段，以自然美为核心的美学思想直接影响到造园活动，由模拟自然山水发展到艺术地再现自然山水之美。园林功能基本转向游赏目的，注重追求景观美的视觉享受。

在魏晋南北朝的三百年间，山水林泉成为造园的主题。由于战争频繁，社会动荡，人们产生了消极遁世的思想。文人儒士崇尚清谈，礼佛养性，高逸遁世，居城市而迷恋自然山林野趣，突破了皇家宫苑的藩篱，山居别业层出，官僚贵族园林更不在话下，并且大都扬弃了秦汉时代以宫室建筑为中心的构园法，转向以山水为主体的新园林。豪富们纷纷建造私家园林，把自然式风景山水缩写于自己私家园林中。私家园林的兴起使园林艺术由写实发展到写意，受山水诗文、山水绘画意境的影响。私家园林虽然规模较小但艺术造诣高超，叠山理水、种植、建筑的细致设计使园林表现出了源于自然又高于自然的意境。此外，宗教祭祀园林也在这一时期开始兴盛。当时许多佛教寺庙都是在住宅园林、宫苑园林的基础上改造而成。当时南朝寺庙的盛况，可从一首唐诗中窥见一斑：“千里莺啼绿映红，水村山郭酒旗风。南朝四百八十寺，多少楼台烟雨中。”

四、唐宋时期

唐宋是造园艺术的成熟时期。这一时期的园林不仅数量多，规模大，类型多样，而且在造园艺术上也达到了一个新的水平。皇家园林表现出恢弘的气魄与光彩；私家园林力求达到园中有诗、园中有画的艺术境界；寺庙园林也获得长足的发展，具有明净、流动和静谧的气韵。

隋朝结束了魏晋南北朝后期的战乱状态，社会经济一度十分繁荣，加上当朝皇帝的荒淫奢靡，造园之风大兴。隋炀帝“亲自看天下山水图，求胜地造宫苑”。迁都洛阳之后，“征发大江以南、五岭以北的奇材异石，以及嘉木异草、珍禽奇兽”，都运到洛阳去充实各园苑，一时间古都洛阳成了以园林著称的京都。在城市与乡村日益隔离的情况下，那些身居繁华都市的封建帝王和朝野达官贵人，为了逍遥玩赏大自然中的山水景色，便就近仿效自然山水建造园苑。唐太宗“励精图治，国运昌盛”，社会进入了盛唐时代，宫廷御苑设计也愈发精致，特别是由于石雕工艺已经娴熟，宫殿建筑雕栏玉砌，格外显得华丽。“禁殿苑”“东都苑”“神都苑”“翠微宫”等，都旖旎空前。宋代是绘画艺术中山水画的成熟与高度发展时代，同时也是造园艺术中摹写山水达到高度发展的时代。皇家园林以宋徽宗所建“寿山艮岳”为代表，规模宏大，造型奇特，布局合理，叠石堆山技巧达到很高水平。此外，还有“琼华苑”“宜春苑”“芳林苑”等一些名园。此时的私家园林也相当兴盛。南宋都城临安修建宅第园池亦蔚然成风，而且大批文人、画家参与造园，他们具有独特的鉴赏能力，置石、叠水、理水和植木都十分考究，构景日趋工整精致，进一步加强了写意山水园的创作意境。

唐宋时期，佛教、道教、儒教迅速发展，寺观的建筑布局形式趋于统一，即为伽蓝七堂式。此时的寺观不仅仅是举行宗教活动的场所，还是民众交往、娱乐的活动中心。此时的文人也把对山水的认识引入寺观氛围，这种世俗化、文人化的浪潮促使寺庙园林的建设产生了飞跃。唐代长安的广恩寺以牡丹、荷花最为有名，而苏州的玄妙观也发展成规模宏大的寺庙园林，据传宋代名画家赵伯驹之弟所绘《桃源图》描绘的就是玄妙观的情景。

五、明清时期

明清时期是我国古典园林的全盛时期。皇家园林、私家园林和寺观园林在这一时期达到了历史的巅峰。造园活动无论在数量、规模或类型方面都达到了空前的水平，造园艺术、技术日趋完善，文人、画家积极投身于造园活动，与此同时，还出现了一些专业匠师。该时期不仅人才辈出，还出现了一些关于造园的理论著作。

皇家园林的创建以清代康熙、乾隆时期最为活跃。当时社会稳定、经济繁荣，给建造大规模写意自然园林提供了有利条件，这时的园林在选址、立意、借景、山水构架的塑造、建筑布局与技术、假山工艺、植物布置乃至园路的铺设上都达到了令人叹服的地步。著名的颐和园和避暑山庄是我国皇家园林的骄傲，是千百年来古典园林艺术集成式的历史结晶。至于被英法联军所毁的圆明园，更是名震环宇，被誉为“万园之园”，它不止继承和集中了中国古典园林艺术的精华，还大胆地吸收了西方园林美和建筑的优点，是中外并容、东西结合而又处理极佳的辉煌艺术典范。

这一时期，私家造园之风也极为兴盛，出现了许多优秀的私家园林，其共同特点在于选址得当，以假山水池为构架，穿凿亭台楼阁。树木花草，朴实自然，托物言志，小中见大，充满诗情画意。著名的南方私家园林有无锡的寄畅园、扬州的个园、苏州的拙政园、留园、网师园、环秀山庄、狮子林、沧浪亭、艺圃、耦园和同里的退思园等；北方私家园林则有萃锦园、勺园、半亩园等。

这一时期写意山水园林的发展达到高潮，造园艺术更加趋于成熟、完美。无论是帝王将相还是文人士大夫，都在园林中追求更真实的生命体验，寄寓更多的审美情怀。明清时期，寺观园林建设达到高潮。由于清帝极为重视与蒙古、西藏首领的友好关系，汉藏风格相结合的永安寺、承德的普陀宗乘之庙与须弥福寿之庙都是著名的范例。其中的普陀宗乘之庙是在汉族传统建筑的基础上融合藏族建筑特点建造的，它是汉藏建筑艺术交融的典范。同时在明末还产生了园林艺术创作的理论书籍《园冶》。该书系统地论述了空间处理、叠山理水、园林建筑设计、树木花卉合理配置等许多具体的艺术处理和制作技术。

到了清末，造园理论上的探索停滞不前，加之当时外来侵略、西方文化冲击、国民经济崩溃等原因，使园林创作由全盛到衰落。但我国园林的成就却达到了其历史的峰巅，其造园手法已被西方国家所推崇和模仿，在西方掀起了一股中国园林热。我国园林艺术成为被全世界所公认的园林之母与世界艺术奇观。

第二节 园林的构景要素及其含义

一、园林的山和水

山水是园林的骨架和血液。园林中如果没有山水，也就变成了城市中的建筑群，或者变成一座有房有舍的苗圃。在园林中，以山相隔，以水相连，山和水的巧妙安排，可以使景区隔而不散，联而有致，生动活泼。

（一）山

山是园林的筋骨。其体量高大，可以将园林分割成不同的空间，构成不同特色的景区景点，并形成制高点，供游人登临鸟瞰全园景色。例如，颐和园的万寿山南坡呈现一片华美、欢跃的气氛；而北坡则富于幽静、宁静的意境美。如果不借助山，要想达到这种艺术效果是比较难的。

另外，山的形象比较高大雄伟，容易引起游人的注目。游人一进公园就想到登高远眺，舒襟坦怀，扩展视野，饱览全园和园外景色。回转山周，各面的景色尽收眼底，登石阶、戏耍在隧道深洞之中，可使游人感到趣味无穷。

园林中的山有真有假，所谓“真”是在园林建造之初，借助于真山实地的景色为依托围砌成园。如北京的香山公园、承德的避暑山庄、大连的老虎滩公园等，都是借助于真山建造园林。所谓“假”是指园林的山石靠人工堆砌而成，这种假山石是我国古代园林的独特创造，也是我国大多数园林的特色。它的出现，使中国园林从概念到形象都区别于任何外国园林体系。在假山叠石的艺术上，扬州的个园是一例典范，它以这方面高超的技艺而驰名中外，故有“扬州以名园胜，名园以叠山石胜”之说。

自古以来，筑山就是造园的主要因素之一。秦汉的上林苑，用太液池所挖土堆积成岛，象征东海神山，开创了人为造山的先例。东汉梁冀模仿伊洛二峡，在园中累土构石为山，从而开拓了从对神仙世界向往，转向对自然山水的模仿，标志着造园艺术以现实生活作为创作起点。魏晋南北朝的文人雅士们，采用概括、提炼的手法，所造山的真实尺度大大缩小，力求体现自然山峦的形态和神韵。唐宋以后，由于山水诗、山水画的发展，玩赏艺术的发展，对叠山艺术更为讲究。最典型的例子便是爱石成癖的宋徽宗，他所筑的艮岳是历史上规模最大、结构最奇巧、以石为主的假山。明代造山艺术，更为成熟和普及。明代计成在《园冶》的“掇山”一节中，列举了园山、厅山、楼山、阁山、书房山、池山、内室山、峭壁山、山石池、金鱼缸、峰、峦、岩、洞、涧、曲水、瀑布17种形式，总结了明代的造山技术。清代造山技术更为发展和普及。清代造园家创造了穹形洞壑的叠砌方法，用大小石钩带砌成拱形，酷似天然峭壑，比明代以条石封合收顶的叠法要合理高明得多。现存的苏州拙政园、常熟的燕园、上海的豫园，都是明清时代园林造山的佳作。

（二）水

水是园林的血脉。有山必有水，有水必有山，山水相映成趣。水以形、质、色、声给人们带来特有的美感。“园不在大，有水则灵”。园林中只有有了水，才会显得多姿多彩，生动活泼，富有生气。水以它的形姿、动态、声响与光影为园林增添了无穷的魅力。

不论哪一种类型的园林，水是最富有生气的因素，无水不活。园林中的水，有湖、池、沼、河、溪、涧、泉、瀑、潭等，一般分为动、静两种形态。如河流、溪涧、泉瀑都是动态的水，湖泊、池沼则是静态的水。动静相辅，动而能静，静而能活，体现了平淡、宁静、素朴的文人意趣。最常出现的水景是水池，往往与假山相配合，构成山水园的基本格局。通常园林水景以静态为主，以表现水平如镜或烟波浩渺的寂静深远境界取胜。人们或观赏山水景物在水中的倒影，或观赏水中怡然自得的游鱼，或观赏水中芙蕖睡莲，或观赏水中皎洁的明月。颐和园昆明湖的水面设计，是大面积静水设计的范例。园林中的水景还有以动水闻名天下的。如泉城济南的趵突泉、黑虎泉均以动态水为园林胜景。

有些园林的水景得幸于天然之水，如杭州的西湖、扬州的瘦西湖等。而许多的私家园林则须承前人“引水注入”之法，平地凿池，临水堆山，岸边植柳，架桥建屋，即理水。大凡造园都要理水，手法有高下，效果有优劣。古代园林理水之法，一般有以下三种。

1. 掩

以建筑和绿化，将曲折的池岸加以掩映。临水建筑，除主要厅堂前的平台，为突出建筑的地位，不论亭、廊、阁、榭，皆前部架空挑出水上，水似自其下流出，用以打破岸边的视线局限；或临水布蒲苇岸、杂木迷离，造成池水无边的视觉印象。

2. 隔

或筑堤横断于水面，或架曲折的石板小桥，或涉水点以步石，正如计成在《园冶》中所说，“疏水若为无尽，断处通桥”，如此则可增加景深和空间层次，使水面有幽深之感。

3. 破

水面很小时，如曲溪绝涧、清泉小池，可用乱石为岸，怪石纵横、犬牙交错，并植配以细竹野藤、朱鱼翠藻，如此虽是一洼水池，也令人似有深邃山野风致之美感。

二、园林的花木

花木是园林的毛发，能增添生气，制造气氛，引起丰富的联想。园林对花木的选择标准，一讲姿美，树冠的形态、树枝的疏密曲直、树皮的质感、树叶的形状，都追求自然优美；二讲色美，树叶、树干、花都要求有各种自然的色彩美，如红色的枫叶，青翠的竹叶、白皮松、白色广玉兰、紫色的紫薇等；三讲味香，要求自然淡雅和清幽；最好四季常有绿，月月有花香，其中尤以蜡梅最为淡雅、兰花最为清幽。花木对园林山石景观起着衬托作用，往往也和园主追求的精神境界有关，如竹子象征人品清逸和气节高尚，松柏象征坚强和长寿，莲花象征洁净无瑕，兰花象征幽居隐士，玉兰、牡丹、桂花象征荣华富贵，石榴象征多子多孙，紫薇象征高官厚禄等。

我国古典园林在植物的配置上虽然姹紫嫣红，争妍斗艳，但仍以树木为主调。这是因为树木花草在造园中能构成优美的环境，渲染宜人的气氛，并起到衬托主景的作用。我国古典园林中花草树木的栽种并不成列，随意参差，不拘一格，并以三株五株为丛，给人蓊郁之感，着重显示纯自然的天成之美，表现一种似自然的风景。

古树名木对创造园林气氛非常重要。古木繁花，可形成古朴幽深的意境。所以如果建筑物与古树名木矛盾时，宁可挪动建筑以保住大树。构建房屋容易，百年成树艰难。除花木外，草皮也十分重要，平坦或起伏或曲折的草皮，也令人陶醉于向往中的自然。

三、园林的建筑

建筑是园林的眼睛。园林属休闲场所，建筑在我国古典园林中具有使用与观赏的双重功能，是园林的基本要素之一，常在山石、水景和花木的陪衬下成为园林的主景。园林建筑不像宫殿庙宇那般庄严肃穆，而是采用小体量分散布景。特别是私家庭院里的建筑，更是形式活泼，装饰性强，因地而置，因景而成。我国园林建筑最早可以追溯到商周时苑、囿中的台榭。魏晋以后，自然景观成为主要观赏对象，建筑和自然环境相协调，体现自然山水的诗情画意，使人在建筑中能更好地体会自然之美。所以我国园林建筑最基本的特点就是与自然景致融洽和谐。

建筑是园林的主要物质构成，有无建筑是区别园林和自然风景区的标志。园林建筑是宫苑和住宅的延伸，根据居住、读书、作画、抚琴、品茶、宴饮、游憩等功能，建造各种园林建筑，处处体现了人与社会生活的关系，是人们生理需要和精神享受需要的双重选择。园林建筑具有满足人们生活活动、感官愉悦的价值。我国自然式园林中的建筑形式多样，有堂、厅、楼、阁、馆、轩、斋、榭、舫、亭、廊、桥、墙，其中最具风采的是园林中的亭、廊、桥。

（一）亭

亭是一种开敞的小型建筑物。汉代许慎《说文解字》中训曰：“亭，停也，人所停集也。”主要供人休憩观景，可眺望，可观赏，可休息，可娱乐。在园林风景中，亭是天然的图画，富有生机的点睛之笔，以独特的建筑美点画出园林风景的神采。亭在造园艺术中的广泛应用，标志着园林建筑在空间上的突破，或立山巅，或枕清流，或临涧壑，或傍岩壁，或处平野，或藏幽林，空间上独立自在，布局上灵活多变。在建筑艺术上，亭集中了我国古代建筑最富于民族形式的精华。按平面形状分，常见的有三角亭、方亭、六角亭、八角亭、圆亭、扇面亭、梅花亭、套方亭。按屋顶形式分，有单檐亭、重檐亭、攒尖亭、盖顶亭、歇山亭，攒尖高耸，檐宇如飞，形象生动而空灵。按所处位置分，有桥亭、路亭、井亭、廊亭。凡有佳景处都可建亭，画龙点睛，为景色增添色彩和气质；即使无佳景，也可从平淡之中见精神，使园林更富生气和活力。苏州沧浪亭中的沧浪亭，拙政园中的松风亭、嘉实亭都是著名的亭。

（二）廊

廊是我国园林一种独特的建筑物，一般都叫长廊，形曲而空长，随形而曲，依势而折，或蟠山腰，或穹水际，通花渡壑，蜿蜒伸展，与景物融为一体。长廊有直廊、曲廊、波形廊、复廊四种。颐和园的长廊是我国园林中最长的廊（全长728米），廊中建有“留佳”“寄谰”“秋水”“清遥”四亭，分别象征春、夏、秋、冬四季。颐和园长廊以建筑精美、曲折多姿和丰富多彩的绘画装饰而称绝于世。廊又因建造的位置不同而有水廊与爬山廊之分。例如苏州拙政园的廊驾于水面，叫水廊；北京北海公园“琼华岛”北坡的廊筑在起伏的山坡上，叫爬山廊。

（三）桥

桥在园林中不仅供交通运输之用，还有点饰环境和借景障景的作用。桥是划分园林空间的有效手段。园林中的桥，一般采用拱桥、平桥、廊桥、曲桥等类型，有石制、竹制、木制，富有民族特色。它不但有增添景色的作用，而且还可用来隔景，在视觉上产生扩大空间的作用，增加游客的游兴。特别是南方园林和岭南类型园林，由于多湖泊河川，桥也较多。

总之，优秀的园林作品，即使建筑物比较密集，也不会让人感觉到被围于建筑空间之内。虽然处处有建筑，却处处洋溢着大自然的盎然生机。这种和谐，在一定程度上反映了我国传统的“天人合一”哲学思想，体现了道家对大自然“为而不持，主而不宰”的态度。

四、园林的题额与楹联

在我国的古典园林中存在着大量的题额（或题匾，或匾额）与楹联，它们既是诗文与造园艺术最直接结合表现园林“诗情”的主要手段，也是文人参与造园创作和表现园林意境的主要手段。它们往往用最精湛的语言，将景观的美妙之处以匾额或楹联的形式“点睛”出来，使得园林内的大多数景观无不“寓情于景”，随处皆可“即景生情”。

（一）题额

题额是指悬置于门楣之上的题字牌。题额字数二字、三字、四字居多，也有字数更多的。其中以四字题额最有特色，不仅念起来朗朗上口，而且富有诗情画意，容易引起人们的联想和想象。题额可为游人点出景观的美学特点，如承德避暑山庄的“锤峰落照”“西岭晨霞”，可观朝晖夕影；避暑山庄的“月色江声”，可赏月色波粼；拙政园的“倒影楼”，可看池中倒影；颐和园的“玉琴峡”及耦园的“听橹楼”，可听水声淙淙；承德避暑山庄的“曲水荷香”、狮子林的“双香仙馆”、沧浪亭的“闻妙香室”，可闻鲜花馨香。

园林中的题额主要被用作题刻园名、景名，陶情写情咏景或颂人写事，典雅含蓄，立意深邃，融辞、赋、诗、文意境于一体，系诗情画意于一词，成为一种独立的文艺小品。题额使景物获得灵魂和生气，人们得以涵咏其中，神游境外。如留园楠木厅悬挂的清代著名金石学家吴大澂篆书题额“五峰仙馆”，将人们的注意力投向厅南的湖石峰峦上，“庐山东南五老峰，青天秀出金芙蓉”，主人仿效的正是李白“巢云松”的风流。

（二）楹联

楹联是指门两侧柱上的竖牌，往往与匾额相配，或树立门旁，或悬挂在厅、堂、亭、榭的楹柱上。楹联是一种由两串等长、成文和互相对仗的汉字序列组成的独立文体。也就是说，上下联字数不限，但必须相等；联文是有意义的，或可以理解的；平仄要合律，对仗要工整。楹联是我国独有的文学形式，是中华民族传统的文化瑰宝。

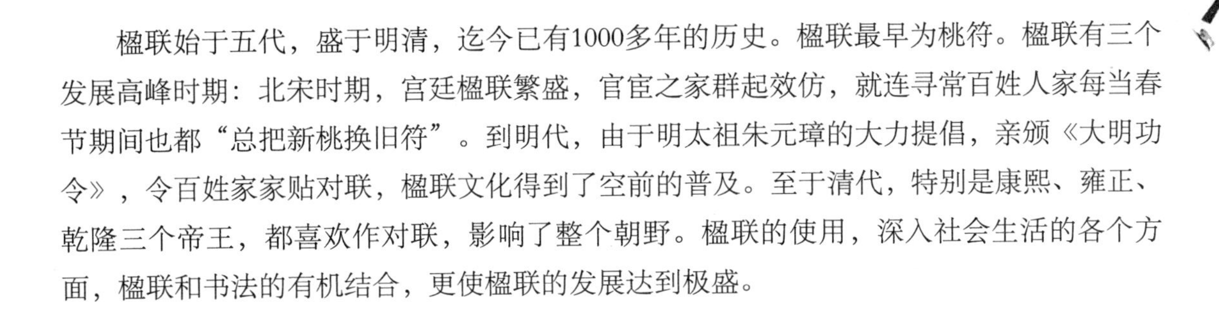

楹联始于五代，盛于明清，迄今已有1000多年的历史。楹联最早为桃符。楹联有三个发展高峰时期：北宋时期，宫廷楹联繁盛，官宦之家群起效仿，就连寻常百姓人家每当春节期间也都“总把新桃换旧符”。到明代，由于明太祖朱元璋的大力提倡，亲颁《大明功令》，令百姓家家贴对联，楹联文化得到了空前的普及。至于清代，特别是康熙、雍正、乾隆三个帝王，都喜欢作对联，影响了整个朝野。楹联的使用，深入社会生活的各个方面，楹联和书法的有机结合，更使楹联的发展达到极盛。

五、构景手法

在人和自然的关系上，我国早在步入春秋战国时代就已进入亲和协调的阶段，所以在造园构景中也就运用了多种手段来表现自然，以求得渐入佳境、小中见大、步移景异的理想境界，取得自然、淡泊、恬静、含蓄的艺术效果。在微观处理中，通常有以下几种造景手段，当然也可将其作为观赏手段。

（一）抑景

抑景又称藏景，即把园林中的某些景点隐藏起来，不使游人一览无遗，然后再通过曲径转弯略展一角，撩人心弦，最后才豁然开朗。采取抑景的办法，可使园林显得有艺术魅力。抑景可用山、高大建筑或树木等来遮掩。如苏州园林的留园、怡园、拙政园的门口风景，都运用了这一手笔。

（二）添景

当甲风景点在远方，无论是自然的山，还是人为的塔，如没有其他景点在中间、近处作过渡，就会显得虚空而没有层次；如果在中间、近处有乔木、花卉作过渡，景色就会显得有一种层次美；这中间的乔木或近处的花卉，便叫作添景。例如当人们站在北京颐和园昆明湖南岸的垂柳下观赏万寿山远景时，万寿山因为有倒挂的柳丝作为装饰就显得生动起来。

（三）夹景

当甲风景点在远方，无论是自然的山，还是人为的建筑（如塔、桥等），它们本身都很有审美价值，如果视线的两侧大而无当，就显得单调乏味；如果两侧用建筑物或树木花卉屏障起来，使甲风景点更显得有诗情画意，这种构景手法即为夹景。如在颐和园后山的苏州河中划船，远方的苏州桥主景，为两岸起伏的土山和美丽的林带所夹峙，构成了明媚动人的景色。

（四）对景

对景，即互相观赏、互相烘托的构景手法。对景的组合视实际情况而定，有时一个景点只有一处对景，有时则不妨四面对景。对景手法的运用，可使每一景区的观赏内容更加

丰富多彩。例如在园林中，或登上亭、台、楼、阁、榭，可观赏堂、山、桥、树木等；或在堂、桥、廊等处，可观赏亭、台、楼、阁、榭等。

（五）框景

园林中的建筑的门、窗、洞，或乔木树枝抱合而成的景框，往往会把远处的山水美景或人文景观包含其中，这便是框景。其作用主要有两点：（1）使景物别无旁涉，使散漫的景色得以集中、凝练；（2）优化审美对象，把自然美升华到艺术美，呈现一种“画中情”。

（六）漏景

漏景是由框景进一步发展而来的，即在园林的围墙上，或走廊（单廊或复廊）一侧或两侧的墙上，常常设以漏窗，或雕以带有民族特色的各种几何图形，或雕以民间喜闻乐见的葡萄、石榴、老梅、修竹等植物，或雕以鹿、鹤、兔等动物，透过漏窗的窗隙，可见园外或院外的美景。

（七）借景

借景就是把园外的景物巧妙地组合到院内来，以充实园内的空间，丰富园内景色，使园内、园外景色融为一体，达到园外有园、景外有景的效果，如无锡寄畅园借惠山、锡山等景，颐和园借西山和玉泉宝塔。借景的作用主要有四个方面：打破界限，扩大空间；丰富景观层次，使境界回味不尽；使景与周围的自然环境沟通和协调起来；增添艺术情趣，富于诗情画意。

（八）分景

所谓分景就是以山水、植物、建筑及小品等在某种程度上隔断视线或通道，造成园中有园，景中有景，岛中有岛的境界。分景依功能与景观效果的不同，可分为障景与隔景。

障景是园林中用于遮挡视线，促使视线转移方向的屏障物。障景往往用于园林入口自成一景，位于园林景观的序幕，增加园林空间层次，将园中佳景加以隐障，达到柳暗花明的艺术效果。隔景是用以分割园林空间或景区的景物。隔景的材料有各种形式的围墙、建筑、植物、假山、堤岛、水面等。隔景的方式有实隔、虚隔和虚实相隔等。

第三节　我国古典园林的分类

在我国园林的发展过程中，由于政治、经济、文化、背景、生活习俗和地理气候条件的不同，形成了众多各具特色的园林。从地域分布角度来看，大致可分为北方园林、江南园林、巴蜀园林、岭南园林四大类。北方园林主要分布在北京、山东、山西、河北、河南、陕西等地，其典型代表有北京的颐和园、北海公园，河北承德避暑山庄，济南大明湖，太原晋祠，西安华清池，河南少林寺、登封嵩阳书院等。江南园林分布在浙江、江苏、上海等地，古典园林中的上乘之作多集中于此，其典型代表有苏州的沧浪亭、拙政园、狮子林、留园、网师园、环秀山庄、艺圃、耦园、退思园，扬州瘦西湖、个园、寄啸山庄，南京瞻园，上海豫园，无锡寄畅园，绍兴沈园等。巴蜀园林主要指四川一带的园林，具有代表性的有成都武侯祠、望江楼、江油太白故里等。岭南园林分布在广东、广西、福建、海南等地，以广东园林为主流，代表园林有岭南四大名园——顺德清辉园、东莞可园、番禺余荫山房、佛山梁园等。从居住者身份这一角度来看，我国古典园林可分为皇家园林、私家园林和宗教园林。其中皇家园林和私家园林是我国园林中成就最高、最典型的两大类。

一、气势恢弘的皇家园林

皇家园林是专供帝王休息享乐的园林。在奴隶社会时期便出现了“皇家园林”，当时称“囿”，是专供帝王游猎的场所，同时也带有炫耀武功的政治色彩，因此常设在军事、政治要地。皇家园林主要集中分布在古都北京和黄河下游的西安、洛阳、开封等地，其典型代表有：北京的颐和园、北海公园，河北承德的避暑山庄，陕西西安的华清池等，其中颐和园和避暑山庄已被列入《世界遗产名录》。

皇家园林的规模非常宏大。皇家园林大多采用真山真水布局。皇室大权在握，财力雄厚，山林湖沼都可以根据帝王的喜好成为造园的元素。承德避暑山庄在这方面是集大成者。山庄虽是一座园林，却最大限度保持了大自然的原生环境。山庄的湖区由上湖、下湖、澄湖、东湖、镜湖、如意湖六个风景各异的湖泊组成，水面面积达0.58平方千米。山庄的草原区面积广大，北倚山、南临湖，东与武烈水相邻。山峦风景区位于山庄西南面，占山庄总面积的五分之四。整个山区峰峦叠起，丛林满坡，满山遍野苍松翠柏。真山真水使得承德避暑山庄形成了迥异于其他类型园林的独特风格，体现了皇家园林的磅礴大气。

皇家园林功能齐全，集处理政务、受贺、看戏、居住、园游、祈祷以及观赏、狩猎于一体，有的甚至还设“市肆”，以便于买卖。如清朝著名的皇家园林颐和园在总体上可以分为三个景区：第一个景区是宫廷区，位于全园的东部，包括仁寿殿、玉兰堂、宜芸馆、乐寿堂以及各种服

◎ 承德避暑山庄主殿（中国）

务性建筑，建筑物体量高大雄伟，威严壮观，雍容华贵。第二个景区是前山前湖区，在万寿山的中央面南建有佛香阁建筑群，这些殿堂依山就势而建，最高处是供奉佛像的佛香阁。这一组建筑是颐和园全园的标志和风景中心。第三个景区是后山后湖区，在万寿山北麓，营造了一条苏州水城式买卖街。后山中央建有一组藏传佛寺须弥灵境庙，佛殿、日台、月台、喇嘛塔，沿着北山坡形成颇为壮观的佛教建筑群，显示了清廷与西藏民族团结和睦的历史胜景。

我国传统园林受风水理论的支配和影响很深，这在园林的选址方面表现尤为突出。据清代档案记载，世代供职于皇家建筑规划设计事务的建筑世家“样式雷”，每有宫苑、陵寝等设计规划，都要与钦派风水官员同赴实地相度风水，还要绘制专门的风水地势画样。清代北京著名的香山静宜园、玉泉山静明园、万寿山清漪园（今颐和园）、畅春园和圆明园等大型皇家园林，都是以风水思想作为选址机理的。

二、精巧玲珑的私家园林

私家园林又称“府宅园林”，是建在城市府邸宅院里的山水环境。私家园林意境深远、构筑精致、艺术高雅、内涵丰富，堪称古典园林的集大成者。私家园林主要分布在苏州、扬州、杭州、南京、上海、无锡、湖州以及常熟等地，如苏州的“四大名园”——沧浪亭、拙政园、狮子林和留园，扬州瘦西湖、个园、寄啸山庄，南京瞻园，上海豫园，无锡寄畅园，绍兴沈园等，其中苏州、扬州最具代表性。目前江南九大名园——拙政园、留园、网师园、环秀山庄、沧浪亭、狮子林、艺圃、耦园、退思园作为苏州古典园林的代表已被列入《世界遗产名录》。

由于营造者个人财力有限，私家园林规模都比较小，却小得精致，小得灵秀。如网师园占地面积仅为5333平方米，但全园主题突出，布局紧凑，清秀典雅，通过运用比例陪衬和对比手法，使人觉得空间虽小，但感觉宽绰，不显局促，被誉为“小园极则”，堪称中国古园林以少胜多的典范。

私家园林善于把握有限的空间，巧妙地组合成千变万化的园林景色，充分体现了我国造园的民族风格，并广泛吸取了我国山水画的理论，通过精心营造达到较高的艺术水平，即使是墙角、路面也精心点缀，故精巧别致，幽深秀美。如狮子林既有亭、台、楼、阁、厅、堂、轩、廊等古建筑之美，更以假山叠石竭尽奇巧、洞壑深邃有致扬名于世，其假山的布置堪称一绝，素有“假山王国”的美誉。

私家园林造园者不追求帝王园林的威严壮观，只希望营造一种宁静、平和的意境，因而园林的主题十分突出。如环绣山庄是苏州历史悠久的一座名园，占地大约2000平方米。全园布局一反小园以水池为中心的布置手法，而以山为中心，辅以池水，虽面积不大，但因布局设计巧妙，湖山、池水、树木、建筑融为一体，咫尺之地，显出深山幽谷之意，被行家评为中国古园林之冠。而拙政园整体布局以水池为中心，主要建筑物大多临水而建。池水交汇与转折之处以廊或桥相连，将人的视线引向远方，艺术地再现了江南水乡的天然之美，而且巧妙地布置花草树木，与山水建筑相得益彰，描绘了一幅境界悠远、令人遐思的美丽画面。

在色彩方面，无论是无锡寄畅园，还是苏州拙政园，都是深灰色的屋顶，栗皮色或深棕色的门窗和立柱，白色的墙。这样的色调极易与自然界中的山、水、树等相调和，而且还能给人以幽雅、宁静的感觉。白粉墙，褐色的梁架，黑色的望砖，配上木料本色的家具，营造出一种清静无为，淡泊雅致的意境，创造一种暗香盈袖、月色空庭的闲淡宁静，表现了这些文人士大夫携隐林下、远离尘嚣的精神追求。

第四节　我国古典园林的特征

我国古典园林是风景式园林的典型。人们在一定空间内，运用各种造园手法，通过精心设计，将山、水、植物、建筑等加以组合形成源于自然又高于自然的有机整体，将人工美和自然美巧妙地结合起来，从而做到“虽由人作，宛若天开”。这种“师法自然”的造园艺术，以自然界的山水为蓝本，将人工形成的曲水假山，奇石幽径点缀其间，以此借景生情，托物言志。我国古典园林还将中华民族的性格和文化统统表现了出来，如端庄、含蓄、幽静、雅致等。它使人足不出户而能领略多种风情，于潜移默化之中受到大自然的陶冶和艺术的熏染。我国园林艺术还通过曲折隐晦的方式反映出人们企望摆脱封建礼教的束缚、憧憬返朴归真的意愿。明代大官僚王献唐在苏州修建拙政园即寓有“拙者为政”之意。

一、崇尚、追求自然

我国古典园林的根本特征是“自然”，这是古代中国人自觉追求的艺术目标和境界。我国古典园林是一种既摹绘自然又超越自然的园林艺术，其景观特征是将万木争荣、百鸟争鸣的大自然浓缩于一园，即将大自然的风景题材，通过概括与提炼，再现于园林之中，并在园林中创造出各种理想的意境，从而形成了我国园林所独有的写意特征。我国园林呈现出来的是山环水抱、曲折幽深，既不要求轴线对称，也没有任何规则可循，花草树木任其自然生长，园林建筑也尽量顺应自然，参差错落，从而形成一种“虽处城市犹在山林”的意境和美感。

扬州瘦西湖是典型的湖上园林景观，它在原有河流、山丘的基础上，充分利用自然风貌的特点，亭廊楼阁依山而筑，傍水而建，桥廊相接，美不胜收。“两岸花柳全依水，一路楼台直到山”，形象地说明了瘦西湖自然风貌和人工山水巧妙结合的特征。

◎ 扬州瘦西湖（中国）

我国古典园林在细部处理与装饰上，也努力追求自然之妙。连接不同景点景区的道路蜿蜒曲折，以达到曲径通幽的审美效果。小路多由石块、卵石铺就，拼出各种花纹图案，掩映在绿树青瓦之间。建筑上的门窗种类繁多，如长方门、圆洞门、八角门、梅花门，花窗、漏窗、空窗等。门窗的边沿上附有不同的线脚，窗上的花格条纹做工十分精细。如寄畅园贝叶形的门洞曲线优美，在阳光的照射下，在廊下投下贝叶的光影，透过门洞，绿草碧树、花坛石峰、通幽曲径等犹如一幅幅精致的图画，使景色富于变化而倍添情趣。

古人对自然的态度，直接牵连到我国传统哲学美学思想的基本精神——“天人合一”。我国传统文化的三大主流儒家、道家和佛家都主张顺应自然，认为人与自然应是一种和谐统一的关系。特别是道家认为“自然为万物之本”。《道德经》里也讲“人法地，地法天，天法道，道法自然”。因此，我国园林从一开始就以和谐、亲近的态度对待自然，主张将概括提炼后的自然形象再现于园林中。在造园过程中，讲究对自然界的模仿和创造，力求再现自然界中各种事物的自然气韵，达到“虽由人作，宛若天开”的境界。

二、讲究和谐、含蓄

我国古典园林是一种由文人、画家、造园匠师们创造出来的自然山水式园林，追求天然之趣是我国造园艺术的基本特征。在我国园林里，不规则的平面中自然的山水是景观构图的主体，为了观赏和营造文化品位，通过布设各类建筑，配以自由布置的植物，回环曲折的小径，达到一种自然环境、审美情趣水乳交融的境界，形成一种富有自然山水情调的园林艺术空间。我国园林中的建筑基本上是木框架结构的个体建筑，这种建筑的内、外墙可有可无、可隔可透、空间可虚可实，因此很容易与周围的山水建筑融合在一起，彼此协调，互相补充，构成一幅幅富有诗意的画面。

含蓄是我国传统文化中备受瞩目的一种艺术法则，表现为一种深远、含而不露、意在言外的艺术风格。园林组景务求含蓄曲折、忌讳一览无余。为了实现园林的含蓄美，古代匠师以及参与园林设计的文人士大夫采用了很多建筑技艺与艺术手法。苏州留园就以对建筑空间的处理见长。全园的精华是中部的山水景区和东部的建筑庭院景区，进入留园大门口，是一个宽敞的前厅，从右侧进入窄长的通道，通向古木交柯，长达50余米。造园师巧妙地采用空间大小和光线明暗的对比变化，将这段原本沉闷的行程变得富于变化，减小了游者行走时的单调感和闭塞感。进入古木交柯，视线由暗而明，由窄而阔。透过花眼露窗，山水景观若隐若现，直到曲溪楼下的六角形园门时，才会产生豁然开朗的感觉，登上濠濮亭，美景尽入眼帘，一种柳暗花明、峰回路转的感觉涌上心头。

暗喻和象征也是中国古典园林表达含蓄的较为重要的手法，这在江南私家园林中表现得尤为突出。心忧天下、济世安邦历来都是中国士大夫、知识阶层的人生理想，当目标难以实现时，他们常常选择独善其身，不问世事，隐居山水之间。但是，这些士大夫虽然隐逸遁世，却没有彻底忘怀君国和天下，仍然坚持操守，待到时机成熟，则出山从政。这样的人生追求与思想历程在文人园林中不能明目张胆地出现，大多以含蓄的方式表达出来。柳宗元被贬为永州司马之后，修建了一座私园愚溪。园中景物命名都以“愚”字打头：溪水取名“愚溪”，山谷叫作“愚谷”，水池名为“愚池”，岛屿叫作“愚岛”，水泉叫作“愚泉”；以此表达改革失败后内心的苦闷，同时表达一心希望重回京师报效祖国的坚定决心。

三、融合诗情画意

我国园林的造景一方面是自然风景的提炼、概括、典型化，另一方面又参悟于绘画的理论和技法而以山水、花木和建筑创造三度空间的立体布局。如果说，我国的山水画是自然风景的升华，那么园林则把升华了的自然山水风景又再现到现实生活中来。优秀的造园作品能够给人以置身画境、如游画中的感受。

“诗情画意”是我国园林的精髓，也是造园艺术所追求的最高境界。诗文与造园艺术最直接的结合莫过于“匾”和“联”了。这是我国园林的一种独特艺术形式，凡重要的建筑物上一般都有匾额和对联。它们以文字点出景观的精粹所在，作者的借景抒情往往会感染游人从而使其浮想联翩。拙政园内有两处赏荷花的地方，一处建筑物上的匾题为“远香堂”，另一处为“听留馆”。前者得之于周敦颐咏莲的“香远益清”，后者出自李义山“留得残荷听雨声”的诗句。一样的景物，由于匾题的不同却给人以两般的感受。颐和园内临湖的“夕佳楼”，夕佳二字的匾题取意于陶渊明的诗句：“山气日夕佳，飞鸟相与还。此中有真意，欲辨已忘言”。游人面对夕阳残照中的湖光山色，若能联想陶诗的意境，则对眼前景物的鉴赏势必会更深一层。匾和联不仅文字内容十分丰富，其工艺形式也有多种多样。除了常见的长条形之外，还有蕉叶形的“蕉叶联”、竹节形的“此君联”以及“书卷额”“扇面额”等。它们犹如绘画上的题跋一样，把诗文乃至书法艺术直接组织到园林景观之中。

园林作为我国封建文化的一部分，它的成长、繁荣是为着满足封建统治阶级游憩生活的需要，也浸透了当时文人的艺术趣味。从文化背景上来分析，“天然图画”与道家思想有较多渊源。我国古典园林素来追求诗情画意的艺术效果，正是由于其在取法大自然的非几何性美这一点上与我国的山水画同出一辙，所以人们常用“天然图画”来形容其景观特征。

第五节　西方园林简述

一、世界造园体系

在世界范围内，古代造园体系分为三大类。

1. 东方园林体系

东方园林体系源于我国，我国的造园理论与园艺技术不仅传播到邻近的日本和朝鲜半岛，还于18世纪传播到英国。东方园林以自省、含蓄、蕴藉、内秀、恬静、淡泊、循矩、守拙为美，重在情感上的感受和精神上的领悟。哲学上追求的是一种混沌、清静无为、天人合一和阴阳调和，与自然之间保持着和谐、相互依存的融洽关系，是一种模拟自然，追寻自然的封闭式园林。

2. 西亚园林体系

西亚园林主要是指巴比伦、古埃及、古波斯的园林，其主要特色是花园与教堂园。它们采取方直的规划、齐正的栽植和规则的水渠，园林风貌较为严整。

3. 欧洲园林体系

欧洲园林表现为开朗、活泼、规则、整齐、豪华、热烈、激情。其主导思想是以人为自然界的中心，大自然必须按照人的头脑中的秩序、条理、模式来进行改造，以中轴对称规则形式体现出超越自然的人类征服力量，人造的几何规则景观超越于自然。欧洲已有多处园林被列入《世界遗产名录》，如圣彼得堡夏宫及其园林。

在上述三种造园体系中，西亚园林的辉煌时间较短，对后世的影响较小，故存而不论；东方园林体系和欧洲园林体系对世界影响较大，对于东方园林体系前文已述，以下将着重对西方园林体系进行简要剖析。

◎ 夏宫（俄罗斯）

◎ 夏宫园林（俄罗斯）

二、西方园林的产生

西方园林的产生受古代亚述帝国和巴比伦时期园林的影响较大，建造园林的目的主要是供权势者观赏用。至希腊时代，神殿周围建有被视为圣林的树木园林。进入罗马时代，私家园林开始出现，特权阶层盛行建别墅、园林。到了中世纪，以意大利为中心的修道院园林和以英法为中心的城郭园林已十分发达。在文艺复兴时期的意大利，以佛罗伦萨为中心的田园风格园林流行；之后，由布拉曼得或拉斐尔设计的罗马台坛式园林成为欧洲园林的一种典型样式。从17世纪下半叶开始，欧洲园林艺术的中心由意大利转到了法国，法国勒诺特设计了气势恢弘的平面法式园林，并设计了闻名遐迩的凡尔赛宫园林。进入18世纪后，以赞美自然为基本观念的风景式园林在英国日益发达，开始独领欧洲园林艺术的风骚，设计人才也相继出现，如重视风景写实再现的布朗凡以及喜欢点缀异国式建筑物以求绘画美的却帕斯等。在此之后，随着美国的崛起，现代园林的发展中心又逐渐由欧洲转移到美国。

三、西方园林的特征及文化内涵

西方园林的发展深受地域文化影响，奉行的是“天人对立，改造自然”的哲学观。因此，在园林建造中完全排斥自然，力求体现严谨的理性，一丝不苟地按照纯粹的几何结构和数学关系发展。在线条中崇尚直线，认为直线代表人的意志，以直线为美。因而，西方园林建造以几何体形的美学原则为基础，以“强迫自然接受匀称的法则”为基本原则，追求一种纯净的、人工雕琢的盛装美。

（一）园林表现出强烈的规律性，建筑物是园林绝对的主宰

建筑是一种综合性的艺术，它积淀着人类的历史，尤其是文化史，体现了各国人民丰富的想象力和独特的思维方式。西方园林建筑主要有以下特点：（1）采取几何对称的布局，整座园林通常都是以主轴线为中心，以若干副轴线相辅进行规划。水池、广场、树木、雕塑、建筑、道路等都在中轴上依次排列，在轴线高处的起点上常布置着体量高大、严谨对称的建筑物，建筑物控制着轴线，轴线控制着园林，因此建筑也就统率着园林，园林从属于建筑，如瑞典的德罗特宁霍尔摩王室领地。（2）造园使用石质为主的建筑材料，建筑强调向上挺拔，突出个体建筑。（3）在建筑文化的主题上，西方古典建筑以宣扬神的崇高、表现对神的崇拜与爱戴为中心。

◎ 德罗特宁霍尔摩王室领地（瑞典）

（二）园林表现出强烈的科学色彩和技能色彩

在西方园林中，处处呈现出平面的，立体的形状，一切景物都体现出精确的数字关系。园林中开辟有笔直的道路，在纵横交叉点上分布有小广场，呈点状点缀着水池、喷泉、雕像或是小建筑等，整个布局呈现出几何图案。园林花木严格修剪成锥体、球体、圆柱体等，草坪和花圃勾画成矩形、菱形、圆形，完全按几何图形剪裁，努力抹去自然的痕迹。园林理水也非常规则，水面被限制在整齐的池子里，池子被砌成圆形、方形、矩形、椭圆形等，池中布局有人物雕像和喷泉，整体表现出严谨的理性精神。

第六节 西方园林的不同流派及其特征

一、意大利式传统园林

意大利是古罗马中心，经过15世纪中叶文艺复兴，造园艺术成就很高，在世界园林史上占有重要地位，其园林风格影响波及法国、英国、德国等欧洲国家。意大利园林的独特风格就是台地园。典型代表为：帕多瓦植物园。

（一）修坡筑台

意大利所处的地理位置和气候条件，使得那里夏天非常炎热，因此，只有把庄园建在山坡上，白天才能感受来自海面海风的吹拂，夜晚则能感受来自山区的凉意。意大利人巧妙地将山坡改造成一级级台地的形式为造园提供空间。因此，意大利园林又被称为台地园或露台园。园林中的台地除用于建造别墅外，主要用于修建喷泉和花坛、栽种植被、陈列雕塑作品等，此外它还是欣赏园内外景色的观景台。

（二）规划设计

意大利园林有规则式和非规则式两类。规则式园林一般规模较小，位于庄园的主要位置，是庭院的主要部分。意大利园林艺术成就最大的部分就是规则式园林，影响也最大。规则式园林的设计起源于古罗马园林，设计时常以一定的轴线为主，通常以纵横交错的轴线为中心，辅以方格式布局区划。轴线通常以园路、布道、阶梯和瀑布等形式表现出来。以轴线两侧对称的图案、对称的设置、对称的形状来表现出对称美、和谐美和韵律美。它是构成意大利园林艺术美的重要基础。

（三）构景要素的特色

1. 理水手法多样

理水在意大利有着古老的传统，最初是兼有实用和装饰功能，形式有水渠和水池，既可浇园又可戏水淋浴，同时也可增加空气中的水分。在意大利园林艺术中，理水形式多种多样，使用最为广泛的一种形式就是喷泉，人们将喷泉视为意大利园林的重要特征之一。其他理水形式还有水池、瀑布、水剧场等。

2. 植物的使用

植物是意大利园林中造景的重要材料和手段。在植物的选择上，由于地理和气候的因素，意大利园林中多使用常绿树种，而花卉植物的使用则较少。在植物材料的运用上，树木多采用对植、行植、带植、丛植及片植的方式。在应用植物材料造景方式上，意大利人在树木修剪术（又称植物雕塑、绿色雕塑）上的技艺堪称一绝。常见的造型有各种几何形状，如球形、方形、圆锥形等；有各种动物和人物造型；还有将其修剪为建筑造型，如拱门、壁龛等，如在加姆伯雷亚庄园中甚至把植物修建成一座绿荫剧场，让人叹为观止。

3. 雕塑陈列

雕塑的运用丰富了意大利园林艺术的内涵，也提高了其艺术水准。起初雕塑仅置于喷泉、壁龛之中，后来雕塑作品与园林中的各种建筑和装饰形式结合起来。同时，也有大量雕塑作品以单体形式陈列于花园中。这些不同形式的运用，不仅丰富了花园中的观赏内容，而且大量精美的雕塑作品的陈列，也提高了造园的艺术水准，使园林艺术变得更为综合化。雕塑作品的题材最初都是古希腊、古罗马神话故事中的主人公，也有古希腊雕塑作品的复制品，之后又创造了一批巨人和怪兽等形象。后期雕塑的题材更加广泛，造型也更加生活化、生动化。

二、法国式传统园林

法国的规整式园林崇尚开放，流行整齐、对称的几何图形格局，通过人工美以表现人对自然的控制和改造，显示人为的力量。它一般呈具有中轴线的几何格局：地毯式的花圃草地、笔直的林荫路、整齐的水池、华丽的喷泉和雕像、排成行的树木（或修剪成一定造型的绿篱）、壮丽的建筑物等；通过这些布局反映了当时的封建统治意识，为的是满足其追求排场或举行盛大宴会、舞会的需要。其中具有代表性的是凡尔赛宫、枫丹白露宫，它们均已被列为世界文化遗产。

（一）设计形式规整，气势磅礴

法国园林的几何形规则布局源于西方建筑的悠久传统。法国古典园林线条简练，布局规则，构图明快，效果强烈，大量地采用了古希腊建筑的艺术表现手法，因而素有“绿色建筑”之称。

法国古典园林地表平坦开阔，园林极少依山而建，一般皆为平地园。凡尔赛园址原为一片有丘陵沼泽分布其间的准平原，整个园林就建造在经过削平丘陵、填平沼泽后形成的人造平原上。不过，因为法式园林中的喷泉需要水源，也有园林家主张在山麓平原选址造园，是为一举两得的折中方案。枫丹白露的园址正是依据这一标准选取的。

法国园林平坦的地势使得其占地面积和园内的建筑、装饰、植被等都有很大的规模，给人一种气势磅礴的印象。这种规模上的宏伟和体量的巨大，不仅展示了法国园林在设计布局上的独特魅力，更显示了其唯我独尊的意识和文化优越的心态。虽然法国园林一般都气魄宏大，但由于设计布局合理，带给人的是平稳舒展之美，给人以开阔眼界和胸怀的震撼之感。

（二）构景要素设计手法多样

1. 理水手法多样

法国园林十分重视园内的水体，但不管在孚·勒·维贡特还是凡尔赛宫，无论是面积达29.5万平方米的十字大河渠，还是仅三五平方米的喷泉小池，几乎所有水体都是间断分布的。法国园林推崇人工美，喷泉发展得尤为充分，并与我国园林的假山一样，不仅形成了一种专门技艺和职业，而且成了最能代表法国园林风格特征的景观要素之一。凡尔赛宫园林中的上千喷泉，以墨绿的林荫为背景，与洁白的大理石雕像相映衬，跳珠喷玉，散琼扬雪，涌银珠于清池，挥白练于碧空，蔚然成其水景大观，并创下了园林史上最大喷泉集群的纪录。

2. 植物选材丰富，运用新颖

法国园林的树木和花卉都是规则式或行列式种植，灌木都修剪成几何形如球形、半球形、棱柱形、圆锥形等。法国园林的理论基础来自建筑学，树木的规则式种植、几何形修剪，正是为了构成“绿色建筑”的规则造型。单一植物品种丛植能使整个群落在形状、色彩、季相变化、生长速度等方便保持一致，从而保证“绿色建筑”的稳定性。在理论上，法国园林家们强调树木胜过强调花卉。

（三）装饰手法精湛，风格华丽

法国园林在装饰上更为讲究，追求奢侈和排场，努力运用各种形式，将园林打扮得非常美丽。法国园林在装饰上的华丽，首先表现在布局上，不仅构图优美，各部分比例协调，而且常能恰当运用营造气氛的景物，如对喷泉的运用。以凡尔赛宫为例，在其顶峰时期，它的喷泉数量多达1400座，现今还保留有多达600座。花坛是最能反映法国园林精巧优美装饰手法的代表。花坛中各种曲线、涡形线的运用，展示了高超的技巧美；而五彩缤纷的花卉的运用，则展示了丰富的色彩美。雕塑在法国园林中不仅起到了陈列和装饰的作用，而且作品的题材和相互关系也形成了亲密的联系。例如，凡尔赛宫中雕塑的主题就有四时、四季、四元素、四大洲、四种气质等多个主题，而且雕塑制作技艺高超，造型生动优美，栩栩如生。

三、英国式传统园林

英国的风景式园林兴起于18世纪初期，其风格否定纹样植坛、笔直的林荫道、方正的水池、整形的树木，扬弃了一切几何形状和对称均齐的布局，代之以弯曲的道路，自然的树丛和草地、蜿蜒的河流，讲究借景和与园外的自然环境相融合。英国园林的典型代表是伦敦基尤皇家植物园。

（一）回归自然

英国园林不仅在形式上摆脱了园林与自然相对割裂的状态，使园林与自然景观结合起来，而且在内容上摆脱了园林就是表现人造工程之美，表现人工技艺之美的模式，形成了以形式自由、内容简朴、手法简练、美化自然为特点的新风尚。英国自由式园林形成的意义，不仅在于它是一种园林风格的改造，而且在于它从新的角度审视了人与自然之间的关系，扩大了人们的审美领域，进而也扩大了园林艺术的发展空间。

英国园林以天然的真山真水为造园基址，辅以必要的人工地形与改造，配以各种建筑小品和装饰等，借以营造出不同的湖光山色、田园情趣，使人既能领略自然之美，又能品味艺术之美，同时还能借景抒怀，陶冶情操。如园林师W. 肯特在园林设计中大量运用自然手法，改造了白金汉郡的斯托乌府邸园。园中有形状自然的河流、湖泊、起伏的草地、自然生长的树木、弯曲的小径，全园呈现出牧歌式的自然格调。

（二）自由式的设计

园林设计上的自由灵活、不守定式是英国园林有别于意大利和法国园林的独特之处。英国园林把自由灵活的形式、人与自然的和谐、风景画般的景色作为追求的境界。自由式的设计为园林设计师提供了广阔的创作舞台，使他们可以更好地图解和诠释他们各自的审美理念，创造和描绘出他们心中的美景。

（三）构景要素的配置

1. 建筑小品的运用

建筑小品是英国风景式园林的重要构园和构景要素。一般建筑小品有以下几类：神庙，包括希腊式、古罗马式、古埃及式甚至印度式和中国孔庙式；亭阁，多为圆形，亭子中央多安放一尊大理石雕像，常以维纳斯像为主；碑牌，为点景之物，有缅怀先人、感怀历史之意，也有追求一丝愁绪、营造浪漫氛围之意。此外还有游桥、石栏杆、园门、壁龛等多种形式。

2. 植物材料的选用

植物是英国园林中的主角，是造景的重要材料和手段。首先是大面积草场的使用。英国畜牧业发达，人们对具有田园诗般浪漫景色的天然牧场情有独钟，所以草地铺到了每一个角落。其次是林木的运用。高大的乔木和低矮的灌木都是英国园林造景的重要素材。最后是花卉的运用。英国人对花卉的喜爱达到了如痴如醉的程度，这既与他们的民族传统有关，也与英伦三岛夏日阴霾的天气有关。园林中一般建有专门的花卉园，花卉园四周以灌木相围，在风景园的小径两侧也常用带状的花卉进行装饰，以期达到天然野趣的效果。英国园林在植物种植丰富的条件下，运用了对自然地理、植物生态群落的研究成果，创建了各种不同的人类自然环境，后来则发展成以某一风景为主题的专题园，如岩石园、高山植物园、水景园、沼泽园以及以某类植物为主题的蔷薇园、百合园等。这种专题园对自然风景有高度的艺术表现力，对造园艺术的发展有一定的影响。如皇家植物园邱园收集有世界最多种类的植物和植物标本，因其在植物学上的突出地位已被列为世界遗产。

第七节 中外园林赏析

一、中国古典园林

（一）苏州古典园林

1997年，以拙政园、留园、网师园、环秀山庄为典型例证的苏州古典园林被列入《世界遗产名录》。2000年，沧浪亭、狮子林、艺圃、耦园和退思园作为《苏州古典园林》扩展项目也被列入《世界遗产名录》。世界遗产委员会对其做出的评价是：没有哪些园林比历史名城苏州的九大园林更能体现出中国古典园林设计的自然微缩景观。苏州园林被公认是这一流派的典范。这些建造于11—19世纪的园林，以其精雕细琢的设计，折射出中国文化中源于自然而又超越自然的深邃意境。

苏州位于江苏省南部，既是一座有2500年历史的文化古城，也是一座著名的园林城市，素有“上有天堂，下有苏杭”之美誉。苏州园林历史悠久，可以上溯至公元前6世纪春秋时吴国的离宫别苑；私家园林始于东晋，盛于宋、元、明、清，全盛时期全城多达200余处。目前尚存50余处，已对公众开放30处。苏州古典园林承载着我国历史上政治、经济、文化发展的大量信息，以其意境深远、构筑精致、艺术高雅、文化内涵丰富而成为具有历史、文化、艺术和科学价值的珍贵的世界文化遗产。

拙政园：位于苏州娄门内的东北街，占地约41 333平方米，是苏州最大的一处园林，也是苏州园林的代表作。现存园貌多为清末时所形成。拙政园布局主题以水为中心，风格

◎ 苏州拙政园（中国）

明朗清雅、朴素自然。全园分东、中、西三个部分，中园是其主体和精华所在。远香堂是中园的主体建筑，其他一切景点均围绕远香堂而建。

留园：坐落在苏州市阊门外，占地约33 333平方米，全园大致分为中、东、西、北四部分，中部以山水为主，是全园的精华所在。留园建筑数量较多，其空间处理之突出居苏州诸园之冠，充分体现了古代造园者的高超技艺和卓越智慧。

网师园：位于苏州城东南十全街,占地约5000平方米，是苏州最小的园林。园中有屋宇、亭廊、泉石、花草，体现了苏州庭院布置的精粹。网师园的亭台楼榭无不面水，全园处处有水可倚，布局紧凑，以精巧见长。

◎ 苏州网师园（中国）

环秀山庄：位于苏州景德路262号，面积不大，造园家移天缩地，叠石造山，成就这一方名园。园景以山为主，池水辅之，建筑不多。园虽小，却极有气势。环秀山庄大厅四周都种植有青松、翠柏、紫薇、玉兰。万树成碧，花气袭人，为山池、建筑平添几分生机和意趣。

沧浪亭：位于苏州城南三元坊内，是苏州最古老的一所园林，造园艺术与众不同。园内以山石为主景，全园清幽古朴，适意自然，如清水芙蓉，洗尽铅华，无一丝脂粉气息。

狮子林：位于苏州潘儒巷内，东靠园林路。狮子林的湖石假山既多且精美，洞穴岩壑，奇巧盘旋、迂回反复。狮子林主题明确，景深丰富，个性分明，假山洞壑匠心独运，一草一木别具神韵。

艺圃：位于苏州市阊门内天库前文衙弄5号。园内景致宜人、风格质朴，较好地保存了建园初期的格局，具有很高的历史与艺术价值。全园以约占五分之一的池水为中心。艺圃以池水、石径、绝壁相结合的手法，取法自然而又力求超越自然，是明清时期苏州一代造园家最为常用的布局技法。

耦园：位于苏州市内仓街小新巷7号。耦园布局独树一帜，以四进厅堂的宅地为中心，东西两园与住宅之间以重楼相通。主体建筑坐北朝南，是一组重檐楼厅建筑。园内最著名的景观为修筑于城曲草堂楼厅之前称“黄石假山”。假山东半部较大，自厅前石径可通山上东侧的平台及西侧的石室。假山西半部较小，自东而西逐级降低。东西两半部之间有谷道。园内池水随假山向南延伸，池南端有阁跨水而筑，称“山水阁”，隔山与城曲草堂相对，形成了以山为主体的优美景区。

◎ 苏州狮子林（中国）

◎ 苏州耦园（中国）

退思园：位于吴江同里镇东溪街。全园简朴淡雅，水面过半，建筑皆紧贴水面修筑，园如浮于水上，是我国唯一一处贴水园建筑，体现了晚清江南园林建筑的风格。退思园一改以往园林的纵向结构，而变为横向建造，左为宅，中为庭，右为园。全园格局紧凑自然，结合植物点缀，呈现出四时景色，给人以清朗、幽静之感。退思园集清代园林建筑之长，园内的每一处建筑既可独自成景，又与另一景观相对应，具有步移景异之妙，堪称江南古典园林中的经典之作。

◎ 同里退思园（中国）

（二）颐和园

颐和园于1998年被列入《世界遗产名录》。世界遗产委员会的评价是：北京颐和园始建于1750年，1860年在战火中严重损毁，1886年在原址上重新进行了修缮。其亭台、长廊、殿堂、庙宇和小桥等人工景观与自然山峦和开阔的湖面相互和谐、艺术地融为一体，堪称中国风景园林设计中的杰作。

颐和园是世界著名的皇家园林，地处北京西北郊外。颐和园旧称“清漪园”，于1886—1895年重建，后改名为“颐和园”，耗银3000万两，历时10年。颐和园规模宏大，占地面积达2.93平方千米，主要由万寿山和昆明湖两部分组成。各种形式的宫殿园林建筑3000余间，大致可分为行政、生活、游览三个部分。

以仁寿殿为中心的行政区，是当年慈禧太后和光绪皇帝坐朝听政，会见外宾的地方。仁寿殿后是三座大型四合院：乐寿堂、玉澜堂和宜芸馆，分别为慈禧、光绪和后妃们居住的地方。宜芸馆东侧的德和园大戏楼是清代三大戏楼之一。

◎ 颐和园（中国）

颐和园自万寿山顶的智慧海向下，由佛香阁、德辉殿、排云殿、排云门、云辉玉宇坊，构成了一条层次分明的中轴线。山下是一条长700多米的“长廊”，长廊枋梁上有彩画8000多幅，号称“世界第一廊”。长廊之前即是碧波荡漾的昆明湖。昆明湖的西堤是仿照西湖的苏堤建造的。万寿山后山、后湖古木成林，环境幽雅，有藏式寺庙，苏州河古买卖街。后湖东端有仿无锡寄畅园而建的谐趣园，小巧玲珑，被称为园中之园。

颐和园整个园林艺术构思巧妙，在中外园林艺术史上地位显著，是举世罕见的园林艺术杰作。

◎ 颐和园排云殿（中国）

◎ 颐和园石舫（中国）

二、西方古典园林

（一）凡尔赛宫及其园林

凡尔赛宫及其园林于1979年被列入《世界遗产名录》。世界遗产委员会的评价是：凡尔赛宫为法国国王路易十四到路易十六的王宫，经过数代建筑师、雕刻家、装饰家、园林建筑师的不断修饰，一个多世纪以来，一直是欧洲王室官邸的完美典范。

凡尔赛宫和园林位于距巴黎西部约20千米的凡尔赛，是17世纪专制王权的象征，也是法国古典主义艺术最杰出的典范。凡尔赛宫最初是路易十三修建的用于狩猎的行辕，路易十四当政时开始建宫。从1661年动工到1689年才得以完成。宫殿主体达707米，有700多个房间，两翼是宫室和政府办公处、剧院、教堂等。中部的镜厅是凡尔赛宫最著名的部分，尽显当年皇室的奢华之风。拱形天花板上是描绘中世纪人们生活场面的巨幅油画。厅内两旁排有罗马皇帝的雕像和古天神的塑像，并有3排挂烛台、32座多支烛台和8座可插150支蜡烛的高烛台，经镜面反射可形成3000支烛台，映照得整个大厅金碧辉煌。

凡尔赛宫的园林在宫殿西侧，面积有100万平方米，呈几何图形，具有欧洲古典园林艺术的风格特征。园林分为三部分，以水池为中心，南北两端皆为花坛。跑马道、水池、喷泉、花坛、河流与假山、亭台楼阁一起，使凡尔赛宫的园林成为欧洲最具古典主义风格的园林艺术的杰作。

（二）德绍–沃利茨园林

德绍–沃利茨园林建于18世纪，是欧洲园林建筑的典范之一，2000年被列入《世界遗产名录》。

18世纪中叶，在欧洲大陆一些以往的几何式花园被改为风景园的同时，一些新建的园林则直接采用了自然风景园的风格，较早的实例是德国德绍附近的沃利茨园。由于受到英国与意大利园林及建筑的双重影响，沃利茨成为自然与艺术相结合的出色作品。面积1.1平方千米，位于易北河边凹地的沃利茨园是河谷式风景，中心是长条形的沃利茨湖，通过水面把全园划分为几个景区，有哥特式小建筑、中国桥、人造小火山等。沃利茨园在刚建好时就成为一个出色的园林而吸引了大批著名的人物。

思考与练习

第七章　名人故居文化

每一位名人都是一部大书，而每一处名人故居都记载了名人成长的痛苦和欢笑；每一位名人都用自己有限的生命创造了永恒的辉煌和传奇，而每一处名人故居都铭刻了一段奇妙的故事。故居中仿佛可见名人的音容笑貌，故居中可以感受到名人的伟大精神、胸怀和情操。故居是一个家园，故居是一片净土，故居是一种资源，故居是一种文化。

本章视频

第一节　名人故居概述

一、名人故居的概念

名人故居是指名人出生和青少年时期所居住过的地方，或者是指名人在人生中最为关键或是最有成就的岁月所居住的寓所，而后者则必须要有很高的社会认同感。真正意义上的故居，应该是与这位名人的成长经历或是与其思想形成阶段有关的地方。所以，名人故居一般是一人一处，特殊的也可以有两个，而故居的标准则主要取决于其人文价值。所谓名人，一般是指在历史上有过一定功绩或影响力的人。名人的精神、风范、德行情操曾经影响过一代或几代人。后人为了纪念他们，更为了解学习其在历史长河中积淀下的人文精神，便将他们的典型的和具有象征意义的生前居所开辟出来，故居内放置和保存与其人有关的事物供人们观瞻和缅怀。这样一直保护和留存下去，它们便成了历史演进过程中的一处必不可少而又绝佳的思古感怀之处，它们将名人和他们所处时代的文化与精神收纳保存，并随着后人的吸收融合、完善丰富后而得以沿袭和传承。

当然，名人们的业绩，后人可以从历史典籍中完整地获知，但是名人故居的存在却能给人们以直观的和质的感受，强化感性认识，并能让人感悟和还原对于名人及其文化精神的想象。随着岁月的流逝，名人所留下的一屋、一物也便成了后世不可多得的文物。更可贵的是，名人故居里还沉淀了他们的生命、思想和人格的成长因素。名人故居的存亡与其受关注的程度，是由后人和某一时代所倡导的精神和风尚所决定的。名人故居的冷暖也折射出名人在后世的影响力。因此，要使名人故居游览整体趋热，一个重要的环节便在于发掘这些历史文化名人的价值，找寻其与时代精神的契合点，使之与时俱进，从而更好地服务于当世。

名人故居是历史文化的重要坐标，是一项不可再生的历史文化资源。作为历史文化遗存中珍贵的人文资源，名人故居是城市和乡村的文脉和灵魂，特别是它深化了现代化城市的人文内涵，增添了其文化魅力。同时，作为历史文化的重要内容和城市文化可持续发展的动力的名人故居，还是一种重要的旅游文化资源；充分挖掘名人故居中的文化内涵，倡导文化旅游，是提高旅游品味，促进旅游持续、健康发展的重大举措。因此，名人故居具有丰富的人文价值、市场价值和旅游价值。

二、名人故居的价值

1. 人文价值

名人故居是人类社会和文化发展的历史长河中的一朵朵浪花、一个个标志。人们常说建筑是凝固的音乐，其实这也从一定意义上道出了名人故居所具有的人文内涵。

第一，名人故居具有一种文化的孕育场所的功能，其建筑体或建筑群对名人的成长，特别是对他们心理性格包括人格的成长具有某种特别而潜在的影响。故居是名人成长和心理生成发展的摇篮。如果说童年的心理生成与发展，将会对一个人成年之后的心理演变与发展产生深远影响的话，那么，故居环境所具有的文化孕育场所的功能，对名人的成长所产生的影响也是显而易见的。故居一般是名人童年和少年生活的主要场所，其文化孕育场所的功能有着深厚的人文内涵，这一点也为不少名人在回忆时提到。游览和考察名人故居，从它们的建筑构造和室内布局等特殊角度来解读名人的成长历史，透过故居所展现的文化氛围，能使人们直接感到一种心灵的亲切和波动。故居作为一种文化的存在，是曾经潜移默化地影响着名人的成长的，这种影响如同春雨润物那样无声地滋润着人们的心田。

第二，名人故居具有历史和文化的传承与研究价值。历史和文化随着岁月的流逝而积淀，同时也在不断地发展和更新。名人故居是特定历史条件、特定区域、特定民族和民俗文化的产物，具有当时当地的历史和文化特色，传承着家庭、家族和民族的历史与文化传统，从建筑学、民俗学、审美学等多种角度来进行考察、审视名人故居的建筑本身、建筑内所保存的物品以及建筑环境，都可以看到它所具有的历史文化的价值。因此，考察和研究名人故居，对了解不同地区，不同时代，不同家族、民族和国家的历史文化及其心理根源和促进其交流融合等都具有不可缺少的意义。同时，名人故居也记录了名人个人的心灵成长和思想形成过程的点点滴滴，其作为人文景观所包含的文化氛围，可以使后人了解和感悟他们的精神和思想在当世的留存与影响。故居所包含的特定历史、文化和名人的精神，也会随着时代的发展和岁月的累积，在与后世的时代精神风尚的碰撞契合中，不断展现新的人文价值。

第三，故居具有“家园”的原型和象征的意义。可以说，故居是全人类共同的精神家园。文化的信仰从本质上来说即是人生的信仰，其功能和意义是要让人们寻找和构建精神的家园。“家”和“家园”精神性的价值是一种挥之不去的“还乡”情结。从这个意义上来说，故居或名人故居的人文价值是永恒的，它们会长久地留存在人们的心灵世界，成为人们的精神和心灵的家园。对故居、名人故居的凭吊，可以让人们从中获得一种历史和人生的沧桑感。故居作为实体存在的“家”和作为精神归宿存在的“家园”，往往就成为现实生活中人的精神的“支撑点”。将故乡、故居作为生命旅途中的一个精神的支撑点，其人文价值就在于在故乡、故居上寄托了生命的理想和情怀、生命的价值与意义。从这个意义上来说，故乡、故居将不仅仅只是单纯的历史存在和建筑存在，同时也是一种文化的精神的存在。

另外，作为保存、延续和传承历史文化的载体，名人故居也是发挥学习和社会教育功能的重要场所。游览和参观名人故居，可以从故居的整体和其局部的一物、一器中了解名人所处的时代、故居的文化韵味等，从中得到知识的学习和心灵的净化。另一方面，名人故居对于青少年的教育功能也是名人故居的重要人文价值。名人故居是人们特别是青少年学习历史和传统文化、缅怀先贤业绩和弘扬前人美德的重要场所，具有教化作用和陶冶情操的功能。名人故居对于文明与文化之脉的传承作用与它的政治思想教育作用密不可分。人们通过对名人故居的参观、瞻仰，可以从中受到它所传递给我们的诸如民族主义、爱国主义以及其他各种道德情操思想的教育，还可以受到心灵的震撼和精神的激励。正因如此，在目前的旅游经济时代的大潮中，保护和开发名人故居也就显得尤为重要，它是实现名人故居文化可持续发展的一条重要途径。

2. 旅游价值

名人故居的旅游价值，是建立在其人文价值的基础上或以之为前提的。具体来说，名人故居的旅游价值可以分为两个方面。一方面，对于开发者来说主要是市场价值即经济价值；另一方面，对于旅游观光者来说则主要是其审美价值。

随着社会经济的发展，保护和开发旅游资源已成为世界各国旅游业发展的一个新动向。世界各地在旅游业的发展中，都逐渐注重打出“文化品牌”，这既是时代和旅游业发展的需要，也体现了发展的进步。作为重要的人文旅游资源，名人故居自然成为这些旅游文化品牌中不可忽视的一种。名人故居既有助于提高当地的知名度，吸引国内外更多较高文化、经济、科技界等人士的关注，有力地推动当地旅游业的发展，还可提高当地人民的自豪感，振奋和激励人们的精神追求，进而直接或间接地促进当地经济的发展。在世界相当多的国家里，一个拥有名人故居的旅游地，很多国内外游客到了那里都要特意去参观和瞻仰名人故居，甚至有不少游客是专门为瞻仰某个和某些名人故居而去那里旅游的。这样

的旅游地，理所当然地也因名人故居而带动了当地旅游业的兴旺，形成了可观的市场即经济效益。

3. 审美价值

审美价值也可称为艺术价值，因为艺术价值的本质即审美。从根本意义上看，旅游观光本身就是一项综合性的审美实践活动。名人故居的建筑和建筑环境以及故居内的文物、绘画、雕塑、陈设、古董等艺术形式都可以提供给旅游者以审美的对象。游客在审视名人故居所蕴藏的名人和其所处时代的历史文化内涵的同时，也可以欣赏这些本身就是艺术的各种形式的实物，从而进一步得到审美的精神愉悦。通过名人故居和故居内各种形式的艺术作品，我们可以形象地看到当时的历史人文，包括历史事件、名人以及与其同时代和地区人民的生存状态、生活方式、生活习俗，以及他们特别是名人自身性格、人格、思想和情感的成长与发展历程。游览名人故居所得到的这种审美享受和愉悦，不仅本身就是一种极高的价值与收获，而且对于游人体悟和发现名人故居的人文价值，了解和学习其所传达的历史文化信息，获得自身思想道德情操的教育和熏陶，也都可以起到一定程度的启迪和促进作用。

第二节　游走在世界名人故居之间

一、思想家故居

思想家是人类智慧的集大成者，如果把人类比作一个躯体，那么思想家无疑就是人类的大脑和灵魂。思想家以其聪慧的头脑思考人类及自然高度抽象的、一般性的和根本性的问题，形成一系列的思想体系，并不断对其进行更新。这些思想体系影响着人类的思维方式、价值观念、意识形态，推动着人类文化与文明的形成、进步和发展。思想家的故居见证了思想家们生活、学习和成长的过程，也孕育了他们精神思想的形成和发展。

在世界范围内，著名的思想家故居有：意大利费拉拉亚里士多德故居、法国波尔多孟德斯鸠故居、法国菲尔奈伏尔泰故居、瑞士日内瓦卢梭故居、德国斯图加特黑格尔故居、德国法兰克福叔本华故居、德国魏玛尼采故居档案馆、德国特里尔马克思故居、德国伍珀塔尔恩格斯故居、德国哥尼斯堡（今俄罗斯加里宁格勒）康德故乡、奥地利维也纳弗洛伊德故居、瑞士库斯纳赫特荣格故居、中国山东省曲阜市孔子故里、曲阜城南凫村孟子故居、河南省鹿邑县太清宫镇老子故里、河南省民权县顺河乡青莲寺村庄子故居、山东省惠民县城孙子故园、山西省安泽县荀子文化园、山东省滕州市墨子故居、福建省武夷山市五夫镇朱熹故居等。

1. 中国伟大思想家的故里——孔府

孔子是我国春秋末期的思想家、政治家、教育家及儒家学说的创始人。自汉以后，孔子的学说成为中国两千余年封建文化的正统，影响极大。

孔子故居在山东省曲阜市，这里有中国现存最完整的古建筑群之一的孔庙，有号称“天下第一家”的孔府，有世界延时最长、规模最大的家族墓地孔林。孔庙占地约133 333平方米，南北长达1000多米，是祭祀孔子的庙宇，其大成殿与北京故宫太和殿、泰山岱庙天贶殿并称东方三大宝殿。孔府收藏了大批历史文物，著名的有“商周十器”，亦称“十供”，形制古雅，纹饰精美，原为宫廷所藏青铜礼器，于清乾隆三十六年（1771年）赏赐孔府。孔府还收藏金石、陶瓷、竹木、牙雕、玉雕、珍珠、玛瑙、珊瑚以及元、明、清各代各式衣冠剑履、袍笏器皿，另有历代名人字画，其中元代七梁冠为国内仅有。孔府并存有明嘉靖十三年（1534年）至1948年的档案30万件，内容丰富，从不同角度反映了我国古代政治、经济、思想、文化的一个侧面，具有重要历史价值，现已整理出9000多卷。孔府档案是世界上持续年代最久，范围最广，保存最完整的私家档案。孔子故里现有文物景点103处。

◎ 孔府（中国）

1994年，曲阜孔庙、孔府和孔林被列为世界文化遗产。

2. 辩证法大师出生的地方——黑格尔故居

黑格尔1770年8月生于德国的斯图加特市，并一直在斯图加特生活到1788年，他在青少年时代受过良好的家庭教育。1829年，59岁的黑格尔就任柏林大学校长，其哲学思想才最终被定为普鲁士国家的钦定学说。1831年，黑格尔在柏林去世。黑格尔的故居在斯图加特的市中心，是一幢4层楼房，静静地伫立在车水马龙的繁华环境中。在黑格尔故居可参观两个展览：“1770—1831年黑格尔时代的斯图加特”和“从斯图加特到柏林：黑格尔的生活之路”。故居展出有黑格尔的半身石膏塑像、照片、手稿和世界各地的出版物，以及黑格尔时代的各种实物。黑格尔的手稿用幻灯机打到墙上，让人能够联想到黑格尔在这里的日日夜夜。

黑格尔是德国古典唯心主义辩证法哲学的集大成者，彻底的客观唯心主义者。马克思和恩格斯在创立唯物辩证法时，批判地吸取了黑格尔哲学中的辩证法。黑格尔一生著述颇丰，其代表作品有《精神现象学》《逻辑学》《哲学史讲演录》《美学》《哲学全书纲要》等。对喜爱德国历史以及哲学的游客，黑格尔故居是一个值得一览的去处。

3. 19世纪伟大的思想家的诞生地——马克思故居

德国摩泽尔河畔的特里尔市，是伟大的思想家、共产主义革命导师卡尔·马克思的诞生地。马克思故居位于布吕肯街10号，是一座莱茵地区典型巴洛克风格的白色三层小楼，1818年5月5日，马克思诞生于此。他在这里生活了17个年头，并与其终身伴侣燕妮留下了一段“青梅竹马”的佳话。故居第一层的展室中，展出有马克思的出生证书、马克思与燕妮的结婚盟约和结婚证书等。第二层上有马克思出生的房间。展台里陈列着马克思和恩格斯的许多著作和有关的历史资料。第三层介绍了马克思的共产主义理论，玻璃橱里陈列着《共产党宣言》以及《资本论》的各种版本，还有马克思赠给父亲的诗集的手抄本和马克思为燕妮收集的民歌等珍贵文物。

特里尔是德国最古老的城市，有“第二罗马”的美誉，见证了德国悠久的历史。1986年，特里尔的古罗马建筑、圣彼得大教堂和圣玛丽亚教堂被列为世界文化遗产。漫游特里尔城，既可欣赏到古罗马、哥特式、文艺复兴及巴洛克式这些不同建筑风格，更可在畅游摩泽尔河和萨尔河沿岸风光之余，探访山谷酒园和品尝地道的葡萄酒名酿。

二、政治家故居

政治家以政治为职业，具有崇高而现实的政治理想和政治主张，他们既掌握国家权力或参与国家最高决策，也掌握政治艺术，以自身的社会政治实践活动推动社会历史的发展，是进步阶级或集团的代表人物。他们具有百折不挠的理想和追求，感动人心的精神和人格力量，高瞻远瞩的眼光，高超的领导能力，坚定的意志和果敢的决断，为领导人民追求最广大的公平、平等、幸福和自由贡献自己的一生。政治家能最大限度地影响一个国家和民族的进程，他们个人的思想和行为都对社会和历史产生一定程度的作用。

在世界范围内，著名的政治家故居有：英国伊利奥利弗·克伦威尔故居、英国伍德斯托克丘吉尔故居、法国巴黎罗伯斯庇尔故居、法国科西嘉拿破仑故居、法国根斯巴哈非洲之父史怀哲故居、法国弗朗德勒省里尔戴高乐将军故居、格鲁吉亚哥里斯大林故居、俄罗斯乌里扬诺夫斯克列宁故居、美国佐治亚州亚特兰大马丁·路德·金故居、美国华盛顿郊区华盛顿故居、美国弗吉尼亚州夏洛维茨尔的杰斐逊故居、美国伊利诺伊州春田林肯故居、美国加利福尼亚州约巴林达尼克松故居、日本京都伏见区桃山城丰臣秀吉故居、朝鲜平壤万景台区金日成故居、越南河内胡志明故居、澳大利亚悉尼西郊“联邦之父”帕克斯故居、委内瑞拉加拉加斯玻利瓦尔故居、哥伦比亚麦德林苏克雷故居、古巴哈瓦那何塞·马蒂故居、阿根廷上格拉西亚切·格瓦拉故居、南非索韦托曼德拉故居、湖南省双峰县荷叶镇曾国藩故居、湖南省湘潭县韶山毛泽东故居、江苏省淮安市周恩来故居、四川省广安县协兴镇邓小平故居、上海市香山路孙中山故居、北京市西城区后海宋庆龄故居等。

1. 美国之父的生前住所——华盛顿故居

乔治·华盛顿是众所周知的美国之父、美国第一任总统。华盛顿的故居更是美国人心目中的圣地，它吸引着全世界的人到此来观瞻和缅怀。故居坐落在华盛顿市区郊外波托马克河畔的大森林里，这里又被称作弗农山庄。山庄内布局整齐，草坪绿茵如毯。草坪南端正中的二层楼的白色主建筑，即华盛顿的起居所。这是一幢红顶白墙的典型18世纪英国乔治式建筑，两层半高。一楼大餐厅是主楼内最大的房间，为正式宴会之用。约克郡战役即筹划于此；也是在这里，华盛顿57岁时被通知当选美国第一任总统。值得一提的是，走廊的楼梯口挂着一幅素描和一把用来开启法国巴士底狱的黑色大钥匙。它们是率法军为美国独立战争助战的拉法伊特将军于1790年转呈给华盛顿总司令的，并称他为“自由之父”。

主楼旁现为故居博物馆。华盛顿生前非常喜爱这座宁静优雅的山庄。他说：“在美国，没有比弗农山庄更可爱的地方了。”

2. 法国著名将军的住所——拿破仑故居

法国的科西嘉岛是世界著名的旅游胜地，是地中海的第四大岛，也是拿破仑·波拿巴的故乡。科西嘉位于法国大陆东南约161千米，与意大利撒丁岛相望。法国小说家巴尔扎克形容科西嘉岛是“在意大利阳光照耀下的法国岛屿”。由于生态完好，景色美丽，科西嘉的吉罗拉塔湾、波尔多湾、斯堪多拉自然保护区和彼阿纳海湾四处于1983年被列为世界自然遗产。

1769年拿破仑出生于科西嘉的阿雅克修城，9岁去法国大陆军校学习，在19岁前后回过科西嘉两年，并于1799年从埃及返回巴黎的途中回过科西嘉一周。拿破仑是法兰西帝国的缔造者，他还颁布了《拿破仑法典》，这部法典至今还发挥着重要作用。现今，整个阿雅克修城都有他留下的遗迹，位于街道旁的拿破仑故居被重点保护。这是一幢古雅的四层楼房，拿破仑就出生在这里。故居的楼上可以看到拿破仑家族的起居室、休闲室、餐厅等，里面的家具陈设、装饰、藏画等都依照当年的样子放置且保存完好。大宅的外观和当年几乎相同。

3. 英国才华横溢的斗士诞生地——丘吉尔故居

温斯顿·丘吉尔是世界著名政治家、演说家及作家，1953年诺贝尔文学奖获得者，1940—1945年和1951—1955年两届英国首相，被认为是20世纪最重要的政治领袖之一，带领英国获得第二次世界大战的胜利。

丘吉尔庄园即布莱尼姆宫，位于英国伍德斯托克镇附近。丘吉尔于1874年诞生于此。庄园建于1705年，为当时安妮女王赐予约翰·丘吉尔（丘吉尔的祖先），以表彰他在1704年8月击败法军的战绩，庄园直到1722年才全部建成，沿袭了16世纪伊丽莎白时期的文艺复兴和哥特式风格。丘吉尔庄园拥有巨大的拱门，开阔的草坪，宽阔整洁的甬道，金色的宫殿。这里是英国最大的私人宅院，布莱尼姆宫是其中心建筑，宫内装饰富丽堂皇，保存着大量油画、雕塑、挂毯和许多精美的家具，包括前朝赏赐的昂贵的波斯地毯及奢侈的银质和瓷器餐具等。这里还有意大利雕塑家贝尼尼的水神喷泉，英国著名画家和建筑师的天顶画、巨大几何形花坛等作品。整座庄园充满田园气息，号称比英国皇宫还美，不少英国人还喜欢拿它跟欧洲第一大的凡尔赛宫相比。

◎ 布莱尼姆宫（英国）

4. 俄国伟大无产阶级革命导师的家乡——列宁故居

位于俄罗斯首都莫斯科东南875千米处的乌里扬诺夫斯克是列宁的故乡。1870年4月22日，列宁出生于此，并在这里度过了童年和少年时代。列宁故乡是人们心目中的圣地，列宁也是这座城市的名片。位于市中心的列宁博物馆是乌里扬诺夫斯克的标志性建筑。这里展出了与列宁有关的3500多件展品。在博物馆的后面有一座白色的二层小楼，便是列宁的出生地。列宁故居位于列宁大街68号。这是一座简朴的木制房屋，分上下两层，一楼是会客室、办公室和列宁父母的卧室，二楼则是列宁及其兄弟姐妹的卧室。

位于莫斯科东南40余千米处的哥尔克，是列宁度过一生中最后一段岁月的地方。列宁的《无产阶级革命和叛徒考茨基》《伟大的创举》《共产主义运动中的“左派”幼稚病》

等一系列重要著作都是在这里撰写的。故居包括一大一小两座黄色小楼，即主楼和北侧楼。1918年起，列宁来到这里居住。1924年1月21日，列宁在主楼的卧室里与世长辞。庄园里的钟表都停在6点50分，列宁离去的时刻。故居里还保存了一些珍奇的纪念品，如列宁专用的劳斯莱斯轿车等。

5. 中国封建社会为官典范之家——曾国藩故居

曾国藩是清朝时期的军事家、理学家、政治家和文学家，也是我国历史上最有影响的人物之一。他治学严谨，崇尚儒学，其学术思想以程朱理学为主体，把中国封建文化归纳为“义理、辞章、经济、考据”四门学问，见解独到，对当时和以后均有一定影响。

“富厚堂”又名毅勇侯第，是曾国藩的侯府，位于湖南省双峰县荷叶镇富托村，全宅占地约40 000平方米，建筑面积近 1 万平方米。富厚堂内有山有水，古木参天，亭阁相映，后山的鸟鹤楼和荷花池中的凝芳榭等5座亭阁与“缉园十景”使富厚堂成了一座典型的园林。这是一座我国乡间保护无几、仿周代诸侯泮宫（学宫）风格建造的“侯府园林”。它具有高品位的文化内涵，其文物保护价值不言而喻。

另外，这里的藏书楼藏书曾达30余万卷，超过近代史上著名的私人藏书楼山东聊城海源阁、江苏常熟铁琴铜剑楼、吴兴弼宋楼、杭州八千卷楼，是当之无愧的近代私人藏书第一楼。2002年2月和2006年6月曾国藩故居藏书楼和曾国藩故居先后被列为全国重点文物保护单位。

6. 红太阳升起的地方——毛泽东故居

毛泽东，湖南湘潭人，伟大的马克思主义者，无产阶级革命家、战略家和理论家，中国共产党、中国人民解放军和中华人民共和国的主要缔造者和领导人。

毛泽东故居位于湖南省韶山市韶山村，是一栋普通的农舍。毛泽东在1910年外出求学之前，在这里度过了他美好的童年和少年时光。故居的前面是儿时的毛泽东游泳的池塘，附近建有毛泽东纪念馆、毛泽东铜像、毛泽东诗词碑林等。故居从厨房往东，便是横屋（为现代的餐厅），再往里是毛泽东父母的卧室，室内的物件都依原样摆放，仿佛将人带回以往的岁月。相邻的房间便是毛泽东少年时代的住房，房内陈设简单朴素，床边的一盏桐油灯，曾伴随少年毛泽东度过无数不眠之夜、寻求革命真理，墙上有毛泽东三兄弟与母亲的合影，室内木楼上有一开口，1925年韶山第一个党支部就是在这个木楼上秘密成立。

1961年3月，国务院就已公布韶山毛泽东故居为全国重点文物保护单位，至今，它已经成为我国重要的革命纪念地，也是红色旅游的重要景点之一。成千上万的人前往毛泽东的故地，探寻这位伟人的足迹。

7. 改革开放总设计师的家——邓小平故居

邓小平，四川广安人，伟大的无产阶级革命家、政治家、军事家、外交家。

邓小平故居位于四川省广安县协兴镇牌坊村，是红色旅游的景点之一，1997年被命名为“全国爱国主义教育基地”；2001年8月，被确定为全国重点文物保护单位。在这里有大量珍贵的图片，分“革命年代”“建国时期”“开创新时期”“外事活动”“休戚与共”“多彩情趣”等八个部分，展现了伟人光辉的革命历程。

在距离邓小平故居仅一箭之遥的一片生态林半坡地上，建有邓小平故居陈列馆。陈列馆的建筑既有川东民居特色，又洋溢着浓浓的现代气息。陈列馆中最别具匠心的建筑便是右边的三个斜坡屋面，寓意邓小平“三落三起”的不平凡经历。

8. 孙中山夫人的家——宋庆龄故居

宋庆龄，中华人民共和国已故国家名誉主席，是举世闻名的爱国主义、民主主义、国际主义和共产主义的伟大战士，是杰出的国际政治活动家、中华人民共和国卓越的领导人。

宋庆龄故居位于北京市什刹海后海北沿46号。这处宅院充满了传奇色彩：这里曾经住过清朝鼎盛时期的两位权臣纳兰明珠和和珅，这里有清朝后期的三位亲王（嘉庆的兄长成亲王永瑆、载湉的生父奕繯、溥仪的父亲载沣）生活的足迹，这里也是两千年封建制中国的末代皇帝溥仪出生的地方。

故居中绝大部分的房间都被开辟为宋庆龄的生平展厅。展出的物品中有宋庆龄留

◎ 宋庆龄故居（中国）

美临行时母亲送给她的胸针和羊毛衫，有和孙中山先生的结婚照，有结婚时母亲送的被面，还有宋庆龄为中国福利院的孩子们亲手制作的花卉贺年片等，所有这些展品让每一个参观者都被这位美丽、端庄、勇敢、正义、慈祥的伟大女性所深深鼓舞着、感动着。

9. 黑人民族英雄的居住地——曼德拉故居

曼德拉故居位于南非最大的城市约翰内斯堡西南的索韦托镇维拉卡兹街8115号，是著名黑人解放运动领袖、南非前总统曼德拉的故居。索韦托是南非最大的黑人居住区城镇，其历史古迹比比皆是，被誉为南非的革命圣地，曼德拉和图图大主教等著名人物都曾在此战斗和生活过。如今，索韦托已世界闻名。典型的索维托之旅一般包括到传统的“席宾小酒吧”去坐坐。在这里，你能品尝到当地的啤酒、美食，并感受到人们的热情好客。另外，就是参观黑人领袖的故居。

曼德拉的故居是一座两室一厅的红砖平房，面积约为五六十平方米，四周由砖墙和木栅栏围着。房间里摆满世界各国赠送的礼品，以及著名的油画《曼德拉之泪》。在厨房墙边的玻璃柜里，摆着曼德拉获得学位和律师资格的各种证书。卧室里的双人床上铺着用猞猁皮制成的床罩——这是曼德拉酋长家族身份的象征。另外还有全为木制家具的餐厅兼客厅。曼德拉1952年担任南非非洲人国民大会全国副主席，1994年5月，当选为南非第一位黑人总统。曼德拉为黑人民族解放事业奉献一生，深受人民的爱戴。

三、文学家故居

文学家具有渊博的文化知识，他们利用高超的语言文字造诣创造出诸如小说、散文、戏剧（剧本）、诗歌等艺术作品，形象地反映客观现实，带领人们认知和感悟人类世界的一切知识、思想和情感，走进心灵的家园和精神的国度，追求人类的幸福、自由和理想，更给予人们以审美的享受和精神的启迪。文学家们通过他们所创造的文学作品，反映社会生活，表达自己的情感、认识和思想，并通过审美这一中间环节，影响人们的感情、思想以及行为，从而反过来间接地影响社会现实。文学家们的经典作品始终为人们所津津乐道、爱不释手，文学家们的故居同样也令人追思感怀、心向往之。

◎ 乌镇茅盾故居（中国）

在全世界范围内，著名的文学家故居有：意大利佛罗伦萨但丁故居、德国魏玛歌德故居和席勒故居、德国吕贝克托马斯·曼故居、英国斯特拉斯福莎士比亚故居、英国伦敦狄更斯故居、苏格兰阿洛韦彭斯故居、爱尔兰都柏林萧伯纳故居、法国巴黎巴尔扎克故居、法国巴黎孚日广场雨果故居、丹麦奥登赛安徒生故居、捷克布拉格卡夫卡故居、俄罗斯奥廖尔屠格涅夫故居、俄罗斯莫斯科普希金故居、美国新泽西州肯登惠特曼故居、美国密苏里州汉尼伯马克·吐温故居、美国丹维尔奥尼尔故居、哥伦比亚阿拉卡塔卡马尔克斯故居、印度加尔各答泰戈尔故居、日本京都紫式部故居、日本熊本夏目漱石故居、日本镰仓川端康成故居、中国江苏镇江赛珍珠故居、四川江油市青莲镇李白故居、成都市西郊杜甫草堂、江苏南京半山园王安石故居、浙江杭州陆游故居、山东济南李清照故居、江苏大丰市白驹镇北街施耐庵故居、山西太原清徐县罗贯中故里、北京市广渠门大街曹雪芹故居、浙江绍兴鲁迅故居、北京市西城区前海郭沫若故居、浙江桐乡乌镇茅盾故居、江苏扬州朱自清故居、山东青岛中国海洋大学闻一多故居、北京市东城区丰富胡同老舍故居、福建福州杨桥东路冰心故居、湖南凤凰城沈从文故居、山东青岛市鱼山路梁实秋故居、北京市西城区大翔凤胡同丁玲故居、上海市常德路张爱玲故居等。

1. 诗仙的家——李白故里

李白，字太白，号青莲居士，唐代著名诗人，也是我国文学史上继屈原之后又一伟大的浪漫主义诗人，素有“诗仙”之称。写有《梁甫吟》《读诸葛武侯传书怀》《书情赠蔡舍人雄》《行路难》《古风》《答王十二寒夜独酌有怀》等著名诗篇。

李白的故里位于四川省江油市青莲镇（即李白故里风景名胜区），青莲镇左有濂水环绕，右有涪江环抱，在唐代就是古绵州的重要城镇，直至清代，这里仍是水运发达的商贸重镇。1994年，青莲镇被四川省政府命名为四川省历史文化名镇，这里是李白度过青少年时代的地方，蕴含着深厚的历史文化内涵，是我国现今反映李白文化最完整的地方。景区内有太白祠、陇西院、粉竹楼、明贤词、月圆墓、洗墨地、磨针溪等历史悠久的文物景点，可以让游人追寻诗人的遗迹，了解李白出生、成长的故事，隔着一千多年的风雨体会诗人当初辞亲远游、仗剑去国的冲天壮志；漫坡古渡、红岩夜雨等遗址的动人传说，则会令游人产生无尽遐想，流连忘返。

2. 文艺复兴运动先驱者的诞生地——但丁故居

欧洲文艺复兴运动的发源地，意大利的佛罗伦萨，是一个大师巨匠辈出的地方，这其中就包括被恩格斯称为“中世纪最后一位诗人，同时也是新时代最初一位伟大的诗人”的但丁。佛罗伦萨是一座历史名城，作为文艺复兴的象征，从它13世纪的大教堂中就可以看到它那600年来非凡的艺术魅力：圣玛利亚大教堂的建造是文艺复兴建筑诞生的标志，乌菲齐宫、皮蒂宫是欧洲著名的艺术宝库。1982年，佛罗伦萨历史中心被列为世界文化遗产。

但丁故居位于市政广场东边的一条叫作但丁街的小巷里，是一座砖石结构的三层小楼，与周围建筑相比显得古朴而雅静。故居的展室里展出有来自久远年代的由羊皮纸装订成的《新生》《神曲》等诗作的珍贵手稿。墙上挂着的油画中最引人注目的是《但丁与贝雅特丽齐邂逅》。这幅画所描绘的美丽动人的故事就发生在阿尔诺河的老桥上，这座典雅的廊桥因为见证了但丁那段美好的初恋而出名。正是因为这段感情，成就了但丁的早年诗作《新生》。在二楼展柜里，还展出有1302年3月佛罗伦萨法庭的一张对但丁的判决书，是为历史的铁证。1302年，但丁因反对教皇及其在佛罗伦萨的追随者而被判决流放，后来他拒绝了佛罗伦萨当局要求其公开认错即可免死回乡的宣告。流放期间，但丁大多数时间都寄居于拉韦纳，并在那里完成了《神曲》的写作。如今，世界各地的仰慕者都会到佛罗伦萨追寻但丁的足迹，缅怀这位伟大的诗人。

3. 英国戏剧大师和诗人的出生地——莎士比亚故居

威廉·莎士比亚的故居位于英国中部艾文河畔的小镇斯特拉特福德。这是一座二层木架构的简单老式乡屋，1874年重建后依然保持着原始的都铎风格。走进故居，可见有莎翁之父、手套制造商及羊毛商约翰的文物，包括未完成的作品及原料；壁炉、长椅、圆桌、烛台、木床、绘画、纺织品等珍贵的早期家具、家居物品。在莎翁出生的房间有扇橱窗整齐地镶嵌着一些玻璃或黑色的石板，上面刻着曾经的来访者们如狄更斯、爱默生等这样的知名人物的留言。

◎ 莎士比亚故居（英国）

莎士比亚于1564年4月23日出生于斯特

◎ 莎士比亚故居起居室（英国）

◎ 莎士比亚故居展览馆（英国）

拉特福德，23岁时前往伦敦，在伦敦进行了文学写作，创作出了如《哈姆雷特》《罗密欧与朱丽叶》等传世佳作，成为文艺复兴时期欧洲文学最杰出的代表，马克思称他为“人类最伟大的天才之一”。晚年的莎士比亚又回到了斯特拉特福德，与他的家人共享天伦之乐，直到1616年去世，之后，这里便成为纪念这位英国最伟大剧作家的文学圣地和全世界文学爱好者的朝圣之所。

4. “魏玛的孔夫子”居住的地方——歌德故居

约翰·沃尔夫冈·歌德的故居位于德国南部的城市法兰克福市中心广场西北的鹿沟街，这是一幢精致典雅的四层坡顶楼房，四楼中央即为歌德的房间，名为“诗人坊”，歌德就是在这里完成他的《少年维特之烦恼》和《浮士德》初稿的。

歌德另一处著名的故居位于德国东部的历史文化名城魏玛，1998年古典之城魏玛被列入《世界遗产名录》，1999年又继雅典、巴黎之后，成为“欧洲文化之都”。歌德故居位于老城区，是一幢杏黄色巴洛克风格的三层楼房。二楼的会客室是歌德接待客人的地方，室内有一台光亮醒目的三角钢琴，为当年歌德和来访的席勒、黑格尔、克拉拉·舒曼等一起举行“音乐沙龙”时所弹奏的乐器。后部分房间为歌德的卧室和工作室，在工作室里，歌德完成了他的最后一部名著，即与《荷马史诗》、但丁的《神曲》和莎士比亚的《哈姆雷特》并称为“欧洲文学四大名著”的《浮士德》。

5. 浪漫主义文学运动领袖的故居——雨果故居

法国著名作家雨果是19世纪前期积极浪漫主义文学的代表作家，他一生中写过多部诗歌、小说、剧本，各种散文、文艺评论及政论文章，在法国及世界有着广泛的影响力。他的主要著作有《巴黎圣母院》《悲惨世界》《笑面人》等。

雨果在巴黎的故居位于市中心孚日广场6号，他于1833年至1848年在此居住，许多作品也在这里写成。这幢建筑物为三层加一层阁楼，故居内存放有雨果的画像、雕塑、照片和家庭的纪念品，雨果的手稿和书信，以及他亲手绘制的家人肖像和亲手制作的木雕家具等物。宽敞的客厅四壁皆装饰以红绸，故有“红客厅”之称，这里曾是一代作家的聚会之处，如维尼、大仲马、巴尔扎克等都是这里的常客。故居还有一间名为“中国饭厅”，里面全是按照中国风格布置的。

◎ 布鲁塞尔大广场上的雨果故居（比利时）

雨果的另一处寓所位于比利时的首都布鲁塞尔大广场26号和27号。布鲁塞尔大广场是欧洲最美的广场之一，位于市区中心，始建于12世纪，以中世纪富丽堂皇的各式建筑著名，1998年被列入《世界遗产名录》。

6. 东方文学泰斗的故居——泰戈尔故居

泰戈尔故居博物馆位于印度加尔各答泰戈尔国际大学的一座大院里。这是一座英式三层楼房建筑。故居的大门内便是画室，里面陈列着泰戈尔晚年所绘的三十几幅水彩画和粉笔画。泰戈尔的重要诗作有诗集《故事诗集》《新月集》《飞鸟集》等，中长篇小说有《沉船》等，1913年，他因英文版《吉檀迦利》而获得诺贝尔文学奖。泰戈尔还是一位音乐家，他的画室的后面即是音乐室，他在这里写下了许多歌曲。在泰戈尔故居博物馆里还挂着两幅徐悲鸿的作品，均为真迹，一幅为《逆风》，另一幅援引杜甫的诗句："哀鸣思战斗，迥立向苍苍。"

泰戈尔是一位多才多艺多产的杰出文学家和艺术家，他的创作鲜明地反映了在英国殖民统治之下的印度人民的反帝反封建的爱国热情，为近代的孟加拉语文学和印度文学的发展做出了巨大的贡献。泰戈尔不仅深受印度人民的热爱，而且在世界上享有很高的声誉。

7. 中国伟大的文学家故居——鲁迅故居

鲁迅是我国现代伟大的文学家。他一生写了很多表现出爱国主义和彻底的民主主义思想特色的作品：《狂人日记》《呐喊》《坟》《热风》《彷徨》《野草》《朝花夕拾》《华盖集》《华盖集续编》《阿Q正传》等。

鲁迅故居位于浙江省绍兴市都昌坊口，目前和百草园、三味书屋、鲁迅生平事迹陈列厅组成鲁迅纪念馆。这里是鲁迅童年和青少年时期成长、生活和学习的地方。室内陈设按当年原样摆放，不少家具和用品均是原物。百草园是周家原已荒芜的菜园，是童年鲁迅休憩和玩耍的乐园，占地2000平方米，现基本保持原样。三味书屋是清朝末年绍兴城内颇负盛名的一处私塾，鲁迅12～17岁在此读书。鲁迅生平事迹陈列厅通过大量实物、照片、手稿、书信、图表等展品，生动形象地再现了鲁迅一生的光辉业绩和由民主主义者转变为共产主义者的思想发展历程。

◎ 绍兴鲁迅故里（中国）

◎ 绍兴鲁迅故居（中国）

8. 让西方世界了解中国的地方——赛珍珠故居

赛珍珠是现代美国著名女作家、1938年诺贝尔文学奖获得者。她在中国生活、学习、工作了36年。美国前总统尼克松称她是“一座沟通东西方文明的人桥”。

◎ 赛珍珠故居（中国）

赛珍珠在我国一共有三处故居，它们分别位于镇江、宿州和南京，其中江苏省镇江市赛珍珠的故居是目前保存较好的一处。这是一栋东印度式的两层青砖小楼，由一株株高大参天的法国梧桐掩映着，四周花木扶疏。她在这里度过了童年、少年和青年时代，前后长达18年。她曾在这里陪伴、照顾病中的母亲，婚礼也是在楼前的小花园里举行的。故居目前的一切陈列都是按赛珍珠的回忆和笔下所描写的场景布置的。

南京的赛珍珠故居则鲜为人知。它位于南京大学校园深处，是一座并不起眼的二层小楼。但就是在这栋普通的欧式建筑的小楼里，赛珍珠开始了她的文学创作。她的处女作《放逐》和获得诺贝尔文学奖的《大地》都创作于此。

9. 中国“人民的艺术家”创作的地方——老舍故居

老舍，原名舒庆春，字舍予。中国现当代著名作家。他生在北京，长在北京，写了一辈子北京，一生写了约计800万字的作品。主要著作有：《骆驼祥子》《四世同堂》《鼓书艺人》《月牙儿》《龙须沟》《茶馆》等。

◎ 老舍故居（中国）

老舍故居位于北京市东城区丰富胡同19号，是一个比较小的庭院，约有300平方米，小院是典型的二进三合院风格，大门坐西朝东。一进二进门有一块很少见的五彩小木影壁，影壁中间贴着一个“福”字，是老舍夫人著名画家胡絜青的亲笔。院中有两棵柿树是老舍1953年亲手种下的，因此，这个小院被人们亲切地称为“丹柿

◎ 凤凰古城（中国）

小院”。故居有正房三间，明间和西次间为客厅，东次间是老舍夫人的卧室兼画室。老舍在这里度过了生命中的最后16年，写下了话剧《方珍珠》《龙须沟》《茶馆》等24部著作。西耳房是老舍自己选的卧室兼书房，他曾说这是全院中最静的地方，现在这里悬挂着一幅老舍夫人的牡丹，另一幅是她年老时悼念老舍先生所作的《甲子感怀》。

10. 中国浪漫主义乡土文学开始的地方——沈从文故居

沈从文，原名沈岳焕，是我国著名的文学家、历史学家、文物专家。他的文学作品被英、美、日、法、瑞士等几十个国家所翻译，如《边城》《湘西》《中国古代服饰研究》等。他的作品风格趋向浪漫主义，在国内外有重大影响，曾两度被提名为诺贝尔文学奖评选候选人。

沈从文故居建于清同治五年（1866年），位于湖南省湘西凤凰古城中营街10号。凤凰古城是“中国两座最美丽的小城”之一，历史悠久，至今还很好地保存了明清以来的民居、吊脚楼群等建筑。沈从文的故居是一座南方典型的古四合院建筑，分前后两进，中有方块红石铺成的天井，正房、厢房、前室大小共10余间。房屋系穿斗式木结构，马头墙装饰的鳌头，镂花的门窗，小巧别致，古色古香。整座建筑清静典雅，具有浓郁的湘西明清建筑特色。1902年沈从文诞生在这里，并在这里度过

◎ 沈从文故居（中国）

了他的童年。故居里陈列有沈从文先生的遗墨、遗稿、遗物和遗像等，故居现已成为凤凰古城最吸引人的人文景观之一。

11. 拉美伟大诗人的住所——聂鲁达故居

巴勃鲁·聂鲁达是智利著名诗人、外交家，1971年诺贝尔文学奖获得者。聂鲁达在智利有三处故居博物馆，分别在他出生的城市帕拉尔、智利首都圣地亚哥和濒临太平洋的海滨小城黑岛。“黑岛”原只是聂鲁达故居的名字，此处面向大海，风景优美，由于对面海中有个小岛呈黑色，所以聂鲁达就把他的寓所称为“黑岛”，这栋由他亲自设计施工的两层小楼是他最喜欢的住处，他在这里度过晚年并直到生命结束。现今，黑岛也早已成为这座小城的地名，成为南太平洋岸边一个著名的旅游景点。

位于里岛的故居傍山而建，分为厨房、餐厅、会客室、卧室、家庭酒吧、书房等。故居内摆满了具有异国风情的艺术品，如锡兰的水罐、波利尼西亚的面具、意大利的音乐匣、墨西哥的油画、中国的唐三彩、法国的海螺等。从楼顶上聂鲁达写作的圆形小阁楼上俯视，诗人的故居就像停泊在大海悬崖下的一条航船。聂鲁达在这里写下了许多不朽的诗篇，如著名的《黑岛纪事》等。聂鲁达的其他代表作品有《二十首情诗和一支绝望的歌》《西班牙在我心中》《诗歌总集》等，后者被誉为一部拉丁美洲的史诗。在他故居院后临海的山坡上，是他与妻子马蒂尔德合葬的墓地，黑色大理石墓碑上刻着他俩的名字和生卒年月，花草掩映，山坡下大海的阵阵涛声为他们吟唱着永恒的歌谣。

四、艺术家故居

艺术家是指具有较高的审美能力和娴熟的创造技巧，并从事各种形式的艺术如建筑、工艺、绘画、雕塑、音乐、舞蹈、戏剧、电影等创作而又有一定成就的艺术工作者。艺术家具有较高的思想修养、良好的艺术修养、发达的审美感受能力、创造性的想象力、丰富的情感、娴熟的艺术表现技巧和高尚的道德品格，他们在所创造出来的艺术作品中以生动丰满的艺术形象反映客观世界和现实生活，表现自己的认识、情感、思想、价值观念、审美感受和审美理想，满足欣赏者的审美需要并通过欣赏者的艺术欣赏活动使人们获得对于自然、社会、历史和人生的认识，得到心灵的净化和慰藉、精神的激励和鼓舞、道德情操的教育和陶冶、情趣品位的形成和提高以及审美的享受和愉悦，指引人们追求真理、善良和美，潜移默化地引起人们思想情感、人生态度、价值观念和行为方式的深刻变化，进而反作用于社会实践，从而影响社会经济文化的发展和制度的变革。游览艺术家故居，可以感受艺术家们的艺术魅力、享受别样的人文气息。

在世界范围内，著名的艺术家故居有：德国波恩贝多芬故居、德国茨维考舒曼故居、德国莱比锡瓦格纳故居、德国魏玛李斯特故居，奥地利萨尔茨堡莫扎特故居、奥地利维也纳海顿故居、舒伯特故居、施特劳斯故居，波兰热拉佐瓦·沃拉肖邦故居，捷克布拉格德沃夏克故居，俄罗斯克林柴可夫斯基故居、俄罗斯列宾诺列宾故居，意大利佛罗伦萨芬奇镇达·芬奇故居，法国巴黎吉维尼莫奈故居、中国云南省玉溪市聂耳故居、北京市西城区跨车胡同齐白石故居、江苏省宜兴市徐悲鸿故居、浙江省桐乡市石门镇丰子恺故居、北京市西城区护国寺街梅兰芳故居等。以下选择其中部分艺术家故居做简要介绍。

1. 多才多艺的艺术家居住地——达·芬奇故居

达·芬奇的诞生地位于意大利的佛罗伦萨附近的芬奇镇，1～14岁达·芬奇都住在那里。文艺复兴期间，佛罗拉萨是真正的人文艺术中心。达·芬奇在这里认识了米开朗琪罗和拉斐尔，并最后与他们一起奠定了以后西方艺术的走向。三人中尤以达·芬奇最为突出，恩格斯称他是“巨人中的巨人”。壁画《最后的晚餐》、祭坛画《岩间圣母》和肖像画《蒙娜丽莎》是达·芬奇一生的三大杰作，是整个欧洲艺术的拱顶之石，是他为世界艺术宝库留下的珍品中的珍品。

达·芬奇在法国的故居是杜尔城克洛吕斯堡。杜尔位于法国中部卢瓦尔河流域，这一带被称为“法兰西庭院”，是最具有法国特点的地区。卢瓦尔河畔的古堡区，拥有众多文艺复兴时期浪漫的古堡和优美的自然风光。2000年，卢瓦尔河畔的叙利和沙洛呐之间的卢瓦尔河谷被列为世界文化遗产。达·芬奇的最后住所——克洛吕斯堡，为建于1471年的砖石结构的宅第，宅内有卧室、厨房、工作间、文艺复兴风格的大厅及礼拜堂等。达·芬奇在该城堡度过生命中的最后三年。城堡附属的公园则展现了大师艺术与科学上众多超前的创作，在这座知识的公园里，人们可以在达·芬奇的世界中自由漫步。

2. “乐圣”的住所——贝多芬故居

1770年12月16日，著名作曲家路德维希·贝多芬出生在德国波恩市波恩巷20号，现在这里为贝多芬纪念馆。这是一幢简朴的三层巴洛克风格的小楼。在展厅里可以看到贝多芬最早公演的证明——1778年3月26日在科隆公演的海报，还可以看到贝多芬在波恩时所演奏的重音提琴、管风琴等。墙壁上，有为数众多的音乐家的剪影，如贝多芬的老师莫扎特、海顿等。纪念馆内还展示着贝多芬的乐谱手稿，其中包括交响乐第6号作品《田园》、钢琴奏鸣曲《月光》等。纪念馆的顶层小阁楼即贝多芬诞生的房间。贝多芬的作品集古典音乐之大成，开浪漫主义音乐之先声。他被后人认为是有史以来最伟大的交响曲作家。他的《英雄交响曲》充满了激情，第九部交响曲取材于德

◎ 贝多芬故居（德国）

国诗人席勒的《欢乐颂》，如今已经成为欧盟的盟歌。

贝多芬晚年频繁迁居，在有“多瑙河的女神”之称、同样也是欧洲古典音乐中心的奥地利首都维也纳留下了很多足迹。1802年，贝多芬在“哈利根施塔特小屋”立下了遗嘱，即《哈利根施塔特遗嘱》，这封并未寄出的信的原件如今仍然完好地被保存这里。1803—1804年贝多芬在“英雄”小屋写下了著名的同名交响曲。1804—1815年期间，贝多芬又曾多次居住在一个叫作“帕斯克拉蒂小屋”的地方。在这里，他经历了创作的鼎盛期，第四、五、六部交响曲，第四钢琴协奏曲和歌剧《费德里奥》都是在此完成的。

3. 印象派开山祖师的家——莫奈故居

法国印象派著名画家克劳德·莫奈的故居位于巴黎以西的吉维尼镇。这里是巴黎市民最喜爱的休闲好去处，被誉为“艺术家们不远万里的朝拜圣地、印象画派最重要最完美的作品”。莫奈故居是一栋乡村式二层建筑，灰瓦屋顶、粉红外墙嵌以绿色门窗。屋内陈列的生活和绘画用品，保持了画家在1926年12月5日离世时的情景，色彩鲜明如画，每个房间都有自己的风格和故事。主人常在这里和友人聚会，至今还保存着他亲自设计的招待罗丹等好友们的菜单。庭院里花海缤纷、翠竹夹道、池塘精巧，有日式小桥、睡莲垂柳、木船水草，具有融合东方幽雅和法兰西浪漫的风情。

莫奈43岁时在吉维尼租下了这座房子，这里的美丽景色给了他丰富的灵感。1889年，他和罗丹联手举办了一个展览，印象主义从此诞生，这个称谓就是来自他当时的画作《印象·日出》。晚年的莫奈全身心倾注于庭院里的“仙女池”和睡莲，从1897年到1926年，倾注几十年的心血，创作了最辉煌壮美的长卷式巨作——《睡莲》。画家临终前嘱咐把《睡莲》系列画赠送给国家。罗曼·罗兰说：“莫奈的艺术是一个国家和一个时代的光荣。”

4. 中西合璧的绘画大师的家——徐悲鸿故居

◎ 徐悲鸿雕像（中国）

徐悲鸿是兼采中西艺术之长的现代绘画大师，中国现代美术事业的奠基者，杰出的画家和美术教育家，主要作品有：《松鹰图》《五骏图》《愚公移山》《珍妮小姐画像》等。他的画融古今中外技法于一体而又有其独特风格。马，是徐悲鸿先生一生中最爱描绘的题材。他画的奔马，笔墨淋漓潇洒，带着时代的风雷驰骋在画坛上，给当时的中国画坛带来了清新、有力、刚劲的气息。

江苏省宜兴市徐悲鸿纪念馆位于屺亭

桥塘河西侧的亦园，为砖木结构三开间阁楼房屋，占地518平方米，建筑面积115平方米。故居包括徐悲鸿原生活起居间、弟妹生活间、书房及一个天井。故居堂屋奉有铜铸徐悲鸿头像，上悬周恩来总理为北京徐悲鸿故居亲笔题词手记。馆内常年陈列着徐悲鸿生平介绍、历史图片、有关徐悲鸿生平艺术的书籍、徐悲鸿使用过的物品及其不同历史时期的书画作品。还陈列有徐悲鸿的学生及许多当代著名书画家如吴作人等的书画作品。徐悲鸿故居现被命名为江苏省、无锡市、宜兴市爱国主义教育基地，宜兴市青少年德育教育基地。

五、科学家故居

科学家给自然以秩序，就如同思想家给历史以秩序，政治家给社会以秩序，艺术家给精神以秩序。科学家具有丰富的和专业的科学知识，他们在科学实践的基础上，通过严密的逻辑论证和推理，总结出关于客观世界各种事物和现象的本质及其运动规律，形成一定的知识体系并不断创新和发展，作为人们改造世界的真理指南，并转化为先进的物质技术力量，从而推动全人类文明的进步和发展。科学家们从事科学研究，发现和研究科学问题并得出科研成果，受到人们的敬仰和喜爱，也吸引人们追寻和缅怀他们曾经居住生活和学习科研的地方。

在世界范围内，著名的科学家故居有：意大利比萨伽利略故居，德国雷根斯堡开普勒故居，法国笛卡儿镇笛卡儿故居，英国伍尔索普牛顿故居、英国伦敦达尔文故居，德国汉诺威莱布尼茨故居、德国格丁根高斯故居，瑞典卡尔斯库加诺贝尔故居，俄罗斯圣彼得堡门捷列夫故居，加拿大布兰特福德贝尔故居，美国俄亥俄州米兰爱迪生故居、美国新泽西州普林斯顿爱因斯坦故居，波兰华沙居里夫人故居，中国河南省南阳市石桥镇张衡故居、湖南省耒阳市蔡伦故居、湖北省英山县桃花冲森林公园毕昇故居、河北省涞水县祖冲之故居、江苏省镇江市沈括故居、湖北省蕲春县蕲州镇李时珍故居、北京市海淀区魏公村李四光故居、浙江省上虞市东关镇竺可桢故居、江苏省金坛市华罗庚故居、安徽省怀宁县五横乡邓稼先故居等。以下选择其中部分科学家故居做简要介绍。

◎ 镇江沈括故居（中国）

1. 成就《梦溪笔谈》的地方——沈括故居

在我国北宋时代，有一位博学多才、成就显著的科学家，他就是沈括——我国历史上最卓越的科学家之一。沈括故居，位于江苏省镇江市梦溪园巷，是沈括晚年居住的地方。在这里，他写成了科学巨著《梦溪笔谈》，在这部巨著中，他详细记载了劳动人民在科学技术方面的卓越贡献和他自己的研究成果，反映了我国古代特别是北宋时期自然科学达到的辉煌成就。《梦溪笔谈》不仅是我国古代的艺术宝库，而且在世界文化史上也占有重要的地位。

现在的梦溪园占地约1333平方米，共有两栋建筑，前幢为清代修建的硬山顶平瓦房，坐东朝西，当中设正门入园，门上方嵌有茅以升题写的“梦溪园”大理石横额；后幢为清式厅房，坐北朝南，内有沈括全身座像和文字图片、模型、实物，展现了沈括在天文、地理、数学、化学、物理、生物、地质、医学等方面的科研成就。室内两对抱柱上的对联是对沈括一生的高度概括和评价。

2. *万有引力的发现者——牛顿故居*

牛顿故居位于英国林肯郡伍尔索普，在这里可以看到英国牛顿故里优美的乡村风光和体验纯朴的乡村民风。牛顿故居坐东面西，灰白色的石头建筑颇为高大。屋顶上覆着黑瓦，斜度颇陡。前面两层，共七扇窗户，不对称地分布。大门紧靠中间的窗户，门楣上的装饰是一对交叉的骸骨，它的左右上方是两道醒目的拉长的“S”字。参观者必须从后面登上石阶先上二层。1642年的圣诞节，牛顿就诞生在这幢房子里。

牛顿故居门前至今仍生长着那棵著名的苹果树，就在这棵树下，牛顿领悟到万有引力。恩格斯说：“牛顿由于发现了万有引力定律而创立了科学的天文学；由于进行了光的分解，而创立了科学的光学；由于创立了二项式定理和无限理论而创立了科学的数学；由于认识了力的本质，而创立了科学的力学。”所以，作为英国乃至世界伟大的科学家，牛顿对人类的贡献是巨大的。现在，这棵苹果树的下方立着一方绿色的铜质徽章，为伊丽莎白女王颁发的保护令。全英国受到这等保护的名树不到50株。而对于科学家而言，这应该是世间最为神圣和神奇之树。

◎ 牛顿故居（英国）

◎ 牛顿故居和苹果树（英国）

◎ 达尔文故居（英国）

3. 进化论奠基者的居住地——达尔文故居

英国科学家查尔斯·达尔文的故居在伦敦布罗姆利区，它也是《物种起源》的诞生地。1835年，达尔文乘坐贝格尔号远洋船环球考察，到达1978年被列为世界自然遗产的加拉帕戈斯群岛，那里的生物多样性和独特性使他得到感悟，从而为他进化论的形成奠定了基础。1842年，达尔文考察回来时将这座白色石砌的3层楼房以及楼后近7.2万平方米的草地和花园买下，全家搬迁至此。他在这里生活了近40年，提出了进化论学说，1882年在此逝世。在去世当年，达尔文将住宅进行了扩建，在花园中亲手种了一小片树林，还在那里喂养过牛羊等家畜，以此研究动植物的生长情况，发展并论证了他的“进化论”。故居里的布置仍是达尔文生前的样子，室内的很多物品都是达尔文当年用过的。展室里还介绍了达尔文的进化论，展出有达尔文的各种著作的最初版本、大量的手稿和书信，以及与达尔文有关的文献资料等。

4. 20世纪最伟大的物理学家的故居——爱因斯坦故居

爱因斯坦在瑞士首都伯尔尼城的故居位于克拉姆街2号，是爱因斯坦1902—1909年的旅居之地，1905年他在此提出了著名的相对论。1979年，爱因斯坦诞辰百年时这里被辟作博物馆。这是一座典型的欧洲式民居。房屋的顶端塑有一头栩栩如生的大熊——伯尔尼的城徽，楼下是一间咖啡馆，终年顾客如云，楼上便是爱因斯坦当年的起居室。故居内展示有爱因斯坦当年来到伯尔尼所登的求职广告、在工作和科研之余为调节精神所拉的小提琴以及其他许多珍贵物品。

爱因斯坦晚年的栖身地位于美国新泽西州普林斯顿镇。普林斯顿闻名于世界的地方在于普林斯顿大学以及曾经在此居住过的许多灿若星辰的大学者们，爱因斯坦就是其中最闪亮的一颗。爱因斯坦的故居位于梅塞街112号，是一幢白色木结构的小楼，掩映在树木之中。他经常在这些用红色和灰色砖头建起来的老房子之间漫步，或者坐在自己的办公室里研究统一场论的数学工具。爱因斯坦说过：“对我最好的纪念，就是保持房屋原来的用途——供人居住。”这是一种朴素而伟大的思想。

六、故事中人物的故居

1.《罗密欧与朱丽叶》的女主人公——朱丽叶故居

朱丽叶故居位于意大利北部城市维罗纳市中心的草地广场（Piazza delle Erbe）不远的卡佩罗路23号。维罗纳为意大利第二大的“古罗马化”城市，2000年被列为世界文化遗产，城内至今仍保存着许多古罗马时代、中世纪及文艺复兴时期的经典建筑，如著名的圆形竞技场、圣泽诺大教堂等。但维罗纳最为世人瞩目的原因是这里是莎士比亚名著《罗密欧与朱丽叶》的爱情悲剧诞生的地方。

朱丽叶的故居是一幢建于13世纪的古老建筑，拥有典型中世纪的高墙大院、圆形拱门，院落和建筑古朴而典雅。故居分为三层，有一间正房和两间厢房，朱丽叶的阳台位于二层，曾是她与罗密欧约会的地方。如今，在阳台下的墙壁上到处都是来自世界各地游客的签名和倾诉爱情的文字，献给自己的恋人表达忠诚或是遥寄给心中的完美情人朱丽叶。故居中另一个引人注目的就是伫立在庭院中央的朱丽叶的全身铜像，她微微低着头，左手微曲，右手轻轻提起罗裙，亭亭玉立，婀娜多姿，她那凄美与哀怨的双眼注视着远方，仿佛是在等待着罗密欧的赴约。

◎ 朱丽叶的阳台（意大利）

◎ 朱丽叶雕像（意大利）

2. 世界最著名侦探的办公地点——福尔摩斯故居

福尔摩斯是英国杰出侦探小说家、戏剧家柯南·道尔小说集《福尔摩斯探案集》中的主人公，虽然是个想象出来的人物，却有无数人愿意相信他真实地存在着。福尔摩斯利用他那令人难以置信的观察、推理和破案能力，侦查案件从未失手，重要案件有《血字的研究》《四签名》等。

福尔摩斯故居博物馆位于伦敦贝克街221号，是以前福尔摩斯的办公地点，从外观到内部都完全按照《福尔摩斯探案集》里的描述进行布置。《福尔摩斯探案集》中的人物房东“赫德森太太”，身着维多利亚时代的服装在门口处亲自售票。走进寓所，书房的桌上可以看到福尔摩斯的帽子和樱桃烟斗，角落里有小提琴和放烟草用的波斯拖鞋。福尔摩斯办案用的工具和做试验用的药品一如往常地“忘了收拾”而堆在书桌上，笔记本上还有主人“刚刚留下”的潦草笔迹。卧室也完全按照福尔摩斯迷们所熟知的书中情节来设置的，丝毫都不走样。此外，还有书中人物的情节蜡像，有福尔摩斯先生、华生医生等。走进福尔摩斯故居，就仿佛进入福尔摩斯的真实的侦探世界。

◎ 福尔摩斯故居博物馆（英国）

思考与练习

第八章　南极旅游文化

本章视频

南极洲是最后一个被发现的大陆，那里是寒冷严酷的冰雪世界，有不可思议的神奇动物，有摄人心魄的绝色美景，是远离人类文明的净土。纯净、遥远、神秘，曾是人们对南极的想象。但随着现代科技的发展，南极已不再遥不可及。南极以其纯净的世界而成为世人所向往的旅游目的地。

第一节　概　述

南极洲是人类最后到达的大陆，也叫“第七大陆”。南极是根据地球旋转方式决定的最南点。它通常表示地理上的南极区域，有一个固定的位置。按照国际上通行的概念，南纬60°以南的地区称为南极，它是南大洋及其岛屿和南极大陆的总称。南极大陆是指南极洲除周围岛屿以外的陆地，是世界上发现最晚的大陆，它孤独地位于地球的最南端。南极大陆95%以上的面积为厚度极高的冰雪所覆盖，素有“白色大陆”之称。

◎ 南极（一）

南极洲分东南极洲和西南极洲两部分。东南极洲从西经30°向东延伸到东经170°，包括科茨地、毛德皇后地、恩德比地、威尔克斯地、乔治五世海岸、维多利亚地、南极高原和极点。西南极洲位于西经50°～西经160°之间，包括南极半岛、亚历山大岛、埃尔斯沃思地以及伯德地（玛丽·伯德地）等。南极洲仅有一些来自其他大陆的科学考察人员和捕鲸队，无定居居民。

南极特殊的地理位置和极端的自然环境，造就了原始恢宏的自然景观和千奇百态的动植物世界，如晶莹的冰山、浮冰，绚丽珍奇的极光、极夜，从其他陆地上罕见的地吹雪、白化天气，可爱的企鹅、海豹、磷虾、地衣等南极植物，南极已成为世人向往的旅游地。

一、历史

两千多年前，古希腊哲学家曾经推测，在地球的最南端应该有一块很大的陆地，只有这样才能和北方的大陆保持平衡，他们称之为“未知的南方大陆”。此后，詹姆斯·库克船长、沙克尔顿爵士、无数探险家一次又一次接近南极，但是他们始终与南极大陆失之交臂。18世纪下半叶至19世纪末，很多探险家驾帆船寻找南方大陆。1772—1775年间，库克船长展开探索，此次虽未发现南极大陆，但已成为人类首次进入南极圈的记录。1820年前后，一些猎取海豹的猎人来到南极洲，他们可能就是最早到达南极的人。据记载，人类最早证实看见南极洲可认定发生在1820年，美国人纳撒尼尔·帕尔默、俄国人冯·别林斯高晋、英国人爱德华·布兰斯菲尔德先后发现了南极大陆。1901年，罗伯特·斯科特率领英国探险队前往南极，但是没有成功。1911年12月14日，挪威极地探险家罗尔德·阿蒙森的探险队乘着船舰前进号，自鲸鱼湾启程、登上海伯格冰川，是人类首次抵达地理南极。从1958年6月起，阿根廷、澳大利亚、比利时、智利、法国、日本、新西兰、挪威、南非、美国、英国、苏联12国代表经过60多次会议，在1959年12月1日签署了《南极条约》（1961年6月23日生效）。《南极条约》规定，南极洲的利用只限于和平目的，禁止在南极洲进行一切军事活动，包括核爆炸、处理放射性物质。此后，《南极条约》协商国又于1964年签订了《保护南极动植物议定措施》，1972年签订了《南极海豹保护公约》，1980年签订了《南极生物资源保护公约》。1983年中国正式加入《南极条约》。

目前，南极洲仍然保留着人类探险活动所留下的遗迹——那些生锈的设备、积雪覆盖的建筑、废弃的船只等。

二、自然奇观

极光：极光是南北极地区特有的一种大气发光现象。极光是常常出现于纬度靠近地磁极地区上空大气中的彩色发光现象。极光一般呈带状、弧状、幕状、放射状，这些形状有时稳定，有时作连续性变化。在北半球观察到的极光称北极光，在南半球观察到的极光称南极光，经常出现的地方是在南北纬度67° 附近的两个环带状区域内，五彩缤纷、变幻莫测的极光被视为自然界中最漂亮的奇观之一。

南极死光：科学家已证实它与极光无关，但也是一种异常的天气现象，也是南极洲的自然奇观之一。由于极地上空云层密度小，含水汽少，吸收阳光的能力较弱，所以当那里的阳光透过阴沉的天空照射到冰雪覆盖的地面时，光线在冰雪与低云之间来回反射，从而产生一种类似于万花筒的“镜筒效应”。经过“镜筒”来回多次反射，便产生一种令人眼花缭乱的乳白色光线，天空、地面、海洋和周围的冰雪全达到同一亮度，这会令人失去方向感。死光会使周围的景观突然全部“消失”，无论远处的洋面、冰山，还是近处的海岸、雪原，以至于帐篷、旗帜等都会无影无踪，到处是白茫茫的一片，形成乳白天空。死光是极地探险家、科学家和极地飞行器的一个大敌。遇到死光，即便是有经验的极地考察者也很难逃过厄运，正在滑雪的滑雪者会突然摔倒，正在行驶的车辆会突然翻车肇祸，正在飞行的飞机会失去控制而坠机。

死亡冰柱：死亡冰柱是一种发生在地球两极的海底的自然现象。当海水温度降低到一定程度后，海水里的盐分被析出，海水发生结冰现象，并呈柱状向海底延伸，所到之处，海洋生物被冻死，这一现象被称为死亡冰柱。

更为惊奇的是，在南极考察的科学家们发现，在一座巨大的漂浮的冰山上面，有许多冰雕，这些冰雕全是巨型的，高约50米，有巨大的人像和海豚、海狮、企鹅等多种动物的造型。

三、生物资源

据英国《每日邮报》报道，科学家2008年12月1日宣布，世界首份有关南极洲海洋与陆地动物目录已经公布，有1224种新物种，其中绝大多数是在海洋中发现的，而且大部分都生活在海底。

南极企鹅：南极企鹅是南极大陆最有代表性的动物，被视为南极的象征。南极共有21种企鹅，分布在广泛的区域内，但其主要群落大都生活在南纬45°～南纬55° 地区。在南极高纬度地区，常见的有阿德雷企鹅、帝企鹅、项带企鹅。在气候较温和的南极大陆周围的岛屿上，常见的有帝企鹅、跳岩企鹅、马卡罗内企鹅等。

生活在南极洲的企鹅有帝企鹅、阿德利企鹅、金图企鹅、帽带企鹅、王企鹅、巴布亚企鹅、喜石企鹅和浮华个鹅等7种。种类虽不多，但数量大，总数约1.2亿只，占世界企鹅总数的87%，占南极地区海鸟总数的90%。其中以阿德利企鹅数量最大，达500万只；其次是帽带企鹅，约300万只；最少的是帝企鹅，约50万只。南极洲不愧为企鹅的王国。

南极海豹：在南极沿海及其附近的海冰，以及亚南极岛屿上至少生活着6种海豹。海

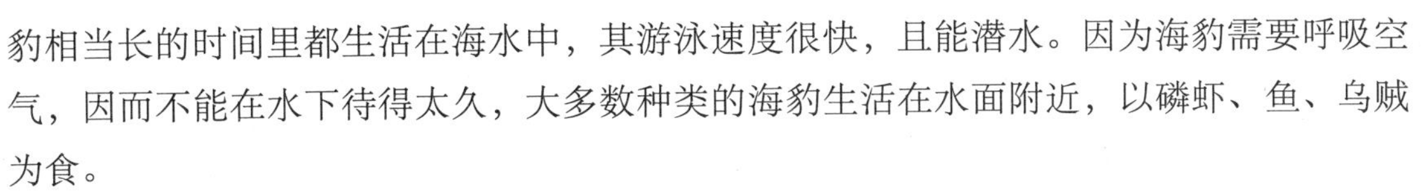

豹相当长的时间里都生活在海水中，其游泳速度很快，且能潜水。因为海豹需要呼吸空气，因而不能在水下待得太久，大多数种类的海豹生活在水面附近，以磷虾、鱼、乌贼为食。

南极地区只有6种海豹，如威德尔海豹、罗斯海豹、象海豹等，数量却有约3200万头，约占世界海豹总数的90%。它们组成南极的海豹家族。

南极地区的蓝鲸，身长37.8米，为目前所知世界上最大的动物。20世纪50年代，一些国家的船队到南极附近海域大量捕杀蓝鲸，使蓝鲸的数量大为减少。

南极海域的特色之一是浮游生物如甲壳动物丰富，其中磷虾的蕴藏量就有10亿～50亿吨。

南极洲的许多岛上还生活着一些鸟类，包括雪鸟、信天翁、海鸥、燕鸥等。

南极大陆上现仅存340余种植物，主要是地衣、苔藓、伞状菌等。南极大陆上仅有一些微生物和少数无脊椎动物生存于植物丛、地衣和泥沼中。

四、矿产资源

南极洲地域广阔，潜藏有丰富的矿产资源，主要有煤、石油、天然气、铂、铀、铁、锰、铜、镍、钴、铬、铅、锡、锌、金、铜、铝、锑、石墨、银、金刚石等。南极洲的有色金属矿产主要分布在西南极洲的安第斯成矿区，含南极半岛、埃尔斯沃思地、玛丽伯德地。

南极的石油和天然气主要分布在南极大陆架和西南极大陆。南极地区还存在着巨大的风能、波浪（或潮汐）能和地热能等潜在资源。南极有世界上最大的铁矿储藏地区。位于南极大陆的铁矿蕴藏丰富，含铁品位高，有“南极铁山”之称，据说可供世界开发利用200年，为世界之最。南极有世界上最大的煤田。南极大陆二叠纪煤层广泛分布于东南极洲的冰盖下，储藏量约达5000亿吨。南极的石油资源极为丰富，南极大陆的石油储量虽还未查清，但应该是非常有潜力的世界资源。

第二节　自然地理

南极洲是由冈瓦纳大陆分离解体而成，是世界上第四高的大陆。横贯南极山脉将南极大陆分成东西两部分。这两部分在地理和地质上差别很大。南极是世界上唯一一个有陆地的极地。南极洲平均海拔达2350米，是世界上海拔最高的一个洲。最高点文森山（Vinson）海拔5140米。

南极洲，位于地球最南端，几乎都在南极圈内，四周濒太平洋、印度洋和大西洋。是世界上地理纬度最高的一个洲。总面积约1400万平方千米，约占世界陆地总面积的9.4%。

由围绕南极的大陆、陆缘冰和岛屿组成，其中大陆面积1239.3万平方千米，陆缘冰面积158.2万平方千米，岛屿面积7.6万平方千米。南极洲素有“寒极”之称，仅有冬、夏两季之分。沿海地区夏季月平均气温为0℃左右，冬季零下15℃至零下30℃；内陆地区夏季月平均气温为零下15℃至零下35℃，冬季月平均气温为零下40℃至零下70℃。南极大陆因其淡水资源以永久固态方式存在，气候异常干旱，年平均降水量为120～150毫米。

南极洲边缘海有属于南太平洋的别林斯高晋海、罗斯海、阿蒙森海和属于南大西洋的威德尔海等。南极洲主要岛屿有奥克兰群岛、布韦岛、南设得兰群岛、南奥克尼群岛、阿德莱德岛、亚历山大岛、彼得一世岛、南乔治亚岛、爱德华王子群岛、南桑威奇群岛等。

东南极洲是一块很古老的大陆，据科学家推算，已有几亿年的历史。它的中心位于南极点，从任何海边到南极点的距离都很远。东南极洲平均海拔高度2500米，最高海拔4800米。在东南极洲有南极大陆最大的活火山，即位于罗斯岛上的埃里伯斯火山，海拔高度3795米，有4个喷火口。

第三节　南极考察站

南极洲是世界上唯一没有污染的大陆。南极洲原始的自然环境，为科学家进行气象、冰川、地质、海洋、生物等学科的科学研究提供了最广阔的天然实验室。到目前为止，已经有20多个国家在南极建立了150多个科学考察基地。这些众多的考察站，根据其功能大体可分为常年科学考察站、夏季科学考察站、无人自动观测站三类。其中，常年科学考察站有50多个，夏季科学考察站有100多个。中国的南极长城站和中山站都是常年科学考察站。从各国南极科学考察站的分布来看，大多数国家的南极考察站都建在南极大陆沿岸和海岛的露岩区。只有美国、俄罗斯和日本在南极内陆冰原上建立了常年科学考察站。

◎ 南极考察站

1985年2月，中国考察队在南极洲南极半岛尖端附近的乔治王岛建立了中国南极长城站，并在水文、气象和生物学方面对南极洲及其附近的南大洋进行了科学考察。1989年2月，中国科学工作者又在东南极大陆拉斯曼丘陵地区建立了中国南极中山考察站。2009年1月，南极内陆上的中国南极昆仑站正式落成，位于南极内陆冰盖最高点冰穹A附近。冰穹A地区还是南极地质研究最具挑战意义的地方。东南极冰下基岩最高点的“甘伯采夫”冰下山脉，是形成冰穹A的直接地貌原因，由于其海拔高度近4000米，是国际公认的南极内陆冰盖中直接获取地质样品的最有利和最有意义的地点。

第四节　南极旅游

南极旅游业开始于20世纪50年代末。在此后的半个多世纪中，南极旅游呈稳步发展趋势，游客人数明显上升，游览线路日渐成熟，交通方式逐步固化，多国经营者合作模式不断完善。据国际南极旅游业者行业协会的数据统计，人类去过南极的总人数累计约30多万人次，除科学考察人员，南极旅游人数近20万人次。国外的南极旅游早在20世纪五六十年代就已经起步。由于获利丰厚，一时间阿根廷、智利、西班牙、意大利、新西兰、德国、美国、俄罗斯、加拿大等多个国家的旅游公司，都纷纷租船开展南极旅游活动。中国的南极旅游业起步很晚，近年来随着智利、阿根廷等南美国家成为我国的旅游目的地，我国一些旅游企业和民间团体才开始得以经南美延伸至南极旅游。

每年的11月到次年的3月属于南极的夏季，气温相对温暖，人类只能在这一时段踏上这片土地。这里没有城市和村庄，只有巨大的冰层以及未知的荒野。大部分游客会选择跟随一艘游轮参观南极。主要旅行线路是从阿根廷的乌斯怀亚或者智利的蓬塔阿雷纳斯开始，许多南极旅游线路都包括福克兰群岛、南乔治亚岛与南桑威奇群岛以及南极半岛。如果时间不充足或者不想穿越德雷克海峡，游人可以直接飞往南设得兰群岛，欣赏冰山、企鹅、鲸鱼、海豹等。

20世纪80—90年代的南极游客大部分是中老年人。他们基本都在游轮上观光，偶尔在几个固定点上岸，看看野生动物、历史遗迹或仅仅是访问一两个科学考察站。但如今，旅游项目日渐多元化，除观光外，还有各类极地活动的探险旅游，如南极高空跳伞、滑水橇、潜水等极富挑战的活动。

◎ 南极（二）

目前，南极旅游的产品可分为两大类：一类是能够乘船登陆的，游客乘飞机到达南美洲，在智利、阿根廷等国的港口乘坐破冰船，穿越前往南极大陆边缘，有不同的线路；另外一种是乘坐巨型游轮，不登陆，以“路过”方式观看南极风光，价格相对便宜。除此以外，还有南极点深度游、飞机直接登陆南极大陆等形式。

◎ 南极（三）

◎ 南极（四）

亿万年来，因为人类足迹罕至，南极洲成为地球上最后一块未被开发的“处女大陆”。然而，至静至净的南极环境，正在面临威胁，因为旅游者近年来在南极兴起的深度旅游探险项目，正在影响着南极的各个角落。极地旅游不可避免地成为最新的旅游热点，南极洲日渐盛行的“极地之旅”加剧了全球变暖。每一位造访者都能爱护这里的生态环境是保持极地可持续旅游发展的重要前提。

思考与练习

第九章　世 界 遗 产

世界遗产是指具有突出价值的文化与自然遗产，既是大自然和人类留下的最珍贵的遗产，也是全人类的共同财富。世界遗产分为自然遗产、文化遗产、混合遗产（文化与自然双重遗产）和文化景观遗产。世界遗产是人类历史、文化与文明的象征。

本章视频

20世纪70年代，随着《保护世界文化和自然遗产公约》（以下简称《公约》）的产生，世界旅游进入一个多元化的新时期。世界遗产旅游作为各国新的旅游产品，促进了旅游业的大发展。世界遗产旅游以其独特的魅力为国际旅游业开创了新契机。世界遗产旅游作为可持续发展的一种旅游形式，不仅最大限度地满足了人们寻幽访古和感受自然的渴望，而且还促进了全球性文化交流。

世界遗产是文化与自然的产物，是人类历史、文化与文明的象征，代表着最有价值的人文景观和自然景观，是人类共同的宝贵财富。世界遗产具有科学价值、美学价值、历史文化价值和旅游价值。世界遗产所具有的丰富内涵是社会科学和自然科学取之不尽、用之不竭的知识源泉。

世界遗产具有无可替代的独特价值，作为文化遗产的世界遗产反映出文化多样化的重要性，包括艺术创新、科学发现和技术发明。作为文化遗产的世界遗产反映出文化的多元性，体现在风格各异的历史名城、建筑群、文物、名胜古迹、考古遗址等。这些优秀的世界文化遗产具有艺术创新、科学发现和技术发明等特点，是人类智慧的结晶。

自然遗产反映出的动植物种群的多样性，对于动植物的生存发展，特别是对于保护濒危动植物种群的栖息地，具有重要意义和价值。自然遗产对于研究生命起源、地球科学、生态系统、生物多样性以及人类与自然和谐和可持续发展具有重要的意义。

世界遗产不仅可以带动地区的旅游、经济、社会等效益的发展，更是科研和教育的基地，是探究人类智慧、文明轨迹和自然奥秘的知识源泉。世界遗产的主要价值体现在科学、教育、文化、美学、旅游等方面。利用世界遗产进行科学考察和传播历史文化知识是其价值的真正体现。

第一节　世界遗产的产生、发展及现状

20世纪初，人们在埃及阿斯旺建起大坝时，努比亚遗址就一直面临被淹没的危险。20世纪50年代，埃及政府决定重建阿斯旺高坝，控制尼罗河洪水，为国家提供水力发电。阿布·辛拜勒神庙是古埃及文明的宝贵财富，按照这个计划，如不采取相关保护措施，努比亚遗址将永远长埋于尼罗河水面下。1959年，应埃及和苏丹两国政府的要求，联合国教科文组织发起了一个国际保护行动，争取到50个国家的支持，筹集了8000万美元，最终将阿布·辛拜勒和菲莱神庙完整切割迁至安全地带并重新组合。这表明国际合作共同保护杰出的文化遗产的重要性。这次成功的国际合作最终导致了《公约》在1972年的诞生。该《公约》的宗旨在于促进各国和各民族之间的合作，为保护遗产做出积极的贡献。1976年，为落实《公约》的规定，联合国教科文组织成立了世界遗产委员会。1978年，世界遗产委员会公布了第一批共12项世界遗产。

人类创造了辉煌的物质文明和精神文明。但随着世界范围工业化进程的加速，文化遗产和自然遗产受到了严重的威胁。为了保护人类共同的宝贵财富，1972年11月，联合国教科文组织在巴黎通过了《公约》，对文化和自然遗产的标准作了明确规定，同时还确定了实施《公约》的指导方针。这个《公约》是联合国教科文组织在全球范围内制定和实施的一项具有广泛和深远影响的国际准则和文件。《公约》的主要任务之一是确定世界范围内的文化与自然遗产，以便国际社会将其作为人类共同遗产加以保护。

世界遗产具有明确的定义和供会员国（缔约国）提名及遗产委员会审批遵循的标准。关于文化遗产和自然遗产的定义和标准在联合国教科文组织世界遗产文件《公约》和《执行世界遗产公约的操作准则》（以下简称《准则》）中都作了详细的阐述。

自《公约》通过以来，2017年7月2日—12日在波兰克拉科夫召开的第41届世界遗产大会，全球被联合国教科文组织世界遗产委员会批准的世界遗产有1073项，其中文化遗产832项、自然遗产206项和混合遗产（文化和自然双重遗产）35项，分布在167个缔约国中。

世界遗产标志象征着世界文化与自然遗产及其相互关系。标志中心的正方形代表人类创造；外部的圆圈代表大自然；两者密切相连，表明了人类与自然的和谐关系。整个标志呈圆形，既象征全世界，也象征对世界遗产的保护。

世界遗产标志是由迈克尔·奥里弗设计的，于1978年在第2届世界遗产委员会会议上被采纳。世界遗产委员会会议每年召开一次。

第二节 世界遗产的定义

世界遗产分为世界文化遗产、世界自然遗产、混合遗产和文化景观遗产。此外，为了保护不是以物质形态存在的人类遗产，联合国教科文组织还公布了非物质文化遗产名单。

一、文化遗产

1. 文化遗产的定义

文化遗产是指具有突出的历史学、考古学、美学、科学、人类学、艺术价值的文物、建筑物、遗址等。

《公约》对世界文化遗产的定义如下：

（1）文物：从历史、艺术或科学角度看，具有突出、普遍价值的建筑物、雕刻和绘画，具有考古意义的成分或结构，铭文、洞穴、住区及各类文物的综合体。

（2）建筑群：从历史、艺术或科学角度看，因其建筑的形式、同一性及其在景观中的地位，具有突出、普遍价值的单独或相互联系的建筑群。

（3）遗址：从历史、美学、人种学或人类学角度看，具有突出、普遍价值的人造工程或自然与人结合的工程以及考古遗址地区。

2. 文化遗产的标准

由世界遗产委员会制定的《准则》对文化遗产规定了6项标准。凡提名列入《世界遗产名录》的文化遗产项目，必须符合下列一项或几项标准方可获得批准。

2005年2月2日联合国教科文组织世界遗产委员会发布的新版本《准则》中，将文化遗产的6条遴选标准和自然遗产的4条遴选标准整合为一体，保留了文化遗产的6条遴选标准的原来顺序，自然遗产的4条遴选标准顺序有所调整。

（i）代表一种人类创造性的天才杰作。

（ii）展示在一定时期内或世界某一文化区域内，在建筑或技术、纪念物艺术、城镇规划或景观设计方面的人类价值的重要转变。

（iii）能为一种现存的或已消逝的文化传统或文明提供一种独特的或至少是特殊的见证。

（iv）作为一种类型的建筑物或建筑或工艺组合的杰出范例，或展示人类历史上一个或几个重要阶段的景观。

（v）代表一种或几种文化的传统人类居住地或使用地的一个突出范例，尤其当它在不可逆转的变化影响下已变得易于损坏时。

（vi）与具特殊普遍意义的事件或现行传统或思想或信仰或文学艺术作品有直接或实质的联系（只有在某些特殊情况下或该项标准与其他标准一起使用时才成立）。

二、自然遗产

地球，是一切生命的源泉。人类的历史与地球的历史紧密相连。自然遗产本身就是各种生物物种和自然生态系统的资源宝库。自然遗产反映出的动植物种群的多样性，对于动植物的生存发展，特别是对于保护濒危动植物种群的栖息地，具有重要意义和价值。自然遗产对于研究生命起源、地球科学、生态系统、生物多样性以及人类与自然和谐和可持续发展具有重要的意义。

1. 自然遗产的定义

自然遗产是指具有科学、保护或美学价值的地质、物质、生物结构、濒危动植物栖息地和自然资源保护区等。

《公约》对自然遗产的定义如下：

（1）从美学或科学角度看，具有突出的、普遍价值的由物质和生物结构或这类结构群组成的自然面貌。

（2）从科学或保护角度看，具有突出的、普遍价值的地质和自然地理结构以及明确划定的濒危动物和植物物种的生态区。

（3）从科学、保护或自然美角度看，具有突出的普遍价值的天然名胜或明确划定的自然区域。

2. 自然遗产的标准

2005年2月2日联合国教科文组织世界遗产委员会发布的新版本《准则》，对自然遗产的4条遴选标准顺序有所调整。

（vii）包括最显著的自然现象或特殊的自然美景和具美学价值的地区。

（viii）代表地球演化史中重要阶段的突出范例，包括生命记录、地形发展过程中所进行的重要地质过程或具有重要的地貌或自然地理特征。

（ix）代表进化过程中所进行的重要生态和生物过程以及陆地、淡水、沿海和海洋生态系统以及植物和动物群落的发展的突出范例。

（x）在生物多样性保护方面具有最重要意义的生物栖息地，从科学和保护方面的观点来看，包括那些含有突出普遍价值的濒危物种的栖息地。

列入《世界遗产名录》的自然遗产项目必须符合上述一项或几项标准并获得批准。

三、文化景观遗产

文化景观代表“自然与人类的共同作品”。对文化景观的选择应基于它们自身突出、普遍的价值，其明确划定的地理–文化区域的代表性以及体现此类区域的基本而具有独特文化因素的能力。保护文化景观有助于保护生物多样性。

文化景观主要分为以下三类：

（1）由人类有意设计和建筑的景观。这类景观包括出于美学原因建造的园林和公园景观，它们经常（但并不总是）与宗教或其他纪念性建筑物或建筑群有联系。

（2）有机进化的景观。它产生于最初始的一种社会、经济、行政以及宗教需要，并通过与周围自然环境的相联系或相适应而发展到目前的形式。它又包括两种类别：一是残遗物（或化石）景观，代表一种过去某段时间已经完结的进化过程，不管是突发的或是渐进的。它们之所以具有突出、普遍价值，还在于显著特点依然体现在实物上。二是持续性景观，它在当今与传统生活方式相联系的社会中，保持一种积极的社会作用，而且其自身演变过程仍在进行之中，同时又展示了历史上其演变发展的物证。

（3）关联性文化景观。这类景观列入《世界遗产名录》，是以与自然因素、强烈的宗教、艺术或文化相联系为特征，而不是以文化物证为特征。

四、濒危遗产

并不是所有列入《世界遗产名录》的遗产都得到了有效的保护，由于种种原因，有一些遗产正在遭到破坏，而这些遗产有必要得到特殊的关注与保护。设立《濒危世界遗产名录》的目的，就是想把全世界的注意力和需要保护的紧迫性，放在那些已经包括在《世界遗产名录》中、且其价值受到威胁的遗产上，呼吁国际社会为保护世界遗产贡献力量。

缔约国成员应当及时向世界遗产委员会通报本国的遗产受威胁情况。个人、非政府组织或者其他团体也可以提请委员会注意世界遗产存在的威胁。如果这个警告被证实且问题严重，那么委员会就要考虑将这个世界遗产列入《濒危世界遗产名录》。

2007年，在新西兰基督城召开的第31届世界遗产大会上，世界遗产委员会将阿曼的阿拉伯羚羊保护区从《世界遗产名录》中除名。2009年，在西班牙塞维利亚召开的第33届世界遗产大会上，世界遗产委员会将德国的德累斯顿易北河谷从《世界遗产名录》中除名。

截至2017年7月在波兰克拉科夫召开的第41届世界遗产大会，经过本届大会审议和更新后的濒危世界遗产总数为54项，即非洲21项、亚洲20项、美洲8项、欧洲3项、大洋洲2项。

由于自然的缘故和人类的介入，各种危险正在不断地威胁着世界遗产，这些危险因素包括：① 掠夺，② 战争，③ 蓄意破坏，④ 采矿，⑤ 未受限制的旅游发展，⑥ 工业污染，⑦ 失控的都市化，⑧ 自然灾害。

正是由于这样一些原因，一些进入《世界遗产名录》中的遗产也被列为濒危世界遗产。联合国教科文世界遗产委员会制定《濒危世界遗产名录》的目的是向国际社会警示，列入该名单中的世界遗产受到威胁和破坏，必须采取保护措施，在联合国教科文组织和相关国际组织之间的合作下有效监管保护遗址。将一项遗产列入《濒危世界遗产名录》的目的是为了有效地达到特别保护需要的一种方法和措施。

根据《公约》，这些危险包括：① 蜕变加剧；② 大规模公共或私人工程；③ 城市或旅游业迅速发展计划造成的消失威胁；④ 土地的使用变动或易主造成的破坏；⑤ 未知原因造成的重大变化；⑥ 随意摈弃；⑦ 武装冲突的爆发或威胁；⑧ 灾害和灾变，如严重火灾、地震、山崩、火山爆发、水位变动、洪水和海啸等。

具备了以上条件，某一遗产地就可能被列为濒危遗产，但并不是所有符合要求的遗产都包括在《濒危世界遗产名录》中。有的国家将其与本国的名誉和主权联系在一起，只肯被列入《世界遗产名录》，不肯被列入《濒危世界遗产名录》；有的国家的主管机构或专家却将自己无力有效管理的遗产建议列入濒危世界遗产，以促进本国公众和政府关注有关状况，改善遗产的管理条件。应当说，《濒危世界遗产名录》的确立，对各缔约国政府和公众确实有警示、督促和约束作用。一个国家的世界遗产被列为濒危遗产，其政治影响是不容低估的，对各遗产地管理机构和政府的压力也是不言而喻的。

第三节　世界遗产的组织设立

联合国教科文组织的全称为：联合国教育、科学和文化组织。1945年11月在英国伦敦会议上通过了教科文组织的《组织法》，总部设在巴黎。教科文组织宗旨是：通过教育、科学及文化来促进各国之间的合作，以增进对正义、法治及《联合国宪章》所确认的世界人民不分种族、性别、语言、宗教均享有人权与自由的普遍尊重，对世界和平与安全做出贡献。

一、联合国教科文组织世界遗产委员会

1972年11月16日，联合国教科文组织大会第17届会议在巴黎通过了《公约》。为了落实《公约》的各项规定，1976年11月，联合国教科文组织世界遗产委员会（UNESCO World Heritage Committee）在内罗毕举行的第1届《公约》成员国大会上正式成立。委员会是联合国教科文组织的下设机构，负责《公约》的实施。

在联合国教科文组织内，要建立一个保护具有突出普遍价值的文化和自然遗产政府间委员会，称为“世界遗产委员会”。联合国教科文组织世界遗产委员会是一个政府间组织，由21个成员国组成，负责《公约》的实施。委员会内由7名成员构成世界遗产委员会

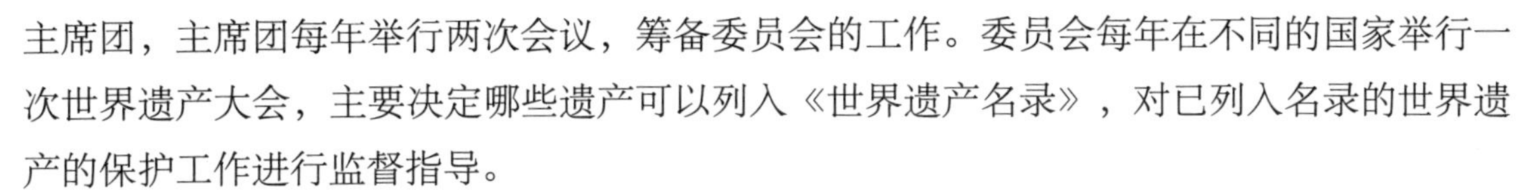

主席团，主席团每年举行两次会议，筹备委员会的工作。委员会每年在不同的国家举行一次世界遗产大会，主要决定哪些遗产可以列入《世界遗产名录》，对已列入名录的世界遗产的保护工作进行监督指导。

世界遗产委员会承担以下四项主要任务：

（1）在挑选录入《世界遗产名录》的文化和自然遗产地时，负责对世界遗产的定义进行解释。在完成这项任务时，该委员会将得到国际古迹遗址理事会和国际自然及自然资源保护联盟的帮助。这两个组织将仔细审查各缔约国对世界遗产的提名，并针对每一项提名写出评估报告。国际文物保护与修复研究中心也会对委员会提出建议，例如有关文化遗产方面的培训和文物保护技术的建议。

（2）审查世界遗产保护状况报告。当遗产得不到恰当的处理和保护时，该委员会让缔约国采取特别性保护措施。

（3）经过与有关缔约国协商，该委员会做出决定把濒危遗产列入《濒危世界遗产名录》。

（4）管理世界遗产基金。对为保护遗产而申请援助的国家给予技术和财力援助。

世界遗产委员会还设立了一项保护具有突出的普遍价值的世界文化和自然遗产基金——“世界遗产基金”。资金来源包括：缔约国义务捐款和自愿捐款；其他国家、联合国教科文组织、联合国系统其他组织、其他政府间组织、公共或私立机构或个人的捐款、赠款或遗赠；基金款项所得利息；募捐的资金和为本基金组织的活动的所得收入；基金条例所认可的所有其他资金。对基金的捐款不得带有政治条件，在不影响任何自愿补充捐款的情况下缔约国每两年定期向世界遗产基金纳款等。

联合国教科文组织还专门设置了世界遗产中心（World Heritage Centre），又称“公约执行秘书处”。中心协助缔约国具体执行《公约》，对世界遗产委员会提出建议，执行世界遗产委员会的决定。

联合国教科文组织世界遗产委员会为了提高保护、评审、监测、技术援助等工作的水平，还特别约请了三个国际上权威的专业机构：世界保护联盟（The World Conservation Union，IUCN）、国际古迹遗址理事会（The International Council on Monuments and Sites，ICOMOS）、国际文物保护与修复研究中心（The International Centre for the Study of the Preservation and Restoration of Cultural Property），作为其专业咨询机构。凡是遗产的考察、评审、监测、技术培训、财政与技术援助等均由这几个机构派出专家予以帮助。

二、世界保护联盟

世界保护联盟，原来称国际自然及自然资源保护联盟（International Union for the Conservation of Nature and Natural Resources），主要负责自然遗产方面的工作。该组织成立于1948年，总部设在瑞士格朗（Gland），主要任务是促进和鼓励人类对自然资源的保护与永续利用。

三、国际古迹遗址理事会

国际古迹遗址理事会，主要负责文化遗产方面的工作。该组织成立于1965年，总部设在法国巴黎，是国际上唯一从事文化遗产保护理论、方法、科学技巧的运用和推广的非政府国际机构。

四、国际文物保护与修复研究中心

国际文物保护与修复研究中心，主要负责文化遗产方面的技术培训、研究、宣传和为专家服务的工作。该组织成立于1956年，总部设在意大利罗马，是国际上文化遗产领域从事培训、专家服务、文献资料与研究的专门机构。

第四节　世界遗产的申报和评定

一、世界遗产的申报

一个国家一旦签署了《公约》，成为缔约国，并保证对本国文化与自然遗产进行保护，就可以开始为把本国遗产列入《世界遗产名录》而进行提名，由该国政府将提名呈交给联合国教科文组织。

首先，一个国家必须决定可以提名哪些遗产地，这个筛选的过程往往被称为识别。《公约》要求各缔约国先将其各自具有突出普遍价值的遗产地列出清单。其次，把经筛选有可能成为世界遗产者作为暂定名单呈报联合国教科文组织世界遗产中心。当一个缔约国决定把某地提名为世界遗产时，该国必须填写特制的提名表格。特别要提及的是，各国必须按照世界遗产委员会制定的标准，说明为什么某地独具重要性而要求列入《世界遗产名录》，而且还要说明该处目前的保护和管理状况。如能提供该处与其他同类遗产的比较分析情况将会更好。最后，文化遗产申报文件提交国际古迹遗址理事会评审，自然遗产文件提交世界保护联盟评审，混合遗产申请文件同时向以上两个组织提交。国际古迹遗址理事会和世界保护联盟派遣专家分别对申报国进行现场考察和评估，并提交评价报告向世界遗产委员会推荐，世界遗产委员会再做出是否入选的决定。

根据世界遗产委员会制定的《准则》，关于《世界遗产名录》提名的申报格式包括：① 遗产状况，② 提名理由，③ 描述，④ 管理，⑤ 影响遗产的因素，⑥ 监测，⑦ 文献资料，⑧ 代表缔约国签名。其中每一项都包括许多细则。

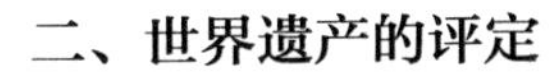

二、世界遗产的评定

世界遗产的评定标准主要依据《公约》第一、第二条规定以及《准则》对文化与自然遗产规定的相应遴选标准。遗产项目要列入《世界遗产名录》，必须经过严格的考核和审批程序。

每年举行一次的世界遗产委员会会议，将对申请列入名单的遗产项目进行审批，其主要依据是该委员会此前委托有关专家对各国提名的遗产地进行实地考察而提出的评价报告。《凯恩斯决定》是2000年在澳大利亚凯恩斯召开的第24届世界遗产委员会会议上做出的，其核心内容是：限制已有较多世界遗产的国家申报，一国一年只能申报一项；对没有世界遗产项目的缔约国的申报给予特别支持。时隔4年之后，包括我国在内的许多国家的专家都认为，这一决定并不能有效解决世界遗产战略所期望的代表性和平衡性，它不利于更多的世界遗产的保护。2004年，第28届世界遗产委员会会议通过《苏州决定》，将《公约》缔约国原先每年只能申报一项世界遗产的《凯恩斯决定》修改为：从2006年起，一个缔约国每年可最多申报两项世界遗产，其中至少有一项是自然遗产。《苏州决定》规定，自2006年起，世界遗产委员会每年受理的新申报项目从此前的30个增加到45个，包括往届会议推迟审议的项目、扩展项目、跨国联合申报项目和紧急申报项目。《苏州决定》指出，这一修订仍然是一个“试验性和过渡性”的措施。

第五节 世界遗产发展趋势

1. 保护公约

1972年11月联合国教科文组织在巴黎通过了《公约》。自《公约》诞生和世界遗产组织成立以来，其意义在于成功地保护了一大批世界著名的文化和自然遗产，为人类文明史保留下众多的弥足珍贵的财富，促进了世界遗产地的科学研究与文化交流，推动了全球旅游业的迅速发展。

2. 遗产名录

1978年，联合国教科文组织世界遗产委员会公布了第一批共12项世界遗产，从此在全球范围内世界遗产保护进入一个多元化的新时期。2017年7月2日—12日，在波兰克拉科夫召开了第41届世界遗产大会，遗产名录中一些数据被更新。

3. 全球战略

1994年，世界遗产委员会发布了“全球战略”，旨在建立起一个具有代表性的、平衡的、可信的《世界遗产名录》。它的目标是保证《世界遗产名录》反映具有突出普遍的价值的世界文化和自然遗产的多样性。

2002年，世界遗产委员会在匈牙利布达佩斯召开的第26届世界遗产大会上通过了《世界遗产布达佩斯宣言》，提出增强《世界遗产名录》的可信性，保证对世界遗产的有效保护，推进各缔约国有效的能力建设以及通过宣传增强大众对世界遗产的认识、参与和支持，即所谓的“4C”战略目标：可信性（Credibility）、保护（Conservation）、能力建设（Capacity-building）和交流（Communication）。

2005年2月，《准则》明确提出构建具有代表性、平衡性、可信性的《世界遗产名录》的全球战略。

2007年，在第31届世界遗产大会上将社会参与（Communities）补充完善，最终形成“5C”战略目标。

2006年10月，世界遗产委员发表了《联合国教科文组织世界遗产中心自然遗产战略》，对自然遗产的任务陈述、战略方向和工作方法进行了论述。此外，本战略还突出反映了自然遗产事业所取得的成就。

4. 申遗趋势

世界遗产的平衡性发展已成为国际关注的焦点，世界遗产委员会大力提倡、鼓励遗产种类的丰富多样化。平衡性包括地区平衡、国家遗产增长数量的平衡、遗产种类的平衡。在世界文化遗产中，工业遗产、农业遗产、廊道遗产、文化线路、文化景观、线性文化遗产、海洋遗产、跨国项目等成为国际世界遗产领域提倡并重点支持的项目。此外，现代遗产等逐渐进入世界遗产的视野之中，成为新的趋势。跨区域捆绑型世界遗产申报方式是突破瓶颈的创新手段。申遗战略认识上的多元化，具体体现在扩展申遗、联合申遗、跨国申遗等。

5. 遗产保护

2007年，在第31届世界遗产大会上世界遗产委员会将阿曼的阿拉伯羚羊保护区从《世界遗产名录》中除名。2009年，在第33届世界遗产大会上世界遗产委员会将德国的德累斯顿易北河谷从《世界遗产名录》中除名，从此，改变了《世界遗产名录》只增不减的状况，彰显了世界遗产委员会对世界遗产保护和管理的决心和力度。

目前，数字技术的应用、生物多样性保护技术、古建筑维护技术、环境污染防治技术在遗产资源保护和管理中发挥着重要的作用。运用现代科技保护世界遗产，遗产保护注重科学和技术的应用。2011—2021年，联合国教科文组织国际自然与文化遗产空间技术中心（HIST）将发起“自然与文化遗产空间观测与认知”科学计划，以建立全球自然与文化遗产空间影像数据库、高时相高精度动态分析典型自然与文化遗产演变、全球变化与自然

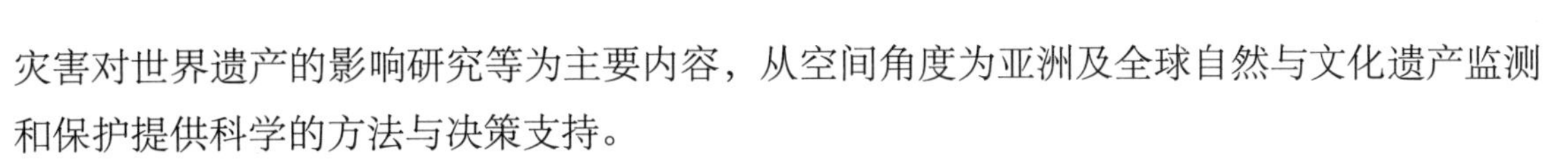

灾害对世界遗产的影响研究等为主要内容，从空间角度为亚洲及全球自然与文化遗产监测和保护提供科学的方法与决策支持。

全球的世界遗产保护正在向多元化、科技化和综合化发展。遗产可持续发展多元化目标具体体现在如下几个方面。

（1）科学目标：世界文化遗产具有艺术创新、科学发现和技术发明等特点，是人类智慧的结晶。自然遗产对于研究生命起源、地球科学、生态系统、生物多样性以及人类与自然和谐可持续发展具有重要的意义。

（2）教育目标：世界遗产是社会科学和自然科学取之不尽用之不竭的知识源泉，开发其教育功能将会极大地丰富各学科的教学资源。

（3）文化目标：作为文化遗产的世界遗产反映出文化多元性，体现在风格各异的历史名城、古村落、建筑、园林、文物、名胜古迹、皇家陵寝、考古遗址、工业遗产、农业遗址等。这些优秀的世界文化遗产体现了人类的创造力和智慧的结晶，是人类文明与进步的象征。世界遗产促进了人类全球性文化交流。

（4）旅游目标：世界遗产旅游不仅可以大大推动旅游产业，而且可以带动国家和地区经济的发展。空前高涨的世界遗产旅游已给旅游业带来了前所未有的经济效益，世界遗产旅游在旅游业中将起着越来越重要的作用，它必将推动全球旅游业的快速发展。

第六节　我国的世界遗产

我国是一个历史悠久，文化灿烂的国家，不仅拥有众多的名山秀水，还有数不尽的名胜古迹，众多的世界遗产是中华民族的历史、文化与文明的象征。

我国于1985年加入《公约》成为缔约国后，1987年拥有了第一批世界遗产，其中文化遗产5项，即：周口店北京人遗址、长城、北京故宫、敦煌莫高窟、秦始皇陵；混合遗产1项，泰山。截至2017年7月第41届世界遗产大会，我国已有52项遗产被列入《世界遗产名录》，其中文化遗产36项（其中含文化景观遗产5项），自然遗产12项，混合遗产4项。

我国是拥有世界遗产类别最齐全的国家之一，包括文化遗产、自然遗产、混合遗产和文化景观遗产。我国的世界遗产涉及的内容颇为广泛，古人类遗址（周口店北京人遗址）、皇宫（北京和沈阳明清故宫）、皇家园林（北京颐和园、承德避暑山庄及周围寺庙）、古城遗址（元上都）、皇家陵寝（秦始皇陵和明清皇家陵寝）、皇家祭坛（北京天坛）、古墓葬（高句丽王城、王陵和贵族墓葬）、防御工程（长城）、古典园林（苏州古典园林）、古城（平遥古城、丽江古城和澳门）、古村落（皖南古村落——西递和宏村、福建土楼、开平碉楼和古村落）、考古遗址（殷墟、土司遗址）、古建筑群等（武当山古建筑群、拉萨布达拉宫、登封“天地之中”历史建筑群、曲阜孔庙、孔林和孔府）、古建筑和水利工程（青城山和都江堰）、洞窟和石刻（莫高窟、大足石刻、龙门石窟和云冈石窟）、文化路线（大运河和丝绸之路）、文化景观（庐山国家公园、五台山、杭州西湖文化景观、红河哈尼梯田文化景观、左江花山岩画艺术文化景观）、地质景观（云南三江并流保护区、我国南方喀斯特、丹霞和云南澄江化石遗址）、风景名胜区和自然保护区（九寨沟风景名胜区、武陵源风景名胜区、黄龙风景名胜区、三清山国家公园、新疆天山和青海可可西里）、生物保护区（四川大熊猫栖息地）、文化和自然景观（泰山、黄山、武夷山、峨眉山和乐山大佛）。

◎ 北京故宫（中国）

◎ 兵马俑（中国）

◎ 高句丽王陵（中国）

◎ 殷墟（中国）

◎ 五台山（中国）

北京拥有众多的历史文化遗迹，长城、北京故宫、颐和园、天坛、周口店北京人遗址、明清皇家陵寝（十三陵）、大运河（通惠河北京旧城段、通惠河通州段等）均已被列入《世界遗产名录》。北京是世界上拥有世界遗产项目最多的城市。

我国苏州9处园林作为“苏州古典园林”而被列入《世界遗产名录》。1997年以拙政园、留园、网师园、环秀山庄为典型例证的“苏州古典园林”，也被列入《世界遗产名录》。2000年又将沧浪亭、狮子林、艺圃、耦园、退思园作为“苏州古典园林”扩展项目列入《世界遗产名录》。苏州古典园林以其意境深远、构筑精致、艺术高雅、文化内涵丰富而成为具有历史、文化、艺术和科学价值的珍贵的世界文化遗产。我国拥有4项混合遗产，即泰山、黄山、武夷山、峨眉山和乐山大佛，在遗产数量上与澳大利亚的混合遗产持平，是世界上拥有混合遗产最多的国家之一。

四川省的世界自然遗产最为丰富，包括九寨沟风景名胜区、黄龙风景名胜区、四川大熊猫栖息地；此外，还包括青城山和都江堰灌溉系统（文化遗产）、峨眉山和乐山大佛（混合遗产）。

思考与练习

附录1　文化景观遗产名录

阿富汗 Afghanistan

2003　巴米扬山谷文化景观和考古遗址 Cultural Landscape and Archaeological Remains of the Bamiyan Valley

安道尔 Andorra

2004　马德留–配拉菲塔–克拉罗尔峡谷 The Madriu–Perafita–Claror Valley

阿根廷 Argentina

2003　塔夫拉达·德乌玛瓦卡 Quebrada de Humahuaca

澳大利亚 Australia

1987，1994　乌卢鲁–卡塔曲塔国家公园 Uluru–Kata Tjuta National Park

奥地利 Austria

1997　哈尔施塔特–达赫施泰因/萨尔茨卡默古特文化景观 Hallstatt–Dachstein/Salzkammergut Cultural Landscape

2000　瓦豪文化景观 Wachau Cultural Landscape

2001　费尔特湖/新锡德尔湖文化景观 Fertö/Neusiedlersee Cultural Landscape（与匈牙利共有）

阿塞拜疆 Azerbaijan

2007　戈布斯坦岩石艺术文化景观 Gobustan Rock Art Cultural Landscape

巴西 Brazil

2012　里约热内卢，山海之间的卡里奥卡景观 Rio de Janeiro, Carioca Landscapes between the Mountain and the Sea

加拿大 Canada

2012　格朗普雷景观 Landscape of Grand Pré

中国 China

1996　庐山国家公园 Lushan National Park

2009　五台山 Mount Wutai

2011　杭州西湖文化景观 West Lake Cultural Landscape of Hangzhou

2013　红河哈尼梯田文化景观 Cultural Landscape of Honghe Hani Rice Terraces

哥伦比亚 Colombia

2011　哥伦比亚咖啡文化景观 Coffee Cultural

Landscape of Colombia

古巴 Cuba

1999 比尼亚莱斯山谷 Viñales Valley

2000 古巴东南部最早的咖啡种植园考古景观 Archaeological Landscape of the First Coffee Plantations in the Southeast of Cuba

捷克 Czech Republic

1996 莱德尼采-瓦尔季采文化景观 Lednice-Valtice Cultural Landscape

埃塞俄比亚 Ethiopia

2011 孔索文化景观 Konso Cultural Landscape

法国 France

1997，1999 比利牛斯-佩尔杜山 Pyrénées-Mont Perdu（与西班牙共有）

1999 圣艾米伦辖区 Jurisdiction of Saint-Emilion

2000 卢瓦尔河畔的叙利和沙洛讷之间的卢瓦尔河谷 The Loire Valley between Sully-sur-Loire and Chalonnes

2011 喀斯和塞文，地中海农牧文化景观 The Causses and the Cévennes, Mediterranean agro-pastoral Cultural Landscape

2012 加莱北部矿业盆地 Nord-Pas de Calais Mining Basin

加蓬 Gabon

2007 洛佩-奥坎德生态系统和文化遗迹景观 Ecosystem and Relict Cultural Landscape of Lopé-Okanda

德国 Germany

2000 德绍-沃利茨的皇家园林 Garden Kingdom of Dessau-Wörlitz

2002 中上游莱茵河谷 Upper Middle Rhine Valley

2004 马斯科夫公园/马扎科夫斯基公园 Muskauer Park/Park Muzakowski（与波兰共有）

2013 威海姆苏赫山地公园 Bergpark Wilhelmshöhe

匈牙利 Hungary

1999 霍尔托巴吉国家公园——普斯兹塔 Hortobágy National Park-the Puszta

2001 费尔特湖/新锡德尔湖文化景观 Fertö/Neusiedlersee Cultural Landscape（与奥地利共有）

2002 托考伊葡萄酒产区历史文化景观 Tokaj Wine Region Historic Cultural Landscape

冰岛 Iceland

2004 平威利尔国家公园 Þingvellir National Park

印度 India

2003 比莫贝卡特石窟 Rock Shelters of Bhimbetka

印度尼西亚 Indonesia

2012 巴厘文化景观：展现“幸福三要素”哲学思想的苏巴克灌溉系统 Cultural Landscape of Bali Province: the Subak System as a Manifestation of the Tri Hita Karana Philosophy

伊朗 Iran (Islamic Republic of)

2004 巴姆及其文化景观 Bam and its Cultural Landscape

2011 波斯园林 The Persian Garden

以色列 Israel

2005　香路——内盖夫的沙漠城 Incense Route–Desert Cities in the Negev

意大利 Italy

1997　阿玛尔菲海岸 Costiera Amalfitana

1997　韦内雷港、五村镇和群岛（帕尔马里亚、蒂诺和蒂内托） Portovenere, Cinque Terre, and the Islands (Palmaria, Tino and Tinetto)

1998　齐兰托、迪阿纳峡谷国家公园和佩斯托姆、维利亚考古遗址及帕多拉修道院 Cilento and Vallo di Diano National Park with the Archeological sites of Paestum and Velia, and the Certosa di Padula

2003　皮埃蒙特和伦巴第的撒克利山 Sacri Monti of Piedmont and Lombardy

2004　维得斯卡（瓦尔·迪奥西亚） Val d'Orcia

2013　托斯卡纳地区的美第奇别墅和花园 Medici Villas and Gardens in Tuscany

2014　皮埃蒙特的葡萄园景观：朗格罗埃洛和蒙菲拉托 Vineyard Landscape of Piedmont: Langhe-Roero and Monferrato

日本 Japan

2004　纪伊山脉圣地和朝圣之路 Sacred Sites and Pilgrimage Routes in the Kii Mountain Range

2007　石见银山遗迹及其文化景观 Iwami Ginzan Silver Mine and its Cultural Landscape

哈萨克斯坦 Kazakhstan

2004　泰姆格里考古景观岩刻 Petroglyphs within the Archaeological Landscape of Tamgaly

肯尼亚 Kenya

2008　米吉肯达圣林 Sacred Mijikenda Kaya Forests

吉尔吉斯斯坦 Kyrgyzstan

2009　苏莱曼圣山 Sulaiman-Too Sacred Mountain

老挝 Lao People's Democratic Republic

2001　占巴塞文化景观中的瓦普及相关古遗址 Vat Phou and Associated Ancient Settlements within the Champasak Cultural Landscape

黎巴嫩 Lebanon

1998　瓦迪·卡蒂沙（圣谷）和神杉林（霍尔沙·阿兹·埃尔-拉博） Ouadi Qadisha (the Holy Valley) and the Forest of the Cedars of God (Horsh Arz el-Rab)

立陶宛 Lithuania

2000　库罗尼亚岬 Curonian Spit（与俄罗斯共有）

2004　克拿维考古遗址（克拿维文化保护区） Kernavé Archaeological Site (Cultural Reserve of Kernavé)

马达加斯加 Madagascar

2001　阿波希曼加王室山岭 Royal Hill of Ambohimanga

毛里求斯 Mauritius

2008　莫纳山文化景观 Le Morne Cultural Landscape

墨西哥 Mexico

2006　龙舌兰景观和古代工业设备 Agave Landscape

and Ancient Industrial Facilities of Tequila

2010 瓦哈卡州中央谷地的亚古尔与米特拉史前洞穴 Prehistoric Caves of Yagul and Mitla in the Central Valley of Oaxaca

蒙古 Mongolia

2004 鄂尔浑峡谷文化景观 Orkhon Valley Cultural Landscape

新西兰 New Zealand

1990，1993 汤加里罗国家公园 Tongariro National Park

尼日利亚 Nigeria

1999 苏库尔文化景观 Sukur Cultural Landscape

2005 奥孙–奥索博神树林 Osun–Osogbo Sacred Grove

挪威 Norway

2004 维加群岛 Vegaøyan–The Vega Archipelago

巴勒斯坦 Palestine

2014 巴勒斯坦：巴蒂尔耶路撒冷南部橄榄与葡萄园文化景观 Palestine: Land of Olives and Vines–Cultural Landscape of Southern Jerusalem, Battir

巴布亚新几内亚 Papua New Guinea

2008 库科早期农业遗址 Kuk Early Agricultural Site

菲律宾 Philippines

1995 菲律宾科尔迪莱拉的水稻梯田 Rice Terraces of the Philippine Cordilleras

波兰 Poland

1999 卡尔瓦利亚·泽日多夫斯卡：别致建筑、园林景观和朝圣公园 Kalwaria Zebrzydowska: the Mannerist Architectural and Park Landscape Complex and Pilgrimage Park

2004 马斯科夫公园/马扎科夫斯基公园 Muskauer Park/Park Muzakowski（与德国共有）

葡萄牙 Portugal

1995 辛特拉的文化景观 Cultural Landscape of Sintra

2001 阿尔托都罗葡萄酒产区 Alto Douro Wine Region

2004 皮克岛葡萄园文化景观 Landscape of the Pico Island Vineyard Culture

俄罗斯 Russian Federation

2000 库罗尼亚岬 Curonian Spit（与立陶宛共有）

塞内加尔 Senegal

2011 萨卢姆三角洲 Saloum Delta

2012 巴萨瑞地区：富拉和贝迪克的文化景观 Bassari Country: Bassari, Fula and Bedik Cultural Landscapes

南非 South Africa

2003 马蓬古布韦文化景观 Mapungubwe Cultural Landscape

2007 理查德斯维德文化和植物景观 Richtersveld Cultural and Botanical Landscape

西班牙 Spain

1997，1999 比利牛斯–佩尔杜山 Pyrénées–Mont Perdu（与法国共有）

2001 阿兰约兹文化景观 Aranjuez Cultural Landscape

2011 特拉蒙塔那山区文化景观 Cultural Landscape of the Serra de Tramuntana

瑞典 Sweden

2000 南厄兰岛的农业景观 Agricultural Landscape of Southern Öland

瑞士 Switzerland

2007 拉沃葡萄园梯田 Lavaux, Vineyard Terraces

叙利亚 Syrian Arab Republic

2011 叙利亚北部古村落群 Ancient Villages of Northern Syria

多哥 Togo

2004 库塔玛库，巴塔玛里巴陆地 Koutammakou, the Land of the Batammariba

乌克兰 Ukraine

2013 陶瑞克切森尼斯古城及其乔拉 Ancient City of Tauric Chersonese and its Chora

英国 United Kingdom of Great Britain and Northern Ireland

1986，2004，2005 圣基尔达岛 St Kilda

2000 布莱纳文工业区景观 Blaenavon Industrial Landscape

2003 基尤皇家植物园 Royal Botanic Gardens, Kew

2006 康沃尔和西德文矿区景观 Cornwall and West Devon Mining Landscape

美国 United States of America

2010 帕帕哈瑙莫夸基亚国家海洋保护区 Papahānaumokuākea

瓦努阿图 Vanuatu

2008 马塔王酋长领地 Chief Roi Mata's Domain

越南 Viet Nam

2014 长安景观 Trang An Landscape Complex

津巴布韦 Zimbabwe

2003 马托博山 Matobo Hills

附录2　世界遗产名录

截至2017年第41届世界遗产大会，全球共有1073项世界遗产被联合国教科文组织世界遗产委员会列入《世界遗产名录》，其中包括832项文化遗产、206项自然遗产和35项混合遗产。这些世界遗产分布在167个缔约国中。下列名录按国家英文字母顺序排序，每处遗产名单前附以批准年代，各遗产名单后的“C”表示文化遗产，“N”代表自然遗产，“C，N”为文化与自然双重遗产（混合遗产）。

阿富汗 Afghanistan

2002　贾姆尖塔及其周围的考古遗址 Minaret and Archaeological Remains of Jam （C）

2003　巴米扬山谷文化景观和考古遗址 Cultural Landscape and Archaeological Remains of the Bamiyan Valley （C）

阿尔巴尼亚 Albania

1992，1999　布特林特 Butrint（C）

2005，2008　培拉特和吉诺卡斯特历史中心 Historic Centres of Berat and Gjirokastra（C）

2007，2011，2017　喀尔巴阡山脉和欧洲其他地区的原始山毛榉林 Ancient and Primeval Beech Forests of the Carpathians and Other Regions of Europe（N）（13国共有）

阿尔及利亚 Algeria

1980　贝尼·哈迈德城堡 Al Qal’a of Beni Hammad （C）

1982　杰米拉 Djémila（C）

1982　阿杰尔的塔西利 Tassili n’Ajjer（C，N）

1982　提姆加德 Timgad（C）

1982　姆扎卜山谷 M’Zab Valley（C）

1982　蒂帕萨 Tipasa（C）

1992　阿尔及尔的卡斯巴哈 Kasbah of Algiers（C）

安道尔 Andorra

2004　马德留–配拉菲塔–克拉罗尔峡谷 Madriu–Perafita–Claror Valley（C）

安哥拉 Angola

2017　姆班扎刚果，前刚果王国的首都遗迹 Mbanza Kongo, Vestiges of the Capital of the former Kingdom of Kongo（C）

安提瓜和巴布达 Antigua and Barbuda

2016　安提瓜海军造船厂及其相关考古遗址 Antigua Naval Dockyard and Related Archaeological Sites （C）

阿根廷 Argentina

1981　罗斯冰川国家公园 Los Glaciares（N）

1983，1984　瓜拉尼耶稣会传教区：圣伊格纳西奥米尼、圣安娜、罗雷托圣母村、圣母玛丽亚艾尔马约尔村遗迹（阿根廷），圣米格尔·杜斯米索纳斯遗迹（巴西）Jesuit Missions of the Guaranis: San Ignacio Mini, Santa Ana, Nuestra Señora de Loreto and Santa Maria Mayor（Argentina）, Ruins of Sao Miguel das Missoes （Brazil）（C）（与巴西共有）

1984　伊瓜苏国家公园 Iguazu National Park（N）

1999　瓦尔德斯半岛 Penísula Valdés（N）

1999　平图拉斯河手洞 Cueva de las Manos, Río Pinturas（C）

2000　伊沙瓜拉斯托/塔拉姆佩雅自然公园 Ischigualasto/Talampaya Natural Parks（N）

2000　科尔多巴耶稣会牧场和街区 Jesuit Block and Estancias of Códoba（C）

2003　塔夫拉达·德乌玛瓦卡 Quebrada de Humahuaca（C）

2014　印加路网 Qhapaq Ñan, Andean Road System（C）（与玻利维亚、智利、哥伦比亚、厄瓜多尔和秘鲁共有）

2016　勒·柯布西耶的建筑作品，对现代主义运动有杰出贡献 The Architectural Work of Le Corbusier, an Outstanding Contribution to the Modern Movement（C）（7国共有）

2017　卢斯阿莱尔塞斯国家公园 Los Alerces National Park（N）

亚美尼亚 Armenia

1996，2000　哈格帕特修道院 Monasteries of Haghpat and Sanahin（C）

2000　吉哈德修道院和上游阿扎特河谷 Monastery of Geghard and the Upper Azat Valley（C）

2000　埃奇米阿津大教堂、教堂和兹瓦尔特诺茨考古遗址 Cathedral and Churches of Echmiatsin and the Archaeological Site of Zvartnots（C）

澳大利亚 Australia

1981，1987，1992　卡卡杜国家公园 Kakadu National Park（C，N）

1981　威蓝德拉湖区 Willandra Lakes Region（C，N）

1981　大堡礁 Great Barrier Reef（N）

1982　豪勋爵群岛 Lord Howe Island Group（N）

1982，1989　塔斯马尼亚荒原 Tasmanian Wilderness（C，N）

1986，1994　澳大利亚冈瓦纳雨林 Gondwana Rainforests of Australia（N）

1987，1994　乌卢鲁–卡塔曲塔国家公园 Uluru–Kata Tjuta National Park（C，N）

1988　昆士兰湿热带 Wet Tropics of Queensland（N）

1991　澳大利亚西部鲨鱼湾 Shark Bay, Western Australia（N）

1992　弗雷泽岛 Fraser Island（N）

1994　澳大利亚哺乳动物化石遗址（里弗斯利/纳拉库特）Australian Fossil Mammal Sites（Riversleigh/Naracote）（N）

1997　麦夸里岛 Macquarie Island（N）

1997　赫德和麦克唐纳群岛 Heard and McDonald Islands（N）

2000　大蓝山地自然保护区 Greater Blue Mountains Area（N）

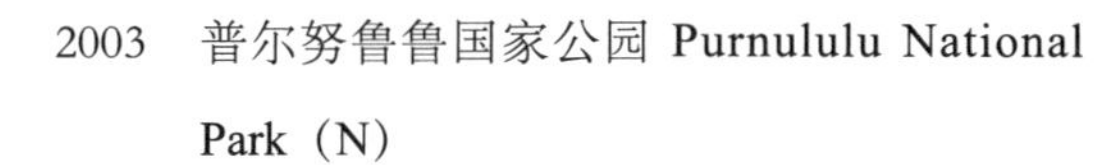

2003　普尔努鲁鲁国家公园 Purnululu National Park（N）

2004　皇家展览馆和卡尔顿园林 Royal Exhibition Building and Carlton Gardens（C）

2007　悉尼歌剧院 Sydney Opera House（C）

2010　澳大利亚监狱遗址 Australian Convict Sites（C）

2011　宁格罗海岸 Ningaloo Coast（N）

奥地利 Austria

1996　萨尔茨堡市历史中心 Historic Centre of the City of Salzburg（C）

1996　申布伦宫殿和花园 Palace and Gardens of Schönbrunn（C）

1997　哈尔施塔特–达赫施泰因/萨尔茨卡默古特文化景观 Hallstatt–Dachstein/Salzkammergut Cultural Landscape（C）

1998　塞梅林铁路 Semmering Railway（C）

1999　格拉茨市历史中心 City of Graz–Historic Centre（C）

2000　瓦豪文化景观 Wachau Cultural Landscape（C）

2001　费尔特湖–新锡德尔湖文化景观 Fertö/Neusiedlersee Cultural Landscape（C）（与匈牙利共有）

2001　维也纳历史中心 Historic Centre of Vienna（C）

2011　阿尔卑斯周围的史前湖岸木桩建筑 Prehistoric Pile dwellings around the Alps（C）（与法国、德国、意大利、斯洛文尼亚和瑞士共有）

2007，2011，2017　喀尔巴阡山脉和欧洲其他地区的原始山毛榉林 Ancient and Primeval Beech Forests of the Carpathians and Other Regions of Europe（N）（13国共有）

阿塞拜疆 Azerbaijan

2000　巴库围墙城及城内的希尔凡沙宫殿和少女塔 Walled City of Baku with the Shirvanshah's Palace and Maiden Tower（C）

2007　戈布斯坦岩石艺术文化景观 Gobustan Rock Art Cultural Landscape（C）

巴林 Bahrain

2005　巴林–卡拉特古港口和迪尔蒙首都 Qal'at al–Bahrain–Ancient Harbour and Capital of Dilmun（C）

2012　普芮林，海岛经济的见证 Pearling, Testimony of an Island Economy（C）

孟加拉 Bangladesh

1985　巴哈尔布尔的佛教毗诃罗遗址 Ruins of the Buddhist Vihara at Paharpur（C）

1985　巴格哈特的古清真寺之城 Historic Mosque City of Bagerhat（C）

1997　孙德尔本斯 The Sundarbans（N）

巴巴多斯 Barbados

2011　历史城市布里奇敦和要塞 Historic Bridgetown and its Garrison（C）

白俄罗斯 Belarus

1979，1992，2014　比阿洛维察森林 Bialowieza Forest（N）（与波兰共有）

2000　米尔城堡 Mir Castle Complex（C）

2005　奈斯维的拉济维乌家族建筑、住宅和文

化复合体 Architectural, Residential and Cultural Complex of the Radziwill Family at Nesvizh（C）

2005　斯特鲁维地理探测弧线 Struve Geodetic Arc（C）（10国共有）

比利时 Belgium

1998　路维勒和鲁尔克斯主运河上的4座水闸及其环境 The Four Lifts on the Canal du Centre and their Environs, La Louvière and Le Roeulx（Hainault）（C）

1998　佛兰德的比津修道院 Flemish Béguinages（C）

1998　布鲁塞尔大广场 La Grand–Place, Brussels（C）

1999，2005　比利时和法国钟楼 Belfries of Belgium and France（C）

2000　斯皮耶纳（蒙斯）的新石器时代的燧石矿 Neolithic Flint Mines at Spiennes （Mons）（C）

2000　图尔奈的圣母大教堂 Notre–Dame Cathedral in Tournai（C）

2000　布鲁日历史中心 Historic Centre of Brugge（C）

2000　建筑师维克多·奥尔塔设计的主要城市住宅（布鲁塞尔） Major Town Houses of the Architect Victor Horta （Brussels）（C）

2005　帕拉丁工场–博物馆综合体 Plantin–Moretus House–Workshops–Museum Complex（C）

2009　斯托克莱公馆 Stoclet House（C）

2012　瓦隆尼亚主要矿业遗址 Major Mining Sites of Wallonia（C）

2016　勒·柯布西耶的建筑作品——对现代主义运动有杰出贡献 The Architectural Work of Le Corbusier, an Outstanding Contribution to the Modern Movement（C）（7国共有）

2007，2011，2017　喀尔巴阡山脉和欧洲其他地区的原始山毛榉林 Ancient and Primeval Beech Forests of the Carpathians and Other Regions of Europe（N）（13国共有）

伯利兹 Belize

1996　伯利兹堡礁保护区 Belize Barrier–Reef Reserve System（N）

贝宁 Benin

1985　阿波美王宫 Royal Palaces of Abomey（C）

1996，2017　W-阿尔利-彭贾里保护区 W-Arly-Pendjari Complex（N）（与布基纳法索和尼日尔共有）

玻利维亚 Bolivia

1987　波托西城 City of Potosi（C）

1990　奇基托斯耶稣传教区 Jesuit Missions of the Chiquitos（C）

1991　历史名城苏克雷 Historic City of Sucre（C）

1998　萨迈帕塔考古遗址 Fuerte de Samaipata（C）

2000　诺尔·坎普夫·墨尔加多国家公园 Noel Kempff Mercado National Park（N）

2000　蒂瓦纳库文化、精神和政治中心 Tiwanaku: Spiritual and Political Centre of the Tiwanaku Culture（C）

2014　印加路网 Qhapaq Ñan, Andean Road System

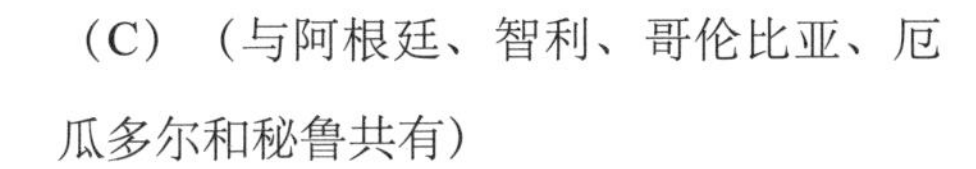

（C）（与阿根廷、智利、哥伦比亚、厄瓜多尔和秘鲁共有）

波黑（Bosnia and Herzegovina）

2005 莫斯塔尔老城的老桥区 Old Bridge Area of the Old City of Mostar（C）

2007 维塞格拉德的迈赫迈德·巴沙·索科罗维奇桥 Mehmed Paša Sokolović Bridge in Višegrad（C）

2016 斯特茨奇中世纪墓地 Stećci Medieval Tombstones Graveyards（C）（与克罗地亚、黑山和塞尔维亚共有）

博茨瓦纳 Botswana

2001 措迪罗（岩画） Tsodilo（C）

2014 奥卡万戈三角洲 Okavango Delta（N）

巴西 Brazil

1980 欧鲁普雷图历史城镇 Historic Town of Ouro Preto（C）

1982 奥林达历史中心 Historic Centre of the Town of Olinda（C）

1983，1984 瓜拉尼耶稣会传教区：圣伊格纳西奥米尼、圣安娜、罗雷托圣母村、圣母玛丽亚艾尔马约尔村遗迹（阿根廷），圣米格尔·杜斯米索纳斯遗迹（巴西）Jesuit Missions of the Guaranis: San Ignacio Mini, Santa Ana, Nuestra Señora de Loreto and Santa Maria Mayor（Argentina），Ruins of Sao Miguel das Missoes（Brazil）（C）（与阿根廷共有）

1985 巴伊亚州萨尔瓦多历史中心 Historic Centre of Salvador de Bahia（C）

1985 孔贡哈斯的仁慈耶稣圣殿 Sanctuary of Bom Jesus do Congonhas（C）

1986 伊瓜苏国家公园 Iguaçu National Park（N）

1987 巴西利亚 Brasilia（C）

1991 卡皮瓦拉山国家公园 Serra da Capivara National Park（C）

1997 圣路易斯历史中心 Historic Centre of São Luis（C）

1999 大西洋沿岸东南部森林保护区 Atlantic Forest Southeast Reserves（N）

1999 大西洋沿岸的森林保护区 Discovery Coast Atlantic Forest Reserves（N）

1999 迪亚曼蒂纳城历史中心 Historic Centre of the Town of Diamantina（C）

2000，2003 亚马孙河中心保护区 Central Amazon Conservation Complex（N）

2000 潘塔奈尔保护区 Pantanal Conservation Area （N）

2001 塞拉多保护区：查帕达·多斯·维阿迪里奥斯和埃玛斯国家公园 Cerrado Protected Areas: Chapada dos Veadeiros and Emas National Parks（N）

2001 巴西大西洋群岛：费尔纳多·迪·努荣达和阿托尔·达斯·罗卡斯保护区 Brazilian Atlantic Islands: Fernando de Noronha and Atol das Rocas Reserves（N）

2001 戈亚斯城历史中心 Historic Centre of the Town of Goiás（C）

2010 圣克里斯托旺的圣弗朗西斯科广场 São Francisco Square in the Town of São Cristóvão（C）

2012 里约热内卢：山海之间的卡里奥卡景观 Rio de Janeiro, Carioca Landscapes between the Mountain and the Sea（C）

2016　潘普利亚现代建筑 Pampulha Modern Ensemble（C）

2017　瓦隆古码头考古遗址 Valongo Wharf Archaeological Site（C）

保加利亚 Bulgaria

1979　马达腊骑士浮雕 Madara Rider（C）

1979　伊凡诺沃岩洞教堂 Rock-Hewn Churches of Ivanovo（C）

1979　博亚纳教堂 Boyana Church（C）

1979　卡赞利克的色雷斯人古墓 Thracian Tomb of Kazanlak（C）

1983　内塞巴尔古城 Ancient City of Nessebar（C）

1983，2010　皮林国家公园 Pirin National Park（N）

1983　里拉修道院 Rila Monastery（C）

1983　斯雷巴尔纳自然保护区 Srebarna Nature Reserve（N）

1985　斯韦什塔里的色雷斯人墓 Thracian Tomb of Sveshtari（C）

2007，2011，2017 喀尔巴阡山脉和欧洲其他地区的原始山毛榉林 Ancient and Primeval Beech Forests of the Carpathians and Other Regions of Europe（N）（13国共有）

布基纳法索 Burkina Faso

1996，2017　W-阿尔利-彭贾里保护区 W-Arly-Pendjari Complex（N）（与贝宁和尼日尔共有）

2009　洛罗派尼遗址 Ruins of Loropéni（C）

佛得角 Cabo Verde

2009　大里贝拉历史中心 Cidade Velha, Historic Centre of Ribeira Grande（C）

柬埔寨 Cambodia

1992　吴哥 Angkor（C）

2008　柏威夏寺 Temple of Preah Vihear（C）

2017　体现古伊奢那补罗文化景观的三波坡雷古考古遗址 Temple Zone of Sambor Prei Kuk, Archaeological Site of Ancient Ishanapura（C）

喀麦隆 Cameroon

1987　德贾动物保护区 Dja Faunal Reserve（N）

2012　流经三国的桑加河 Sangha Trinational（N）（与刚果共和国和中非共和国共有）

加拿大 Canada

1978　纳汉尼国家公园 Nahanni National Park（N）

1978　安斯梅多国家历史遗址 L'Anse aux Meadows National Historic Site（C）

1979　艾伯塔省恐龙公园 Dinosaur Provincial Park（N）

1979，1992，1994　克卢恩、朗格尔-圣埃利亚斯、冰川湾、塔臣施尼-阿克塞克 Kluane/Wrangell-St. Elias/Glacier Bay/Tatshenshini-Alsek（N）（与美国共有）

1981　美洲野牛涧 Head-Smashed-In Buffalo Jump（C）

1981　安东尼岛 SGang Gwaay（Anthony Island）（C）

1983　伍德布法罗国家公园 Wood Buffalo

National Park（N）

1984，1990 加拿大落基山脉公园 Canadian Rocky Mountain Parks（N）

1985 魁北克历史区 Historic District of Québec（C）

1987 格罗莫讷国家公园 Gros Morne National Park（N）

1995 沃特顿冰川国际和平公园 Waterton Glacier International Peace Park（N）（与美国共有）

1995 卢嫩堡古城 Old Town Lunenburg（C）

1999 米瓜莎国家公园 Miguasha National Park（N）

2007 丽多运河 Rideau Canal（C）

2008 乔金斯化石崖壁 Joggins Fossil Cliffs（N）

2012 格朗普雷景观 Landscape of Grand Pré（C）

2013 红湾巴斯克捕鲸站 Red Bay Basque Whaling Station（C）

2016 迷斯塔肯角 Mistaken Point（N）

中非 Central African Republic

1988 马诺沃–贡达圣弗洛里斯国家公园 Manovo–Gounda St Floris National Park（N）

2012 流经三国的桑加河 Sangha Trinational（N）（与刚果共和国和喀麦隆共有）

乍得 Chad

2012 奥利安戈湖泊 Lakes of Ounianga（N）

2016 恩内迪高地：自然和文化景观 Ennedi Massif: Natural and Cultural Landscape（C，N）

智利 Chile

1995 拉帕奴伊国家公园 Rapa Nui National Park（C）

2000 奇洛埃教堂 Churches of Chiloé（C）

2003 港口城市瓦尔帕莱索的历史区 Historic Quarter of the Seaport City of Valparaíso（C）

2005 亨伯斯通和圣劳拉硝石采石场 Humberstone and Santa Laura Saltpeter Works（C）

2006 苏埃尔铜矿城 Sewell Mining Town（C）

2014 印加路网 Qhapaq Ñan, Andean Road System（C）（与阿根廷、玻利维亚、哥伦比亚、厄瓜多尔和秘鲁共有）

中国 China

1987，2004 北京和沈阳明清故宫 Imperial Palaces of the Ming and Qing Dynasties in Beijing and Shenyang（C）

1987 秦始皇陵 Mausoleum of the First Qin Emperor（C）

1987 周口店北京人遗址 Peking Man Site at Zhoukoudian（C）

1987 长城 The Great Wall（C）

1987 莫高窟 Mogao Caves（C）

1987 泰山 Mount Taishan（C，N）

1990 黄山 Mount Huangshan（C，N）

1992 九寨沟风景名胜区 Jiuzhaigou Valley Scenic and Historic Interest Area（N）

1992 武陵源风景名胜区 Wulingyuan Scenic and Historic Interest Area（N）

1992 黄龙风景名胜区 Huanglong Scenic and Historic Interest Area（N）

1994 武当山古建筑群 Ancient Building Complex in the Wudang Mountains（C）

1994 曲阜孔庙、孔府和孔林 Temple and Cemetery of Confucius and the Kong Family Mansion in Qufu（C）

1994 承德避暑山庄及周围寺庙 Mountain Resort and its Outlying Temples, Chengde（C）

1994，2000，2001 拉萨布达拉宫 Historic Ensemble of the Potala Palace, Lhasa（C）

1996 峨眉山和乐山大佛 Mount Emei Scenic Area, including Leshan Giant Buddha Scenic Area（C，N）

1996 庐山国家公园 Lushan National Park（C）

1997 丽江古城 Old Town of Lijiang（C）

1997，2000 苏州古典园林 Classical Gardens of Suzhou（C）

1997 平遥古城 Ancient City of Ping Yao（C）

1998 北京颐和园 Summer Palace, an Imperial Garden in Beijing（C）

1998 北京天坛：皇家祭坛 Temple of Heaven: an Imperial Sacrificial Altar in Beijing（C）

1999 大足石刻 Dazu Rock Carvings（C）

1999 武夷山 Mount Wuyi（C，N）

2000 青城山和都江堰灌溉系统 Mount Qingcheng and the Dujiangyan Irrigation System（C）

2000，2003，2004 明清皇家陵寝 Imperial Tombs of the Ming and Qing Dynasties（C）

2000 龙门石窟 Longmen Grottoes（C）

2000 皖南古村落——西递和宏村 Ancient Villages in Southern Anhui-Xidi and Hongcun（C）

2001 云冈石窟 Yungang Grottoes（C）

2003 云南三江并流保护区 Three Parallel Rivers of Yunnan Protected Areas（N）

2004 高句丽王城、王陵和贵族墓葬 Capital Cities and Tombs of the Ancient Koguryo Kingdom（C）

2005 澳门历史中心 Historic Centre of Macao（C）

2006 四川大熊猫栖息地 Sichuan Giant Panda Sanctuaries（N）

2006 殷墟 Yin Xu（C）

2007 开平碉楼和村落 Kaiping Diaolou and Villages（C）

2007，2014 中国南方喀斯特 South China Karst（N）

2008 福建土楼 Fujian Tulou（C）

2008 三清山国家公园 Mount Sanqingshan National Park（N）

2009 五台山 Mount Wutai（C）

2010 中国丹霞 China Danxia（N）

2010 登封“天地之中”历史建筑群 Historic Monuments of Dengfeng in “The Centre of Heaven and Earth”（C）

2011 杭州西湖文化景观 West Lake Cultural Landscape of Hangzhou（C）

2012 元上都遗址 Site of Xanadu（C）

2012 澄江化石遗址 Chengjiang Fossil Site（N）

2013 红河哈尼梯田文化景观 Cultural Landscape of Honghe Hani Rice Terraces（C）

2013 新疆天山 Xinjiang Tianshan（N）

2014 丝绸之路：长安-天山廊道路网 Silk Roads: the Routes Network of Chang'an-

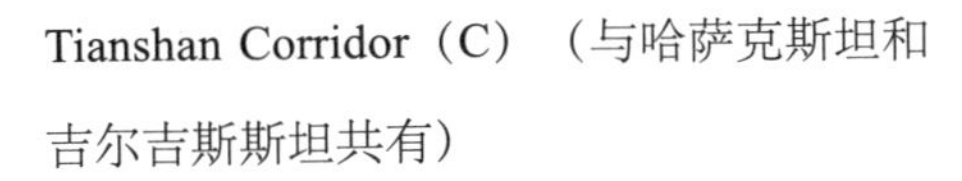

Tianshan Corridor（C）（与哈萨克斯坦和吉尔吉斯斯坦共有）

2014　大运河 The Grand Canal（C）

2015　土司遗址 Tusi Sites（C）

2016　湖北神农架 Hubei Shennongjia（N）

2016　左江花山岩画艺术文化景观 Zuojiang Huashan Rock Art Cultural Landscape（C）

2017　青海可可西里 Qinghai Hoh Xil（N）

2017　鼓浪屿：历史国际社区 Kulangsu: a Historic International Settlement（C）

哥伦比亚 Colombia

1984　卡塔赫纳港口、城堡和古迹群 Port, Fortresses and Group of Monuments, Cartagena（C）

1994　洛斯卡蒂奥斯国家公园 Los Katios National Park（N）

1995　圣奥古斯汀考古公园 San Agustín Archeological Park（C）

1995　铁拉登特罗国家考古公园 National Archeological Park of Tierradentro（C）

1995　圣克鲁斯·德·蒙波斯历史中心 Historic Centre of Santa Cruz de Mompox（C）

2006　马尔佩洛岛动物群和植物群保护区 Malpelo Fauna and Flora Sanctuary（N）

2011　哥伦比亚咖啡文化景观 Coffee Cultural Landscape of Colombia（C）

2014　印加路网 Qhapaq Ñan, Andean Road System（C）（与阿根廷、玻利维亚、智利、厄瓜多尔和秘鲁共有）

刚果共和国 Congo

2012　流经三国的桑加河 Sangha Trinational（N）（与喀麦隆和中非共和国共有）

哥斯达黎加 Costa Rica

1983，1990　塔拉曼卡山脉–阿米斯特德自然保护区/阿米斯特德国家公园 Talamanca Range–La Amistad Reserves/La Amistad National Park（N）（与巴拿马共有）

1997，2002　科科斯岛国家公园 Cocos Island National Park（N）

1999，2004　瓜纳卡斯特自然保护区 Area de Conservación Guancaste（N）

2014　迪奎斯三角洲石球以及前哥伦比亚人酋长居住地 Precolumbian Chiefdom Settlements with Stone Spheres of the Diquís（C）

科特迪瓦 Côte d'Ivoire

1981，1982　宁巴山自然保护区 Mount Nimba Strict Nature Reserve（N）（与几内亚共有）

1982　塔伊国家公园 Taï National Park（N）

1983　科莫埃国家公园 Comoé National Park（N）

2012　历史名镇：大巴萨姆 Historic town Grand-Bassam（C）

克罗地亚 Croatia

1979　斯普利特历史遗迹及戴克里先宫殿 Historical Complex of Split with the Palace of Diocletian（C）

1979，2000　普里特维采湖国家公园 Plitvice Lakes National Park（N）

1979，1994　杜布罗夫尼克旧城 Old City of Dubrovnik（C）

1997 波雷奇历史中心的尤弗拉西苏斯大教堂建筑群 Episcopal Complex of the Euphrasian Basilica in the Historic Centre of Poreč（C）

1997 特罗吉尔历史城市 Historic City of Trogir（C）

2000 西贝尼克的圣詹姆斯教堂 The Cathedral of St James in Sibenik（C）

2007，2011，2017 喀尔巴阡山脉和欧洲其他地区的原始山毛榉林 Ancient and Primeval Beech Forests of the Carpathians and Other Regions of Europe（N）（13国共有）

2008 史塔瑞格拉德平原 Stari Grad Plain（C）

2016 斯特茨奇中世纪墓地 Stećci Medieval Tombstones Graveyards（C）（与波黑、黑山和塞尔维亚共有）

2017 15—17世纪威尼斯共和国的防御工事：西方的陆地之国到海洋之国The Venetian Works of Defence between 15th and 17th Centuries: *Stato da Terra*–Western *Stato da Mar*（C）（与意大利和黑山共有）

古巴 Cuba

1982 哈瓦那旧城及其防御工事 Old Havana and its Fortifications（C）

1988 特立尼达和洛斯因赫尼奥斯山谷 Trinidad and the Valley de los Ingenios（C）

1997 古巴圣地亚哥的圣·佩德罗–德拉罗卡堡 San Pedro de la Roca Castle, Santiago de Cuba（C）

1999 比尼亚莱斯山谷 Viñales Valley（C）

1999 格拉玛的德桑巴尔科国家公园 Desembarco del Granma National Park（N）

2000 古巴东南部最早的咖啡种植园考古景观 Archaeological Landscape of the First Coffee Plantations in the Southeast of Cuba（C）

2001 阿里杰罗德胡波尔德国家公园 Alejandro de Humboldt National Park（N）

2005 西恩富戈斯历史城区 Urban Historic Centre of Cienfuegos（C）

2008 卡马圭历史中心 Historic Centre of Camagüey（C）

塞浦路斯 Cyprus

1980 帕福斯 Paphos（C）

1985，2001 特罗多斯地区的彩绘教堂 Painted Churches in the Troodos Region（C）

1998 乔洛科提亚 Choirokoitia（C）

捷克 Czech Republic

1992 克鲁姆洛夫历史中心 Historic Centre of Český Krumlov（C）

1992 泰尔契历史中心 Historic Centre of Telč（C）

1992 布拉格历史中心 Historic Centre of Prague（C）

1994 泽列纳–霍拉的内波穆克圣约翰朝圣教堂 Pilgrimage Church of St John of Nepomuk at Zelená Hora（C）

1995 库特纳·霍拉：城市历史中心及圣芭芭拉教堂和塞德莱茨的圣母大教堂 Kutná Hora: Historical Town Centre with the Church of St Barbara and the Cathedral of Our Lady at Sedlec（C）

1996 莱德尼采–瓦尔季采文化景观 Lednice–Valtice Cultural Landscape（C）

1998 克罗麦里兹花园和城堡 Gardens and Castle

at Kroměříž（C）

1998 霍拉肖维采历史村落保护区 Holašovice Historical Village Reservation（C）

1999 利托米什尔城堡 Litomyšl Castle（C）

2000 奥洛穆茨的三位一体圣柱 Holy Trinity Column in Olomouc（C）

2001 布尔诺的图根哈特别墅 Tugendhat Villa in Brno（C）

2003 特莱比克的犹太人居住区与圣普罗科皮乌斯教堂 Jewish Quarter and St Procopius' Basilica in Třebíč（C）

朝鲜 Democratic People's Republic of Korea

2004 高句丽墓葬群 Complex of Koguryo Tombs（C）

2013 开城历史遗迹 Historic Monuments and Sites in Kaesong（C）

刚果民主共和国 Democratic Republic of the Congo

1979 维龙加国家公园 Virunga National Park（N）

1980 卡胡兹-别加国家公园 Kahuzi-Biega National Park（N）

1980 加兰巴国家公园 Garamba National Park（N）

1984 萨龙加国家公园 Salonga National Park（N）

1996 霍加皮野生生物保护区 Okapi Wildlife Reserve（N）

丹麦 Denmark

1994 耶林土墩、石碑及教堂遗址 Jelling Mounds, Runic Stones and Church（C）

1995 罗斯基勒大教堂 Roskilde Cathedral（C）

2000 科隆伯格城堡 Kronborg Castle（C）

2004 伊路利萨特冰湾 Ilulissat Icefjord（N）

2009，2014 瓦登海 Wadden Sea（N）（与德国和荷兰共有）

2014 斯泰温斯-克林特峭壁 Stevns Klint（N）

2015 克里斯丁菲尔德，摩拉维亚人居住地 Christiansfeld, a Moravian Church Settlement（C）

2015 北西兰岛帕福斯狩猎景观 The par force hunting landscape in North Zealand（C）

2017 格陵兰岛库加塔：冰盖边缘的北欧及因纽特农业 Kujataa Greenland: Norse and Inuit Farming at the Edge of the Ice Cap（C）

多米尼克 Dominica

1997 莫尔纳·特鲁瓦·斯皮通斯国家公园 Morne Trois Pitons National Park（N）

多米尼加共和国 Dominican Republic

1990 圣多明各的殖民城市 Colonial City of Santo Domingo（C）

厄瓜多尔 Ecuador

1978 基多城 City of Quito（C）

1978，2001 加拉帕戈斯群岛 Galápagos Islands（N）

1983 桑盖国家公园 Sangay National Park（N）

1999 昆卡洛斯里奥斯的圣安娜历史中心 Historic Centre of Santa Ana de los Ríos de Cuenca（C）

2014 印加路网 Qhapaq Ñan, Andean Road System

（C）（与阿根廷、玻利维亚、智利、哥伦比亚、秘鲁和厄瓜多尔共有）

埃及 Egypt

1979　开罗古城 Historic Cairo（C）

1979　孟菲斯及其墓地——吉萨至达舒尔金字塔地带 Memphis and its Necropolis–the Pyramid Fields from Giza to Dahshur（C）

1979　底比斯古城及其墓地 Ancient Thebes with its Necropolis（C）

1979　阿布・辛拜勒至菲莱的努比亚遗址 Nubian Monuments from Abu Simbel to Philae（C）

1979　阿布米那 Abu Mena（C）

2002　圣凯瑟琳地区 Saint Catherine Area（C）

2005　鲸鱼峡谷 Wadi Al–Hitan （Whale Valley）（N）

萨尔瓦多 El Salvador

1993　霍亚・德・塞伦考古遗址 Joya de Cerén Archaeoloical Site（C）

厄立特里亚 Eritrea

2017　阿斯马拉：非洲的现代主义城市 Asmara: a Modernist City of Africa（C）

爱沙尼亚 Estonia

1997　塔林历史中心 Historic Centre（Old Town）of Tallinn（C）

2005　斯特鲁维地理探测弧线 Struve Geodetic Arc（C）（10国共有）

埃塞俄比亚 Ethiopia

1978　拉利贝拉岩石教堂 Rock–Hewn Churches, Lalibela（C）

1978　塞米恩国家公园 Simien National Park（N）

1979　贡德尔地区的法西尔・盖比 Fasil Ghebbi, Gondar Region（C）

1980　奥莫下游河谷 Lower Valley of the Omo（C）

1980　阿瓦什下游河谷 Lower Valley of the Awash（C）

1980　蒂亚 Tiya（C）

1980　阿克苏姆 Aksum（C）

2006　哈勒尔——防御性历史城镇 Harar Jugol, the Fortified Historic Town（C）

2011　孔索文化景观 Konso Cultural Landscape（C）

斐济 Fiji

2013　莱乌卡历史港口城镇 Levuka Historical Port Town（C）

芬兰 Finland

1991　苏奥曼斯纳城堡 Fortress of Suomenlinna（C）

1991　劳马老城 Old Rauma（C）

1994　佩泰耶韦西古教堂 Petäjävesi Old Church（C）

1996　韦尔拉木材加工厂 Verla Groundwood and Board Mill（C）

1999　萨玛拉敦玛凯青铜时代埋葬遗址 Bronze Age Burial Site of Sammallahdenmäki（C）

2000，2006　克瓦尔肯群岛/高地海岸 Kvarken Archipelago/High Coast（N）（与瑞典共有）

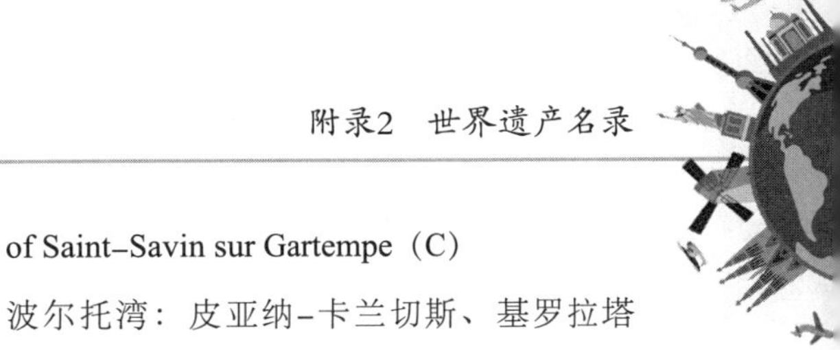

2005 斯特鲁维地理探测弧线 Struve Geodetic Arc （C）（10国共有）

法国 France

1979 凡尔赛宫及其园林 Palace and Park of Versailles（C）

1979 圣米歇尔山及其海湾 Mont-Saint-Michel and its Bay（C）

1979 韦兹莱的教堂和山丘 Vézelay, Church and Hill（C）

1979 沙特尔大教堂 Chartres Cathedral（C）

1979 韦泽尔峡谷史前遗址和洞穴群 Prehistoric Sites and Decorated Caves of the Vézère Valley （C）

1981 奥朗日古罗马剧院和凯旋门 Roman Theatre and its Surroundings and the "Triumphal Arch" of Orange（C）

1981 亚眠大教堂 Amiens Cathedral（C）

1981 丰特奈西多会修道院 Cistercian Abbey of Fontenay（C）

1981 枫丹白露宫及其花园 Palace and Park of Fontainebleau（C）

1981 阿尔勒城的古罗马和罗马式建筑 Roman and Romanesque Monuments of Arles（C）

1982，2009 沙林斯-莱巴辛的大盐场至阿尔克-塞南皇家盐场 From the Great Saltworks of Salins-les-Bains to the Royal Saltworks of Arc-et-Senans, the production of open-pan salt（C）

1983 南锡的斯坦尼斯拉斯广场、卡里耶尔广场和阿里昂斯广场 Place Stanislas, Place de la Carrière and Place d'Alliance in Nancy（C）

1983 圣塞文-梭尔-加尔坦佩教堂 Abbey Church of Saint-Savin sur Gartempe（C）

1983 波尔托湾：皮亚纳-卡兰切斯、基罗拉塔湾、斯康多拉保护区 Gulf of Porto: Calanche of Piana, Gulf of Girolata, Scandola Reserve （N）

1985 加尔桥 Pont du Gard （Roman Aqueduct） （C）

1988，2017 斯特拉斯堡：大岛到新城——欧洲都市景观 Strasbourg: from Grande-île to Neustadt, a European urban scene（C）

1991 兰斯的圣母大教堂、前圣雷米修道院和T形宫殿 Cathedral of Notre-Dame, Former Abbey of Saint-Remi and Palace of Tau, Reims（C）

1991 巴黎塞纳河畔 Paris, Banks of the Seine（C）

1992 布尔日大教堂 Bourges Cathedral（C）

1995 阿维尼翁历史中心 Historic Centre of Avignon （C）

1996 南方运河 Canal du Midi（C）

1997 卡尔卡松历史防御城市 Historic Fortified City of Carcassonne（C）

1997，1999 比利牛斯-佩尔杜山 Pyrénées-Mont Perdu（C, N）（与西班牙共有）

1998 里昂历史区 Historic Site of Lyons（C）

1998 法兰西孔波斯特拉圣地亚哥朝圣之路 Routes of Santiago de Compostela in France（C）

1999 圣艾米伦辖区 Jurisdiction of Saint-Emilion （C）

1999，2005 比利时和法国钟楼 Belfries of Belgium and France（C）

2000 卢瓦尔河畔的叙利和沙洛讷之间的卢瓦尔河谷 The Loire Valley between Sully-sur-Loire and Chalonnes（C）

2001 中世纪贸易集镇：普罗旺斯 Provins, Town

of Medieval Fairs（C）

2005 勒阿弗尔，奥古斯特·佩雷重建的之城 Le Havre, the City Rebuilt by Auguste Perret（C）

2007 波尔多，月亮港 Bordeaux, Port de la Lune（C）

2008 沃邦防御工事 Fortifications of Vauban（C）

2008 新喀里多尼亚潟湖：珊瑚礁多样性及相关生态系统 Lagoons of New Caledonia: Reef Diversity and Associated Ecosystems（N）

2010 阿尔比市的主教旧城 Episcopal City of Albi（C）

2010 留尼汪岛的山峰，冰斗和峭壁 Pitons, cirques and remparts of Reunion Island（N）

2011 喀斯和塞文，地中海农牧文化景观 The Causses and the Cévennes, Mediterranean agro-pastoral Cultural Landscape（C）

2011 阿尔卑斯周围的史前湖岸木桩建筑 Prehistoric Pile dwellings around the Alps（与奥地利、德国、意大利、斯洛文尼亚和瑞士共有）（C）

2012 加莱北部矿业盆地 Nord-Pas de Calais Mining Basin（C）

2014 肖维阿尔代什省-蓬达尔克洞穴 Decorated cave of Pont d'Arc, known as Grotte Chauvet-Pont d'Arc, Ardèche（C）

2015 香槟区山坡、房屋与酒窖 Champagne Hillsides, Houses and Cellars（C）

2015 勃艮第风土和气候 Climats, terroirs of Burgundy（C）

2016 勒·柯布西耶的建筑作品——对现代主义运动有杰出贡献 The Architectural Work of Le Corbusier, an Outstanding Contribution to the Modern Movement（C）（7国共有）

2017 塔普塔普阿泰 Taputapuātea（C）

加蓬 Gabon

2007 洛佩-奥坎德生态系统和文化遗迹景观 Ecosystem and Relict Cultural Landscape of Lopé-Okanda（C，N）

冈比亚 Gambia

2003 詹姆士岛及相关遗址 James Island and Related Sites（C）

2006 塞内冈比亚石圈 Stone Circles of Senegambia（C）

格鲁吉亚 Georgia

1994 姆茨赫塔历史建筑 Historical Monuments of Mtskheta（C）

1994，2017 格拉特修道院 Gelati Monastery（C）

1996 上苏瓦奈提 Upper Svaneti（C）

德国 Germany

1978 亚琛大教堂 Aachen Cathedral（C）

1981 维尔茨堡宫、宫廷花园和宅邸广场 Würzburg Residence with the Court Gardens and Residence Square（C）

1981 施佩耶尔大教堂 Speyer Cathedral（C）

1983 维斯朝圣教堂 Pilgrimage Church of Wies（C）

1984 布吕尔的奥古斯都堡和法尔肯卢斯特城堡 Castles of Augustusburg and Falkenlust at Brühl（C）

1985 希尔德斯海姆的圣玛利亚大教堂和圣米迦洛教堂 St Mary's Cathedral and St Michael's

Church at Hildesheim（C）

1986 特里尔的古罗马建筑、圣彼得大教堂和圣玛丽亚教堂 Roman Monuments, Cathedral of St Peter and Church of Our Lady in Trier（C）

1987 吕贝克汉萨同盟之城 Hanseatic City of Lübeck（C）

1987，2005, 2008 罗马帝国边界 Frontiers of the Roman Empire（C）（与英国共有）

1990，1992，1999 波兹坦与柏林的宫殿与庭院 Palaces and Parks of Potsdam and Berlin（C）

1991 洛尔施修道院和古教堂 Abbey and Altenmünster of Lorsch（C）

1992，2010 赖迈尔斯堡矿、戈斯拉尔历史城镇和上哈尔茨山的水资源管理系统Mines of Rammelsberg, Historic Town of Goslar and Upper Harz Water Management System C）

1993 班贝格城镇 Town of Bamberg（C）

1993 莫尔布龙修道院 Maulbronn Monastery Complex（C）

1994 弗尔克林根炼钢厂 Völklingen Ironworks（C）

1994 奎德林堡的学院教堂、城堡和古镇 Collegiate Church, Castle, and Old Town of Quedlinburg（C）

1995 麦塞尔化石遗址 Messel Pit Fossil Site（N）

1996，2017 魏玛、德绍和贝尔瑙的包豪斯建筑及其遗址 Bauhaus and its Sites in Weimar, Dessau and Bernau（C）

1996 埃斯莱本和维滕贝格的路德纪念地 Luther Memorials in Eisleben and Wittenberg（C）

1996 科隆大教堂 Cologne Cathedral（C）

1998 古典之城魏玛 Classical Weimar（C）

1999 瓦特堡城堡 Wartburg Castle（C）

1999 柏林的博物馆岛 Museumsinsel （Museum Island）, Berlin（C）

2000 德绍-沃利茨园林 Garden Kingdom of Dessau-Wörlitz（C）

2000 莱谢瑙的修道院岛 Monastic Island of Reichenau（C）

2001 埃森煤矿同盟工业区 Zollverein Coal Mine Industrial Complex in Essen（C）

2002 施特拉尔松德和维斯马历史中心 Historic Centres of Stralsund and Wismar（C）

2002 中上游莱茵河谷 Upper Middle Rhine Valley（C）

2004 马斯科夫公园/马扎科夫斯基公园 Muskauer Park/Park Muzakowski（C）（与波兰共有）

2004 不莱梅市场上的市政厅和罗兰 Town Hall and Roland on the Marketplace of Bremen（C）

2006 雷根斯堡旧城 Old town of Regensburg with Stadtamhof（C）

2007，2011，2017 喀尔巴阡山脉和欧洲其他地区的原始山毛榉林 Ancient and Primeval Beech Forests of the Carpathians and Other Regions of Europe（N）（13国共有）

2008 柏林现代风格的住宅区 Berlin Modernism Housing Estates（C）

2009，2014 瓦登海 Wadden Sea（N）（与丹麦和荷兰共有）

2011 阿尔费尔德法古斯工厂 Fagus Factory in Alfeld（C）

2011 阿尔卑斯周围的史前湖岸木桩建筑 Prehistoric Pile dwellings around the Alps（C）（与奥地

利、法国、意大利、斯洛文尼亚和瑞士共有）

2012 拜罗伊特的玛格拉维尔歌剧院 Margravial Opera House Bayreuth（C）

2013 威海姆苏赫山地公园 Bergpark Wilhelmshöhe（C）

2014 卡洛林时期面西建筑和科尔维城 Carolingian Westwork and Civitas Corvey（C）

2015 仓库城，康托尔豪斯区和智利屋 Speicherstadt and Kontorhaus District with Chilehaus（C）

2016 勒·柯布西耶的建筑作品，对现代主义运动有杰出贡献 The Architectural Work of Le Corbusier, an Outstanding Contribution to the Modern Movement（C）（7国共有）

2017 施瓦本侏罗山的洞穴和冰川时代的艺术 Caves and Ice Age Art in the Swabian Jura（C）

加纳 Ghana

1979 中西部阿克拉大区的要塞和城堡 Forts and Castles, Volta Greater Accra, Central and Western Regions（C）

1980 阿散蒂传统建筑 Asante Traditional Buildings（C）

希腊 Greece

1986 巴赛的阿波罗·伊壁鸠鲁神庙 Temple of Apollo Epicurius at Bassae（C）

1987 雅典卫城 Acropolis, Athens（C）

1987 德尔斐考古遗址 Archaeological Site of Delphi（C）

1988 埃皮道鲁斯考古遗址 Archaeological Site of Epidaurus（C）

1988 塞萨洛尼基的古基督教和拜占庭遗址 Paleochristian and Byzantine Monuments of Thessalonika（C）

1988 迈泰奥拉 Meteora（C, N）

1988 罗得中世纪古城 Medieval City of Rhodes（C）

1988 阿索斯山 Mount Athos（C, N）

1989 奥林匹亚考古遗址 Archaeological Site of Olympia（C）

1989 米斯特拉斯考古遗址 Archaeological Site of Mystras（C）

1990 达佛尼修道院、霍西俄斯·卢卡斯修道院和希俄斯新修道院 Monasteries of Daphni, Hossios Luckas and Nea Moni of Chios（C）

1990 提洛斯 Delos（C）

1992 萨摩斯岛的毕达哥利翁及赫拉神殿 Pythagoreion and Heraion of Samos（C）

1996 韦尔吉纳考古遗址Archaeological Site of Aigai（C）

1999 迈锡尼和梯林斯考古遗址 Archaeological Sites of Mycenae and Tiryns（C）

1999 帕特莫斯岛历史中心及“神学家”圣约翰修道院和《启示录》岩洞遗址 Historic Centre（Chorá）with the Monastery of Saint John “the Theologian” and the Cave of the Apocalypse on the Island of Pátmos（C）

2007 科孚古城 Old Town of Corfu（C）

2016 腓立比考古遗址 Archaeological Site of Philippi

危地马拉 Guatemala

1979 安提瓜危地马拉 Antigua Guatemala（C）

1979 蒂卡尔国家公园 Tikal National Park（C, N）

1981 基里瓜考古公园和玛雅文化遗址 Archacological Park and Ruins of Quirigua（C）

几内亚 Guinea

1981，1982 宁巴山自然保护区 Mount Nimba Strict Nature Reserve（N）（与科特迪瓦共有）

海地 Haiti

1982 国家历史公园——城堡、斯苏西宫、拉米尔斯堡垒 National History Park–Citadel, Sans Souci, Ramiers（C）

罗马教廷 Holy See*

1980，1990 罗马历史中心、城内罗马教廷管辖区和圣保罗教区 Historic Centre of Rome, the Properties of the Holy See in that City Enjoying Extraterritorial Rights and San Paolo Fuori le Mura（C）（与意大利共有）

1984 梵蒂冈 Vatican City（C）

洪都拉斯 Honduras

1980 科潘玛雅遗址 Maya Site of Copan（C）

1982 雷奥普拉塔诺生物圈保护区 Río Plátano Biosphere Reserve（N）

* 非国家名。

匈牙利 Hungary

1987 霍洛克老村及其周围环境 Old Village of Hollókö and its Surroundings（C）

1987，2002 布达佩斯，包括多瑙河沿岸、布达城堡地区和安德拉什大街 Budapest, including the Banks of the Danube, the Buda Castle Quarter and Andrássy Avenue（C）

1995，2000 阿格泰列克喀斯特和斯洛伐克喀斯特溶洞 Caves of Aggtelek Karst and Slovak Karst（N）（与斯洛伐克共有）

1996 潘诺恩哈尔姆千年修道院及其自然环境 Millenary Benedictine Abbey of Pannonhalma and its Natural Environment（C）

1999 霍尔托巴吉国家公园——普斯兹塔 Hortobágy National Park–the Puszta（C）

2000 佩奇的早期基督教墓地 Early Christian Necropolis of Pécs（Sopianae）（C）

2001 费尔特湖—新锡德尔湖文化景观 Fertö/Neusiedlersee Cultural Landscape（C）（与奥地利共有）

2002 托考伊葡萄酒产区历史文化景观 Tokaj Wine Region Historic Cultural Landscape（C）

冰岛 Iceland

2004 平威利尔国家公园 Þingvellir National Park（C）

2008 叙尔特赛岛 Sturtsey（N）

印度 India

1983 阿格拉堡 Agra Fort（C）

1983 阿旃陀石窟 Ajanta Caves（C）

1983 泰姬陵 Taj Mahal（C）

1983 埃洛拉石窟 Ellora Caves（C）

1984 科纳拉克太阳神庙 Sun Temple, Konârak（C）

1984 默哈伯利布勒姆古迹群 Group of Monuments at Mahabalipuram（C）

1985 马纳斯野生生物保护区 Manas Wildlife Sanctuary（N）

1985 加济兰加国家公园 Kaziranga National Park（N）

1985 盖奥拉德奥国家公园 Keoladeo National Park（N）

1986 法塔赫布尔·西格里 Fatehpur Sikri（C）

1986 亨比古迹群 Group of Monuments at Hampi（C）

1986 果阿教堂和修道院 Churches and Convents of Goa（C）

1986 克久拉霍古迹群 Khajuraho Group of Monuments（C）

1987 孙德尔本斯国家公园 Sundarbans National Park（N）

1987，2004 朱拉神庙 Great Living Chola Temples（C）

1987 帕塔达卡尔的石雕群 Group of Monuments at Pattadakal（C）

1987 象岛石窟 Elephanta Caves（C）

1988，2005 楠达德维和花卉山谷国家公园 Nanda Devi and Valley of Flowers National Parks（N）

1989 桑吉佛教古迹 Buddhist Monuments at Sanchi（C）

1993 德里的顾特卜塔 Qutb Minar and its Monuments, Delhi（C）

1993 德里的胡马雍陵 Humayun's Tomb, Delhi（C）

1999，2005，2008 印度山区铁路 Mountain Railways of India（C）

2002 菩提伽耶大觉寺 Mahabodhi Temple Complex at Bodh Gaya（C）

2003 比莫贝卡特石窟 Rock Shelters of Bhimbetka（C）

2004 贾特拉帕蒂·希瓦吉终点站（前维多利亚终点站）Chhatrapati Shivaji Terminus（formerly Victoria Terminus）（C）

2004 尚庞–巴瓦加德考古公园 Champaner–Pavagadh Archaeological Park（C）

2007 红堡建筑群 The Red Fort Complex（C）

2010 简塔·曼塔天文台Jantar Mantar（C）

2012 西高止山脉Western Ghats（N）

2013 拉贾斯坦邦的高地要塞 Hill Forts of Rajasthan（C）

2014 大喜马拉雅山脉国家公园保护区Great Himalayan National Park Conservation Area（N）

2014 古吉拉特邦帕坦的皇后阶梯井 Rani–ki–Vav（the Queen's Stepwell）at Patan, Gujarat（C）

2016 比哈尔邦那烂陀寺考古遗址Archaeological Site of Nalanda *Mahavihara*（Nalanda University）at Nalanda, Bihar（C）

2016 干城章嘉峰国家公园 Khangchendzonga National Park（C，N）

2016 勒·柯布西耶的建筑作品，对现代主义运动有杰出贡献 The Architectural Work of Le Corbusier, an Outstanding Contribution to the Modern Movement（C）（7国共有）

2017 艾哈迈达巴德历史城区 Historic City of Ahmadabad（C）

印度尼西亚 Indonesia

1991 婆罗浮屠寺庙群 Borobudur Temple Compounds（C）

1991 科莫多国家公园 Komodo National Park（N）

1991 普兰班南寺庙群 Prambanan Temple Compounds（C）

1991 乌戎库隆国家公园 Ujung Kulon National Park（N）

1996 桑吉兰早期人类遗址 Sangiran Early Man Site（C）

1999 洛伦茨国家公园 Lorentz National Park（N）

2004 苏门答腊热带雨林遗产 Tropical Rainforest Heritage of Sumatra（N）

2012 巴厘文化景观：展现“幸福三要素”哲学思想的苏巴克灌溉系统 Cultural Landscape of Bali Province: the *Subak* System as a Manifestation of the *Tri Hita Karana* Philosophy（C）

伊朗 Iran (Islamic Republic of)

1979 波斯波利斯 Persepolis（C）

1979 伊斯法罕皇家广场 Meidan Emam, Esfahan（C）

1979 恰高・占比尔 Tchogha Zanbil（C）

2003 塔赫特苏莱曼 Takht–e Soleyman（C）

2004 帕萨尔加德 Pasargadae（C）

2004 巴姆及其文化景观 Bam and its Cultural Landscape（C）

2005 苏丹尼耶 Soltaniyeh（C）

2006 比索通古迹 Bisotun（C）

2008 伊朗的亚美尼亚庙宇群 Armenian Monastic Ensembles of Iran（C）

2009 舒什塔尔的古代水利系统 Shushtar Historical Hydraulic System（C）

2010 阿尔达比勒市的谢赫萨菲・丁圣殿与哈内加建筑群 Sheikh Safi al–din Khānegāh and Shrine Ensemble in Ardabil（C）

2010 大不里士的历史集市区 Tabriz Historic Bazaar Complex（C）

2011 波斯园林 The Persian Garden（C）

2012 龚巴德的卡布斯塔 Gonbad–e Qābus（C）

2012 伊斯法罕清真寺 Masjed–e Jāmé of Isfahan（C）

2013 戈勒斯坦宫 Golestan Palace（C）

2014 沙赫里索克塔 Shahr–i Sokhta（C）

2015 梅满德文化景观 Cultural Landscape of Maymand（C）

2015 苏萨 Susa（C）

2016 卢特沙漠 Lut Desert（N）

2016 波斯坎儿井 The Persian Qanat（C）

2017 亚兹德历史城区 Historic City of Yazd（C）

伊拉克 Iraq

1985 哈特拉 Hatra（C）

2003 亚述 Ashur（Qal’at Sherqat）（C）

2007 萨迈拉考古城 Samarra Archaeological City（C）

2014 埃尔比勒城堡 Erbil Citadel（C）

2016 伊拉克南部艾赫沃尔：生态多样性保护区和美索不达米亚城市遗迹景观 The Ahwar of

Southern Iraq: Refuge of Biodiversity and the Relict Landscape of the Mesopotamian Cities（C，N）

爱尔兰 Ireland

1993 博因考古遗址 Archaeological Ensemble of the Bend of the Boyne（C）

1996 斯凯利格·迈克尔 Skellig Michael（C）

以色列 Israel

2001 阿克老城 Old City of Acre（C）

2001 马撒达 Masada（C）

2003 特拉维夫的白色之城——现代运动 White City of Tel-Aviv—the Modern Movement（C）

2005 圣地——米吉多、哈卓和比尔塞芭 Biblical Tels-Megiddo, Hazor, Beer Sheba（C）

2005 香路——内盖夫的沙漠城 Incense Route-Desert Cities in the Negev（C）

2008 海法和西加利利的巴哈伊圣地 Bahá'i Holy Places in Haifa and the Western Galilee（C）

2012 迦密山人类进化遗址：梅尔瓦特河谷/瓦迪艾玛哈尔洞穴 Sites of Human Evolution at Mount Carmel: The Nahal Me'arot/Wadi el-Mughara Caves（C）

2014 犹大低地的马沙-巴塔·古夫林洞穴，洞穴之乡的缩影 Caves of Maresha and Bet-Guvrin in the Judean Lowlands as a Microcosm of the Land of the Caves（C）

2015 贝特沙瑞姆大型公墓：犹太复兴中心 Necropolis of Bet She'arim: A Landmark of Jewish Renewal（C）

意大利 Italy

1979 瓦尔卡莫尼卡岩画 Rock Drawings in Valcamonica（C）

1980 圣母玛利亚感恩教堂与达·芬奇的作品《最后的晚餐》 Church and Dominican Convent of Santa Maria delle Grazie with "The Last Supper" by Leonardo da Vinci（C）

1980，1990 罗马历史中心、城内罗马教廷管辖区和圣保罗教区 Historic Centre of Rome, the Properties of the Holy See in that City Enjoying Extraterritorial Rights and San Paolo Fuori le Mura（C）（与罗马教廷共有）

1982 佛罗伦萨历史中心 Historic Centre of Florence（C）

1987 比萨大教堂广场 Piazza del Duomo, Pisa（C）

1987 威尼斯及其潟湖 Venice and its Lagoon（C）

1990 圣吉米尼亚诺历史中心 Historic Centre of San Gimignano（C）

1993 马泰拉的石窟民居和石头教堂花园 The Sassi and the Park of the Rupestrian Churches of Matera（C）

1994，1996 维琴察市和威尼托区帕拉蒂奥式别墅群 City of Vicenza and the Palladian Villas of the Veneto（C）

1995 阿达克里斯匹 Crespi d'Adda（C）

1995，1999 费拉拉，文艺复兴时期的城市 Ferrara, City of the Renaissance, and its Po Delta（C）

1995 那不勒斯历史中心 Historic Centre of Naples

（C）

1995　锡耶纳历史中心 Historic Centre of Siena（C）

1996　拉韦纳早期基督教建筑群 Early Christian Monuments of Ravenna（C）

1996　阿尔贝罗贝洛的民居 The Trulli of Alberobello（C）

1996　皮恩察市历史中心 Historic Centre of the City of Pienza（C）

1996　蒙特城堡 Castel del Monte（C）

1997　巴尔米尼的石造城堡 Su Nuraxi di Barumini（C）

1997　帕多瓦植物园 Botanical Garden（Orto Botanico）, Padua（C）

1997　摩德纳大教堂、市民塔和大广场 Cathedral, Torre Civica and Piazza Grande, Modena（C）

1997　卡萨莱的古罗马别墅 Villa Romana del Casale（C）

1997　卡塞塔18世纪花园皇宫、万维泰利水道和圣莱乌乔建筑群 18th-Century Royal Palace at Caserta, with the Park, the Aqueduct of Vanvitelli, and the San Leucio Complex（C）

1997　萨沃亚王宫 Residences of the Royal House of Savoy（C）

1997　韦内雷港、五村镇和群岛（帕尔马里亚、蒂诺和蒂内托） Portovenere, Cinque Terre, and the Islands （Palmaria, Tino and Tinetto）（C）

1997　庞贝、赫库兰尼姆和托雷安农齐亚塔考古区 Archaeological Areas of Pompei, Herculaneum and Torre Annunziata（C）

1997　阿格里真托考古区 Archaeological Area of Agrigento（C）

1997　阿玛尔菲海岸 Costiera Amalfitana（C）

1998　阿奎拉考古区和主教教堂 Archaeological Area and the Patriarchal Basilica of Aquileia（C）

1998　乌尔比诺历史中心 Historic Centre of Urbino（C）

1998　齐兰托、迪阿纳峡谷国家公园和佩斯托姆、维利亚考古遗址及帕多拉修道院 Cilento and Vallo di Diano National Park with the Archeological sites of Paestum and Velia, and the Certosa di Padula（C）

1999　阿德里亚纳别墅（蒂沃利） Villa Adriana （Tivoli）（C）

2000　阿西西圣弗兰西斯科教堂和方济各会址 Assisi, the Basilica of San Francesco and Other Franciscan Sites（C）

2000　维罗纳市 City of Verona（C）

2000　伊索莱·约里（伊奥利亚群岛）Isole Eolie （Aeolian Islands）（N）

2001　蒂沃利埃斯特别墅 Villa d'Este, Tivoli（C）

2002　那托瓦拉晚期巴洛克城镇（西西里东南部） Late Baroque Towns of the Val di Noto （South-eastern Sicily）（C）

2003　皮埃蒙特和伦巴第的撒克利山 Sacri Monti of Piedmont and Lombardy（C）

2003，2010　圣乔治山 Monte San Giorgio（N）（与瑞士共有）

2004　维得斯卡（瓦尔·迪奥西亚） Val d'Orcia（C）

2004　塞尔维托里和塔尔奎尼亚的伊特鲁立亚人公墓 Etruscan Necropolises of Cerveteri and Tarquinia（C）

2005　锡拉库色和潘塔立卡石墓群 Syracuse and

the Rocky Necropolis of Pantalica（C）

2006 热那亚的新街和罗利宫殿体系 Genoa: Le Strade Nuove and the system of the Palazzi dei Rolli（C）

2007，2011，2017 喀尔巴阡山脉和欧洲其他地区的原始山毛榉林 Ancient and Primeval Beech Forests of the Carpathians and Other Regions of Europe（N）（13国共有）

2008 曼图亚和萨比奥内塔 Mantua and Sabbioneta（C）

2008 阿尔布拉/伯尔尼纳景观中的雷塔恩铁路 Rhaetian Railway in the Albula/Bernina Landscapes（C）（与瑞士共有）

2009 多洛米蒂 The Dolomites（N）

2011 意大利伦巴底——权利之地（568—774）Longobards in Italy. Places of the power（568—774 A.D.）（C）

2011 阿尔卑斯周围的史前湖岸木桩建筑 Prehistoric Pile dwellings around the Alps（与奥地利、法国、德国、斯洛文尼亚和瑞士共有）

2013 托斯卡纳地区的美第奇别墅和花园 Medici Villas and Gardens in Tuscany（C）

2013 埃特纳火山 Mount Etna（N）

2014 皮埃蒙特的葡萄园景观：朗格罗埃洛和蒙菲拉托 Vineyard Landscape of Piedmont: Langhe-Roero and Monferrato（C）

2015 巴勒莫的阿拉伯-诺曼风格建筑群以及切法卢和蒙雷阿莱大教堂 Arab-Norman Palermo and the Cathedral Churches of Cefalú and Monreale（C）

2017 15—17世纪威尼斯共和国的防御工事：西方的陆地之国到海洋之国 The Venetian Works of Defence between 15th and 17th Centuries:*Stato da Terra – western Stato da Mar*（C）（与克罗地亚和黑山共有）

牙买加 Jamaica

2015 蓝山和约翰·克罗山 Blue and John Crow Mountains（C, N）

日本 Japan

1993 法隆寺地区的佛教建筑 Buddhist Monuments in the Horyu-ji Area（C）

1993 白神山地 Shirakami-Sanchi（N）

1993 屋久岛 Yakushima（N）

1993 姬路城 Himeji-jo（C）

1994 古京都的历史遗迹（京都、宇治、大津城）Historic Monuments of Ancient Kyoto（Kyoto, Uji and Otsu Cities）（C）

1995 白川乡和五箇山的历史村落 Historic Villages of Shirakawa-go and Gokayama（C）

1996 严岛神社 Itsukushima Shinto Shrine（C）

1996 广岛和平纪念碑 Hiroshima Peace Memorial（Genbaku Dome）（C）

1998 古奈良的历史遗迹 Historic Monuments of Ancient Nara（C）

1999 日光的神殿与庙宇 Shrines and Temples of Nikko（C）

2000 琉球王国时期的居苏库遗址及其相关遗产 Gusuku Sites and Related Properties of the Kingdom of Ryukyu（C）

2004 纪伊山脉圣地和朝圣之路 Sacred Sites and Pilgrimage Routes in the Kii Mountain Range（C）

2005 知床半岛 Shiretoko（N）

2007 石见银山遗迹及其文化景观 Iwami Ginzan Silver Mine and its Cultural Landscape（C）

2011 平泉——象征着佛教净土的庙宇、园林与考古遗址Hiraizumi–Temples, Gardens and Archaeological Sites Representing the Buddhist Pure Land（C）

2011 小笠原群岛 Ogasawara Islands（N）

2013 富士山，神圣之地和艺术之源 Fujisan, sacred place and source of artistic inspiration（C）

2014 富冈制丝厂及其相关遗址 Tomioka Silk Mill and Related Sites（C）

2015 明治工业革命遗迹：钢铁、造船和煤矿 Sites of Japan's Meiji Industrial Revolution: Iron and Steel, Shipbuilding and Coal Mining（C）

2016 勒·柯布西耶的建筑作品，对现代主义运动有杰出贡献 The Architectural Work of Le Corbusier, an Outstanding Contribution to the Modern Movement（C）（7国共有）

2017 “神宿之岛”冲之岛及宗像相关遗址 Sacred Island of Okinoshima and Associated Sites in the Munakata Region（C）

耶路撒冷 Jerusalem（Site proposed by Jordan）*

1981 耶路撒冷旧城及其城墙 Old City of Jerusalem and its Walls（C）

约旦 Jordan

1985 古塞尔·阿姆拉 Quseir Amra（C）

1985 佩特拉 Petra（C）

2004 乌姆爱尔–赖萨斯Um er–Rasas（Kastrom Mefa'a）（C）

2011 瓦迪拉姆保护区Wadi Rum Protected Area（C, N）

2015 耶稣受洗处：约旦河外伯大尼 Baptism Site “Bethany Beyond the Jordan”（Al–Maghtas）（C）

哈萨克斯坦 Kazakhstan

2003 考迦·阿赫迈德·雅萨维陵墓 Mausoleum of Khoja Ahmed Yasawi（C）

2004 泰姆格里考古景观岩刻 Petroglyphs within the Archaeological Landscape of Tamgaly（C）

2008 萨利亚喀–哈萨克斯坦北部的草原和湖泊 Saryarka–Steppe and Lakes of Northern Kazakhstan（N）

2014 丝绸之路：长安–天山廊道路网 Silk Roads: the Routes Network of Chang'an–Tianshan Corridor（C）（与中国和吉尔吉斯斯坦共有）

2016 西部天山 Western Tien–Shan（N）（与吉尔吉斯斯坦和乌兹别克斯坦共有）

肯尼亚 Kenya

1997，2013 肯尼亚山国家公园/自然森林 Mount Kenya National Park/Natural Forest（N）

1997，2001 图尔卡纳湖国家公园 Lake Turkana National Parks（N）

2001 拉穆古城 Lamu Old Town（C）

2008 米吉肯达圣林 Sacred Mijikenda Kaya Forests（C）

* 非国家名。

2011 蒙巴萨的耶稣堡 Fort Jesus, Mombasa（C）

2011 肯尼亚东非大裂谷的湖泊系统 Kenya Lake System in the Great Rift Valley（N）

基里巴斯 Kiribati

2010 菲尼克斯群岛保护区 Phoenix Islands Protected Area（N）

吉尔吉斯斯坦 Kyrgyzstan

2009 苏莱曼圣山 Sulaiman–Too Sacred Mountain（C）

2014 丝绸之路：长安–天山廊道路网 Silk Roads: the Routes Network of Chang'an–Tianshan Corridor（C）（与中国和哈萨克斯坦共有）

2016 西部天山 Western Tien–Shan（N）（与哈萨克斯坦和乌兹别克斯坦共有）

老挝 Lao People's Democratic Republic

1995 琅勃拉邦城 Town of Luang Prabang（C）

2001 占巴塞文化景观中的瓦普及相关古遗址 Vat Phou and Associated Ancient Settlements within the Champasak Cultural Landscape（C）

拉脱维亚 Latvia

1997 里加历史中心 Historic Centre of Riga（C）

2005 斯特鲁维地理探测弧线 Struve Geodetic Arc（C）（10国共有）

黎巴嫩 Lebanon

1984 巴勒贝克 Baalbek（C）

1984 安杰尔 Anjar（C）

1984 提尔城 Tyre（C）

1984 比布鲁斯 Byblos（C）

1998 瓦迪·卡蒂沙（圣谷）和神杉林（霍尔沙·阿兹·埃尔·拉博） Ouadi Qadisha（the Holy Valley）and the Forest of the Cedars of God（Horsh Arz el–Rab）（C）

莱索托 Lesotho

2003，2013 马罗提–德拉肯斯堡公园 Maloti–Drakensberg Park（C，N）（与南非共有）

利比亚 Libyan Arab Jamahiriya

1982 莱普蒂斯·玛格纳考古遗址 Archaeological Site of Leptis Magna（C）

1982 昔兰尼考古遗址 Archaeological Site of Cyrene（C）

1982 萨布拉塔考古遗址 Archaeological Site of Sabratha（C）

1985 塔德尔拉特·阿卡库斯岩画遗址 Rock–Art Sites of Tadrart Acacus（C）

1986 加达梅斯老城 Old Town of Ghadamès（C）

立陶宛 Lithuania

1994 维尔纽斯历史中心 Vilnius Historic Centre（C）

2000 库罗尼亚岬 Curonian Spit（C）（与俄罗斯共有）

2004 克拿维考古遗址（克拿维文化保护区）Kernavė Archaeological Site（Cultural Reserve of Kernavė）（C）

2005 斯特鲁维地理探测弧线 Struve Geodetic Arc（C）（10国共有）

卢森堡 Luxembourg

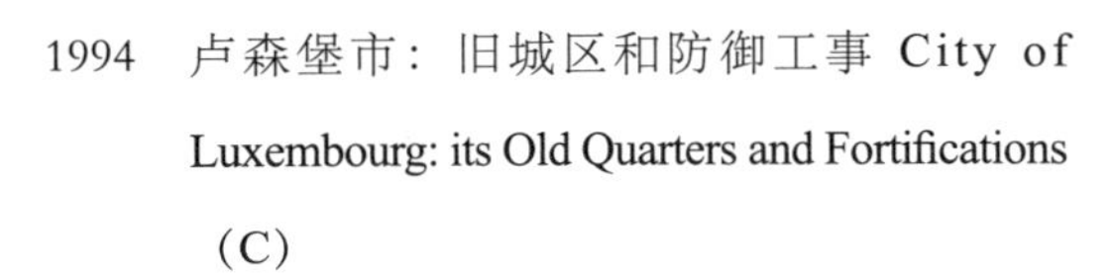

1994 卢森堡市：旧城区和防御工事 City of Luxembourg: its Old Quarters and Fortifications（C）

马达加斯加 Madagascar

1990 黥基·德·贝马拉哈自然保护区 Tsingy de Bemaraha Strict Nature Reserve（N）

2001 阿波希曼加王室山岭 Royal Hill of Ambohimanga（C）

2007 阿钦安阿纳雨林 Rainforests of the Atsinanana（N）

马拉维 Malawi

1984 马拉维湖国家公园 Lake Malawi National Park（N）

2006 琼戈尼岩石艺术区 Chongoni Rock Art Area（C）

马来西亚 Malaysia

2000 穆鲁山国家公园 Gunung Mulu National Park（N）

2000 基纳巴卢公园 Kinabalu Park（N）

2008 马六甲海峡的历史城市——马六甲与乔治城 Melaka and George Town, Historic Cities of the Straits of Malacca（C）

2012 隆功谷地考古遗产 Archaeological Heritage of the Lenggong Valley（C）

马里 Mali

1988 廷巴克图 Timbuktu（C）

1988 杰内古城 Old Towns of Djenné（C）

1989 邦贾加拉悬崖 Cliff of Bandiagara （Land of the Dogons）（C, N）

2004 阿斯基亚陵 Tomb of Askia（C）

马耳他 Malta

1980 哈尔·萨夫列尼地下宫殿 Hal Saflieni Hypogeum（C）

1980，1992 马耳他巨石寺庙 Megalithic Temples of Malta（C）

1980 瓦莱塔城 City of Valletta（C）

马绍尔群岛 Marshall Islands

2010 比基尼环礁的核试验基地 Bikini Atoll Nuclear Test Site（C）

毛里塔尼亚 Mauritania

1989 阿尔金海滩国家公园 Banc d'Arguin National Park（N）

1996 瓦丹、欣盖提、提希特和瓦拉塔古城镇 Ancient Ksour of Ouadane, Chinguetti, Tichitt and Oualata（C）

毛里求斯 Mauritius

2006 阿普拉瓦西·加特 Aapravasi Ghat（C）

2008 莫纳山文化景观 Le Morne Cultural Landscape（C）

墨西哥 Mexico

1987 墨西哥城和霍奇米尔科区历史中心 Historic Centre of Mexico City and Xochimilco（C）

1987 普埃布拉历史中心 Historic Centre of Puebla（C）

1987 帕伦克的前西班牙城市及国家公园 Pre-Hispanic City and National Park of Palenque（C）

1987 瓦哈卡历史中心和蒙特阿尔班考古区

Historic Centre of Oaxaca and Archaeological Site of Monte Albán（C）

1987 先卡安Sian Ka'an（N）

1987 特奥蒂瓦坎前西班牙城市 Pre-Hispanic City of Teotihuacan（C）

1988 奇琴伊察前西班牙城市 Pre-Hispanic City of Chichen-Itza（C）

1988 瓜纳尤阿托历史城及其周围矿区 Historic Town of Guanajuato and Adjacent Mines（C）

1991 莫雷利亚历史中心 Historic Centre of Morelia（C）

1992 埃尔塔津古城 El Tajin, Pre-Hispanic City（C）

1993 埃尔维采诺鲸鱼禁捕区 Whale Sanctuary of El Vizcaino（N）

1993 扎卡特卡斯历史中心 Historic Centre of Zacatecas（C）

1993 圣弗朗西斯科山岩画 Rock Paintings of the Sierra de San Francisco（C）

1994 波波卡特佩特山坡上最早的16世纪修道院 Earliest 16th-Century Monasteries on the Slopes of Popocatepetl（C）

1996 克雷塔罗历史建筑区 Historic Monuments Zone of Querétaro（C）

1996 乌斯马尔前西班牙城镇 Pre-Hispanic Town of Uxmal（C）

1997 瓜达拉雅拉的卡巴纳斯救济院 Hospicio Cabañas, Guadalajara（C）

1998 特拉科塔尔潘的历史建筑区 Historic Monuments Zone of Tlacotalpan（C）

1998 大卡萨斯的帕奎美考古区 Archeological Zone of Paquimé, Casas Grandes（C）

1999 霍契卡尔科考古遗址区 Archaeological Monuments Zone of Xochicalco（C）

1999 坎佩切的历史要塞重镇 Historic Fortified Town of Campeche（C）

2002，2014 坎佩切洲卡拉科穆尔的玛雅古城和热带保护森林 Ancient Maya City and Protected Tropical Forests of Calakmul, Campeche（C，N）

2003 克雷塔罗西耶那戈达的方济会传教区 Franciscan Missions in the Sierra Gorda of Querétaro（C）

2004 路易斯·巴拉干的住宅和工作室 Luis Barragán House and Studio（C）

2005 加利福尼亚湾群岛及保护区 Islands and Protected Areas of the Gulf of California（N）

2006 龙舌兰景观和古代工业设备 Agave Landscape and Ancient Industrial Facilities of Tequila（C）

2007 墨西哥国立自治大学大学城的核心校区 Central University City Campus of the Universidad Nacional Autónoma de México（UNAM）（C）

2008 大蝴蝶生物圈保护区 Monarch Butterfly Biosphere Reserve（N）

2008 圣米格尔防护城镇和阿他托尼科的拿撒勒人耶稣圣殿 Protective town of San Miguel and the Sanctuary of Jesús de Nazareno de Atotonilco（C）

2010 皇家内陆大干线 Camino Real de Tierra Adentro（C）

2010 瓦哈卡州中央谷地的亚古尔与米特拉史前洞穴 Prehistoric Caves of Yagul and Mitla in

the Central Valley of Oaxaca（C）

2013　埃尔比那喀提和德阿尔塔大沙漠生物圈保护区 El Pinacate and Gran Desierto de Altar Biosphere Reserve（N）

2015　腾布里克神父水道桥水利设施 Aqueduct of Padre Tembleque Hydraulic System （C）

2016　雷维拉格吉多群岛 Archipiélago de Revillagigedo（N）

密克罗尼西亚 Micronesia（Federated States of）

2016　南马都尔：密克罗尼西亚东部庆典中心 Nan Madol: Ceremonial Centre of Eastern Micronesia（C）

蒙古 Mongolia

2003　乌布苏盆地 Uvs Nuur Basin（N）（与俄罗斯共有）

2004　鄂尔浑峡谷文化景观 Orkhon Valley Cultural Landscape（C）

2011　蒙古阿尔泰山脉的石刻群Petroglyphic Complexes of the Mongolian Altai（C）

2015　大不儿罕合勒敦山及其周围的神圣景观 Great Burkhan Khaldun Mountain and its surrounding sacred landscape（C）

2017　外贝加尔山脉景观 Landscapes of Dauria （N）（与俄罗斯共有）

黑山 Montenegro

1979　科托尔自然与文化历史区 Natural and Culturo–Historical Region of Kotor（C）

1980，2005　杜米托尔国家公园 Durmitor National Park（N）

2016　斯特茨奇中世纪墓地 Stećci Medieval Tombstones Graveyards（C）（与波黑、意大利、黑山、克罗地亚和塞尔维亚共有）

2017　15—17世纪威尼斯共和国的防御工事：西方的陆地之国到海洋之国 Venetian Works of Defence between 15th and 17th Centuries:*Stato da Terra–western Stato da Mar*（C）（与克罗地亚和意大利共有）

摩洛哥 Morocco

1981　非斯的麦地耶 Medina of Fez（C）

1985　马拉喀什的麦地耶 Medina of Marrakesh （C）

1987　阿伊特–本–哈杜村 Ksar of Ait–Ben–Haddou（C）

1996　梅克内斯历史城市 Historic City of Meknes （C）

1997　得土安的麦地耶 Medina of Tétouan （formerly known as Titawin）（C）

1997　沃吕比利斯考古遗址 Archaeological Site of Volubilis（C）

2001　埃萨欧拉的麦地耶 Medina of Essaouira （formerly Mogador）（C）

2004　马扎甘葡萄牙城 Portuguese City of Mazagan （El Jadida）（C）

2012　拉巴特：一座历史与现代交辉的城市 Rabat, Modern Capital and Historic City: a Shared Heritage（C）

莫桑比克 Mozambique

1991　莫桑比克岛 Island of Mozambique（C）

缅甸 Myanmar

2014 彪关古城群 Pyu Ancient Cities （C）

纳米比亚 Namibia

2007 特威菲尔泉岩画 Twyfelfontein or /Ui–// aes （C）

2013 纳米布沙海 Namib Sand Sea（N）

尼泊尔 Nepal

1979 加德满都谷地 Kathmandu Valley（C）

1979 萨加玛塔国家公园 Sagarmatha National Park（N）

1984 奇特旺国家公园 Chitwan National Park （N）

1997 蓝毗尼—佛陀诞生地 Lumbini, the Birthplace of the Lord Buddha（C）

荷兰 Netherlands

1995 斯科兰和周边地区 Schokland and Surroundings（C）

1996 阿姆斯特丹防线 Defence Line of Amsterdam （C）

1997 金德代克·埃尔斯豪特的风车 Mill Network at Kinderdijk–Elshout（C）

1997 荷兰安得列斯群岛威廉斯塔德历史区、内城和港口 Historic Area of Willemstad, Inner City and Harbour, Netherlands Antilles（C）

1998 迪·弗·沃达蒸汽泵站 Ir. D. F. Woudagemaal （D. F. Wouda Steam Pumping Station） （C）

1999 比姆斯特尔迁田 Droogmakerij de Beemster （Beemster Polder） （C）

2000 里特瓦尔德·施勒德尔的房屋 Rietveld Schröderhuis（Rietveld Schröder House） （C）

2009，2014 瓦登海 Wadden Sea（N） （与丹麦和德国共有）

2010 辛格尔运河以内的阿姆斯特丹17世纪同心圆型运河区 Seventeenth–Century Canal Ring Area of Amsterdam inside the Singelgracht（C）

2014 范内勒工厂 Van Nellefabriek （C）

新西兰 New Zealand

1990 新西兰西南部蒂瓦希普纳穆 Te Wahipounamu–South West New Zealand （N）

1990，1993 汤加里罗国家公园 Tongariro National Park（C，N）

1998 新西兰次南极区群岛 New Zealand Sub–Antarctic Islands（N）

尼加拉瓜 Nicaragua

2000 莱昂·维尧遗址 Ruins of León Viejo（C）

2011 莱昂大教堂 León Cathedral（C）

尼日尔 Niger

1991 阿伊尔和泰内雷自然保护区 Air and Ténéré Natural Reserves（N）

1996，2017 W–阿尔利–彭贾里保护区 W–Arly–Pendjari Complex（N） （与贝宁和布基纳法索共有）

2013 阿加德兹历史中心 Historic Centre of Agadez（C）

尼日利亚 Nigeria

1999 苏库尔文化景观 Sukur Cultural Landscape （C）

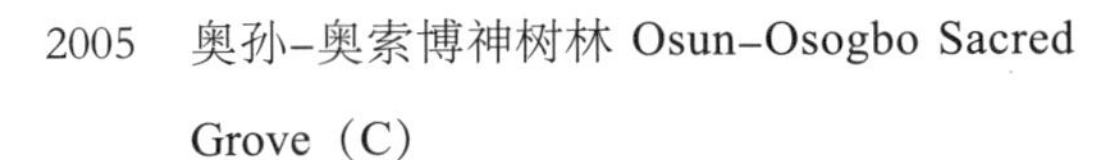

2005 奥孙-奥索博神树林 Osun-Osogbo Sacred Grove（C）

挪威 Norway

1979 布吕根 Bryggen（C）

1979 乌尔内斯木构教堂 Urnes Stave Church（C）

1980，2010 勒罗斯矿城及周边地区 Røros Mining Town and the Circumference（C）

1985 阿尔塔岩画 Rock Art of Alta（C）

2004 维加群岛 Vegaøyan–The Vega Archipelago（C）

2005 挪威西峡湾——盖朗厄尔峡湾和纳柔依峡湾 West Norwegian Fjords – Geirangerfjord and Nœrøyfjord （N）

2005 斯特鲁维地理探测弧线 Struve Geodetic Arc（C）（10国共有）

2015 尤坎-诺托登工业遗址 Rjukan–Notodden Industrial Heritage Site（C）

阿曼 Oman

1987 巴赫拉堡 Bahla Fort（C）

1988 巴特、库特姆和艾因考古遗址 Archaeological Sites of Bat, Al–Khutm and Al–Ayn（C）

2000 乳香之路 Land of Frankincense（C）

2006 阿曼阿夫拉季灌溉体系 Aflaj Irrigation Systems of Oman（C）

巴基斯坦 Pakistan

1980 塔克特·伊·巴依佛教遗址和萨尔·依·巴赫洛古城遗址 Buddhist Ruins of Takht–i–Bahi and Neighbouring City Remains at Sahr–i–Bahlol（C）

1980 塔克西拉 Taxila（C）

1980 摩亨朱达罗考古遗址 Archaeological Ruins at Moenjodaro（C）

1981 塔塔城的历史建筑 Historical Monuments at Makli, Thatta（C）

1981 拉合尔古堡和夏拉玛尔花园 Fort and Shalamar Gardens in Lahore（C）

1997 罗赫达斯要塞 Rohtas Fort（C）

帕劳 Palau

2012 岩石岛-南部潟湖Rock Islands Southern Lagoon（C，N）

巴勒斯坦 Palestine

2012 耶稣诞生地：伯利恒圣诞教堂和朝圣线路 Birthplace of Jesus: Church of the Nativity and the Pilgrimage Route, Bethlehem（C）

2014 巴勒斯坦：巴蒂尔耶路撒冷南部橄榄与葡萄园文化景观 Palestine: Land of Olives and Vines–Cultural Landscape of Southern Jerusalem, Battir（C）

2017 希伯伦/哈利勒老城 Hebron/Al-Khalil Old Town（C）

巴拿马 Panama

1980 巴拿马加勒比海岸的防御工事：波尔多贝罗-圣洛伦佐 Fortifications on the Caribbean Side of Panama: Portobelo–San Lorenzo（C）

1981 达连国家公园 Darien National Park（N）

1983，1990 塔拉曼卡山脉-阿米斯特德自然保护区/阿米斯特德国家公

园 Talamanca Range–La Amistad Reserves/La Amistad National Park（N）（与哥斯达黎加共有）

1997，2003　巴拿马韦爵考古遗址和巴拿马历史区 Archaeological Site of Panamá Viejo and Historic District of Panamá（C）

2005　柯义巴国家公园和海洋保护区 Coiba National Park and its Special Zone of Marine Protection（N）

巴布亚新几内亚 Papua New Guinea

2008　库科早期农业遗址 Kuk Early Agricultural Site（C）

巴拉圭 Paraguay

1993　巴拉那的桑蒂西玛·特立尼达和塔瓦兰格的耶稣会传教区 Jesuit Missions of La Santisima Trinidad de Paraná and Jesús de Tavarangue（C）

秘鲁 Peru

1983　库斯科城 City of Cuzco（C）

1983　马丘比丘历史圣地 Historic Sanctuary of Machu Picchu（C, N）

1985　查文（考古遗址） Chavin （Archaeological Site） （C）

1985　瓦斯卡兰国家公园 Huascarán National Park（N）

1986　昌昌考古区 Chan Chan Archaelogical Zone（C）

1987　玛努国家公园 Manú National Park（N）

1988，1991　利马历史中心 Historic Centre of Lima（C）

1990，1992　里奥阿比塞奥国家公园 Rio Abiseo National Park（C, N）

1994　纳斯卡和朱马纳草原的线条和地画 Lines and Geoglyphs of Nasca and Pampas de Jumana（C）

2000　阿雷基帕历史中心 Historical Centre of the City of Arequipa（C）

2009　卡罗尔–苏沛圣城 Sacred City of Caral–Supe（C）

2014　印加路网 Qhapaq Ñan, Andean Road System（C）（与阿根廷、玻利维亚、智利、哥伦比亚和厄瓜多尔共有）

菲律宾 Philippines

1993，2009　图巴塔哈礁自然公园 Tubbataha Reefs Natural Park（N）

1993　菲律宾巴洛克式教堂群 Baroque Churches of the Philippines（C）

1995　菲律宾科尔迪莱拉的水稻梯田 Rice Terraces of the Philippine Cordilleras（C）

1999　维甘历史城 Historic Town of Vigan（C）

1999　普林塞萨港地下河国家公园 Puerto–Princesa Subterranean River National Park（N）

2014　汉密吉伊坦山野生动物保护区 Mount Hamiguitan Range Wildlife Sanctuary（N）

波兰 Poland

1978，2008，2013　维利奇卡和巴普莱尔皇家盐矿 Wieliczka and Bochnia Royal Salt Mines（C）

1978　克拉科夫历史中心 Cracow's Historic

Centre（C）

1979，1992，2014 比阿洛维察森林 Bialowieza Forest（N）（与白俄罗斯共有）

1979 奥斯维辛-比克瑙——德国纳粹集中营（1940—1945）Auschwitz Birkenau German Nazi Concentration and Extermination Camp（1940—1945）（C）

1980 华沙历史中心 Historic Centre of Warsaw（C）

1992 扎莫希奇老城 Old City of Zamość（C）

1997 托伦中世纪城镇 Medieval Town of Toruń（C）

1997 马尔堡的条顿骑士团城堡 Castle of the Teutonic Order in Malbork（C）

1999 卡尔瓦利亚·泽日多夫斯卡: 别致建筑、园林景观和朝圣公园 Kalwaria Zebrzydowska: the Mannerist Architectural and Park Landscape Complex and Pilgrimage Park（C）

2001 亚沃尔和斯维德卡的和平教堂 Churches of Peace in Jawor and Swidnica（C）

2003 南部小波兰的木造教堂 Wooden Churches of Southern Little Poland（C）

2004 马斯科夫公园/马扎科夫斯基公园 Muskauer Park/Park Muzakowski（C）（与德国共有）

2006 弗罗茨瓦夫百年厅 Centennial Hall in Wroctaw（C）

2007，2011，2017 喀尔巴阡山脉和欧洲其他地区的原始山毛榉林 Ancient and Primeval Beech Forests of the Carpathians and Other Regions of Europe（N）（13国共有）

2013 波兰和乌克兰的喀尔巴阡地区木质教堂 Wooden Tserkvas of the Carpathian Region in Poland and Ukraine（C）（与乌克兰共有）

2017 塔尔诺夫斯克山铅银锌矿及其地下水管理系统Tarnowskie Góry Lead-Silver-Zinc Mine and its Underground Water Management System（C）

葡萄牙 Portugal

1983 里斯本的赫罗尼莫斯修道院和贝伦塔 Monastery of the Hieronymites and Tower of Belém in Lisbon（C）

1983 托马尔基督教修道院 Convent of Christ in Tomar（C）

1983 亚速尔群岛的安格拉·多·赫洛依斯城中心区 Central Zone of the Town of Angra do Heroismo in the Azores（C）

1983 巴塔拉修道院 Monastery of Batalha（C）

1986 埃武拉历史中心 Historic Centre of Évora（C）

1989 阿尔科巴萨修道院 Monastery of Alcobaça（C）

1995 辛特拉的文化景观 Cultural Landscape of Sintra（C）

1996 波尔图历史中心 Historic Centre of Oporto（C）

1998，2010 科阿峡谷和席尔加·维德史前岩画遗址 Prehistoric Rock-Art Sites in the Côa Valley and Siega Verde（C）

1999 马德拉岛的阔叶常绿乔木群落 Laurisilva of Madeira（N）

2001 阿尔托都罗葡萄酒产区 Alto Douro Wine Region（C）

2001 圭马莱斯历史中心 Historic Centre of Guimarães（C）

2004 皮克岛葡萄园文化景观 Landscape of the Pico Island Vineyard Culture（C）

2012 埃瓦斯边境驻军城镇及其防御工事 Garrison Border Town of Elvas and its Fortifications（C）

2013 科英布拉大学——阿尔塔和索菲亚 University of Coimbra-Alta and Sofia（C）

卡塔尔 Qatar

2013 祖巴拉考古遗址 Al Zubarah Archaeological Site（C）

韩国 Republic of Korea

1995 宗庙 Jongmyo Shrine（C）

1995 海印寺大藏经板木及板库 Haeinsa Temple Janggyeong Panjeon, the Depositories for the Tripitaka Koreana Woodblocks（C）

1995 庆州石窟庵和佛国寺 Seokguram Grotto and Bulguksa Temple（C）

1997 水原华城 Hwaseong Fortress（C）

1997 昌德宫 Changdeokgung Palace Complex（C）

2000 庆州历史区 Gyeongju Historic Areas（C）

2000 高昌、华森和江华史前墓遗址 Gochang, Hwasun, and Ganghwa Dolmen Sites（C）

2007 济州火山岛和熔岩洞 Jeju Volcanic Island and Lava Tubes（N）

2009 朝鲜王陵 Royal Tombs of the Joseon Dynasty（C）

2010 韩国历史村落：河回村和良洞村 Historic Villages of Korea: Hahoe and Yangdong（C）

2014 南汉山城 Namhansanseong（C）

2015 百济历史区 Baekje Historic Areas（C）

摩尔多瓦 Republic of Moldova

2005 斯特鲁维地理探测弧线 Struve Geodetic Arc（C）（10国共有）

罗马尼亚 Romania

1991 多瑙河三角洲 Danube Delta（N）

1993，1999 特拉斯勒瓦尼亚具有要塞教堂的村庄 Villages with Fortified Churches in Transylvania（C）

1993，2010 苏切维察修道院的复活教堂 Church of the Resurrection of Sucevița Monastery（C）

1993 霍雷祖修道院 Monastery of Horezu（C）

1999 奥拉斯迪山的达契安要塞 Dacian Fortresses of the Orastie Mountains（C）

1999 马拉穆莱斯的木结构教堂 Wooden Churches of Maramures（C）

1999 锡吉什瓦拉历史中心 Historic Centre of Sighisoara（C）

2007，2011，2017 喀尔巴阡山脉和欧洲其他地区的原始山毛榉林 Ancient and Primeval Beech Forests of the Carpathians and Other Regions of Europe（N）（13国共有）

俄罗斯 Russian Federation

1990 莫斯科的克里姆林宫和红场 Kremlin and Red Square, Moscow（C）

1990 圣彼得堡历史中心和建筑群 Historic Centre of Saint Petersburg and Related Groups of Monuments（C）

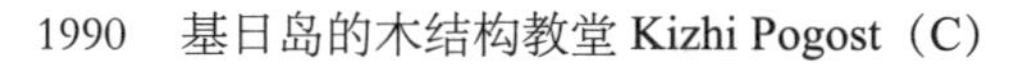

1990　基日岛的木结构教堂 Kizhi Pogost（C）

1992　弗拉基米尔和苏兹达尔白色建筑群 White Monuments of Vladimir and Suzdal（C）

1992　索洛维茨基群岛的文化和历史遗址 Cultural and Historic Ensemble of the Solovetsky Islands（C）

1992　诺夫哥罗德及其周围的历史遗址 Historic Monuments of Novgorod and Surroundings（C）

1993　谢尔吉三位一体大修道院 Architectural Ensemble of the Trinity Sergius Lavra in Sergiev Posad（C）

1994　科洛缅斯科耶的耶稣升天教堂 Church of the Ascension, Kolomenskoye（C）

1995　科米原始森林 Virgin Komi Forests（N）

1996　贝加尔湖 Lake Baikal（N）

1996，2001　堪察加火山 Volcanoes of Kamchatka（N）

1998　阿尔泰山 Golden Mountains of Altai（N）

1999　西高加索山脉 Western Caucasus（N）

2000　库罗尼亚岬 Curonian Spit（C）（与立陶宛共有）

2000　费拉邦多夫修道院遗址群 Ensemble of The Ferrapontov Monastery （C）

2000　喀山克里姆林的历史和建筑复合体 Historic and Architectural Complex of the Kazan Kremlin（C）

2001　中部斯科特阿林 Central Sikhote-Alin（N）

2003　乌布苏盆地 Uvs Nuur Basin（N）（与蒙古共有）

2003　杰尔宾特城堡、古城和要塞建筑 Citadel, Ancient City and Fortress Buildings of Derbent（C）

2004　新圣女修道院 Ensemble of the Novodevichy Convent（C）

2004　弗兰格尔岛自然保护区 Natural System of Wrangel Island Reserve（N）

2005　雅罗斯拉夫尔城历史中心 Historical Centre of the City of Yaroslavl（C）

2005　斯特鲁维地理探测弧线 Struve Geodetic Arc（C）

2010　普托拉纳高原 Putorana Plateau（N）

2012　列那石柱林自然公园 Lena Pillars Nature Park（N）

2014　博尔加尔历史和考古区 Bolgar Historical and Archaeological Complex（C）

2017　岛村斯维亚日斯克圣母升天大教堂与修道院Assumption Cathedral and Monastery of the town-island of Sviyazhsk（C）

2017　外贝加尔山脉景观Landscapes of Dauria（N）（与蒙古共有）

圣基茨和尼维斯 Saint Kitts and Nevis

1999　硫磺山要塞国家公园 Brimstone Hill Fortress National Park（C）

圣卢西亚 Saint Lucia

2004　皮通斯管理区 Pitons Management Area（N）

圣马力诺 San Marino

2008　圣马力诺历史中心和蒂塔诺山 San Marino Historic Centre and Mount Titano（C）

沙特阿拉伯 Saudi Arabia

2008　希杰尔考古遗址（迈达因萨利赫）Al–Hijr Archaeological Site（Madâin Sâlih）（C）

2010　德拉伊耶遗址的阿图赖夫区 At–Turaif District in ad–Dir'iyah（C）

2014　吉达古城—通向麦加之门 Historic Jeddah, the Gate to Makkah（C）

2015　沙特黑尔地区的岩石艺术 Rock Art in the Hail Region of Saudi Arabia（C）

塞内加尔 Senegal

1978　戈雷岛 Island of Gorée（C）

1981　尼奥科罗–科巴国家公园 Niokolo–Koba National Park（N）

1981　朱吉国家鸟类保护区 Djoudj National Bird Sanctuary（N）

2000　圣路易斯岛 Island of Saint–Louis（C）

2006　塞内冈比亚石圈 Stone Circles of Senegambia（C）

2011　萨卢姆三角洲 Saloum Delta（C）

2012　巴萨瑞地区：富拉和贝迪克的文化景观 Bassari Country: Bassari, Fula and Bedik Cultural Landscapes（C）

塞尔维亚 Serbia

1979　斯塔里斯和索波查尼 Stari Ras and Sopoćani（C）

1986　斯图德尼察修道院 Studenica Monastery（C）

2004，2006　科索沃中世纪建筑 Medieval Monuments in Kosovo（C）

2007　贾姆济格勒–罗慕利亚的加莱里乌斯宫 Gamzigrad–Romuliana, Palace of Galerius（C）

2016　斯特茨奇中世纪墓地 Stećci Medieval Tombstones Graveyards（C）（与波黑、克罗地亚和黑山共有）

塞舌尔 Seychelles

1982　阿尔达布拉环礁 Aldabra Atoll（N）

1983　玛依谷地自然保护区 Vallée de Mai Nature Reserve（N）

新加坡 Singapore

2015　新加坡植物园Singapore Botanical Gardens（C）

斯洛伐克 Slovakia

1993　历史名城班斯卡–什佳夫尼察及其工程建筑区 Historic Town of Banská Štiavnica and the Technical Monuments in its Vicinity（C）

1993，2009　雷弗卡、斯皮斯基·赫拉德及其文化遗址 Levoča, Spišský Hrad and the Associated Cultural Monuments（C）

1993　沃尔克林奈克 Vlkolinec（C）

1995，2000　阿格泰列克喀斯特和斯洛伐克喀斯特溶洞 Caves of Aggtelek Karst and Slovak Karst（N）（与匈牙利共有）

2000　巴尔代约夫镇保护区 Bardejov Town Conservation Reserve（C）

2007，2011，2017　喀尔巴阡山脉和欧洲其他地区的原始山毛榉林 Ancient and Primeval Beech Forests of the Carpathians and Other Regions of Europe（N）（13国共有）

2008　喀尔巴阡山区斯洛伐克段的木制教堂

Wooden Churches of the Slovak Part of Carpathian Mountain Area（C）

斯洛文尼亚 Slovenia

1986 什科茨扬溶洞 Škocjan Caves（N）

2007，2011，2017 喀尔巴阡山脉和欧洲其他地区的原始山毛榉林 Ancient and Primeval Beech Forests of the Carpathians and Other Regions of Europe（N）（13国共有）

2011 阿尔卑斯周围的史前湖岸木桩建筑 Prehistoric Pile dwellings around the Alps（C）（与奥地利、法国、德国、意大利和瑞士共有）

2012 水银遗产：阿尔马登和伊德里亚 Heritage of Mercury. Almadén and Idrija（C）（与西班牙共有）

所罗门群岛 Solomon Islands

1998 东伦内尔岛 East Rennell（N）

南非 South Africa

1999 罗本岛 Robben Island（C）

1999，2005 斯泰克方丹、斯瓦特克朗、克罗德莱和艾维罗恩古人类化石遗址 Fossil Hominid Sites of Sterkfontein, Swartkrans, Kromdraai, and Environs（C）

1999 大圣卢西亚湿地公园 Greater St. Lucia Wetland Park（iSimangaliso Wetland Park）（N）

2000，2013 马罗提–德拉肯斯堡公园 Maloti–Drakensberg Park（C, N）（与莱索托共有）

2003 马蓬古布韦文化景观 Mapungubwe Cultural Landscape（C）

2004 开普植物群保护区 Cape Floral Region Protected Areas（N）

2005 弗里德堡陨石坑 Vredefort Dome（N）

2007 理查德斯维德文化和植物景观 Richtersveld Cultural and Botanical Landscape（C）

2017 蔻玛尼文化景观 Khomani Cultural Landscape（C）

西班牙 Spain

1984 布尔戈斯大教堂 Burgos Cathedral（C）

1984，2005 安东尼·高迪的建筑作品 Works of Antoni Gaudí（C）

1984，1994 格拉纳达的阿尔罕布拉、赫内拉利费和阿贝伊辛 Alhambra, Generalife and Albayzin, Granada（C）

1984，1994 科尔多巴历史中心 Historic Centre of Cordoba（C）

1984 马德里埃斯库里阿尔修道院和遗址 Monastery and Site of the Escurial, Madrid（C）

1985 孔波斯特拉的圣地亚哥（老城）Santiago de Compostela（Old Town）（C）

1985，1998 奥维多的遗迹和阿斯图里亚斯的领域 Monuments of Oviedo and the Kingdom of the Asturias（C）

1985 塞哥维亚旧城及其输水道 Old Town of Segovia and its Aqueduct（C）

1985 阿维拉旧城及城外教堂 Old Town of Ávila with its Extra–Muros Churches（C）

1985，2008 西班牙北部的阿尔塔米拉洞窟和旧石器时代洞窟艺术 Cave of Altamira

and Paleolithic Cave Art of Northern Spain（C）

1986　加拉霍艾国家公园 Garajonay National Park（N）

1986　卡塞雷斯古镇 Old Town of Cáceres（C）

1986　托莱多历史城市 Historic City of Toledo（C）

1986，2001　阿拉贡的穆迪加建筑 Mudejar Architecture of Aragon（C）

1987　塞维利亚大教堂、阿尔卡萨尔和西印度群岛档案馆 Cathedral, Alcazar and Archivo de Indias in Seville（C）

1988　萨拉曼卡古城 Old City of Salamanca（C）

1991　波布莱特修道院 Poblet Monastery（C）

1993　瓜达卢佩的圣玛利亚皇家修道院 Royal Monastery of Santa Maria de Guadalupe（C）

1993　孔波斯特拉的圣地亚哥朝圣之路 Route of Santiago de Compostela（C）

1993　梅里达考古遗址 Archaeological Ensemble of Mérida（C）

1994　多纳纳国家公园 Doñana National Park（N）

1996　昆卡的历史要塞之城 Historic Walled Town of Cuenca（C）

1996　瓦伦西亚的丝绸交易所 La Lonja de la Seda de Valencia（C）

1997　巴塞罗那的加泰罗尼亚音乐厅及圣保罗医院 The Palau de la Música Catalana and the Hospital de Sant Pau, Barcelona（C）

1997，1999　比利牛斯-佩尔杜山 Pyrénées-Mont Perdu（C, N）（与法国共有）

1997　拉斯梅德拉斯 Las Médulas（C）

1997　圣米兰的尤索和素索修道院 San Millán Yuso and Suso Monasteries（C）

1998　埃纳雷斯堡的阿尔卡拉的大学和历史区 University and Historic Precinct of Alcalá de Henares（C）

1998　伊比利亚半岛地中海盆地的岩画艺术 Rock-Art of the Mediterranean Basin on the Iberian Peninsula（C）

1998，2010　科阿峡谷和席尔加·维德史前岩画遗址 Prehistoric Rock-Art Sites in the Côa Valley and Siega Verde（C）

1999　拉古纳的圣克斯托瓦尔 San Cristóbal de La Laguna（C）

1999　伊维萨岛——生物多样性和文化 Ibiza, Biodiversity and Culture（C, N）

2000　阿塔普埃尔卡考古遗址 Archaeological Site of Atapuerca（C）

2000　博伊瓦尔的加泰隆人罗马式教堂建筑 Catalan Romanesque Churches of the Vall de Boí（C）

2000　塔拉科考古遗址 Archaeological Ensemble of Tárraco（C）

2000　卢戈的罗马城墙 Roman Walls of Lugo（C）

2000　埃皮切的帕梅拉尔 Palmeral of Elche（C）

2001　阿兰约兹文化景观 Aranjuez Cultural Landscape（C）

2003　乌韦达和巴埃萨文艺复兴时期的建筑群 Renaissance Monumental Ensembles of Úbeda and Baeza（C）

2006　维兹卡亚桥 Vizcaya Bridge（C）

2007　泰德国家公园 Teide National Park（N）

2007，2011，2017　喀尔巴阡山脉和欧洲其他地

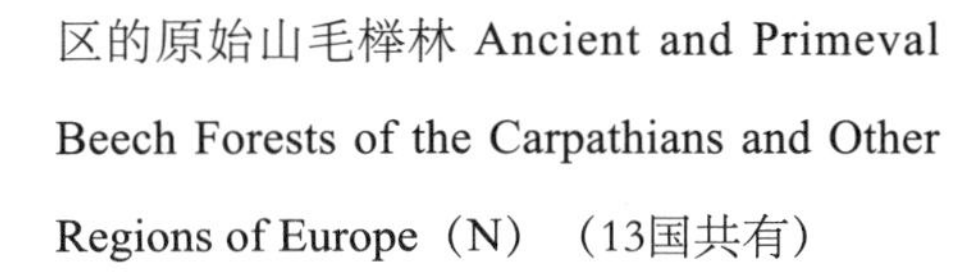

区的原始山毛榉林 Ancient and Primeval Beech Forests of the Carpathians and Other Regions of Europe（N）（13国共有）

2009 海克力士塔 Tower of Hercules（C）

2011 特拉蒙塔那山区文化景观 Cultural Landscape of the Serra de Tramuntana（C）

2012 水银遗产：阿尔马登和伊德里亚 Heritage of Mercury. Almadén and Idrija（C）（与斯洛文尼亚共有）

2016 安特克拉石墓遗址 Antequera Dolmens Site（C）

斯里兰卡 Sri Lanka

1982 锡吉里亚古城 Ancient City of Sigiriya（C）

1982 波隆纳鲁沃古城 Ancient City of Polonnaruwa（C）

1982 阿努拉德普勒圣城 Sacred City of Anuradhapura（C）

1988 加勒古城和城堡 Old Town of Galle and its Fortifications（C）

1988 辛哈拉加森林保护区 Sinharaja Forest Reserve（N）

1988 康提圣城 Sacred City of Kandy（C）

1991 丹布勒金寺 Golden Temple of Dambulla（C）

2010 斯里兰卡中央高地 Central Highlands of Sri Lanka（N）

苏丹 Sudan

2003 盖贝尔·巴尔卡尔和纳巴丹地区的遗址 Gebel Barkal and the Sites of the Napatan Region（C）

2011 麦罗埃岛考古遗址 Archaeological Sites of the Island of Meroe（C）

2016 桑加奈卜国家海洋公园和敦戈奈卜海湾–姆卡瓦岛国家海洋公园 Sanganeb Marine National Park and Dungonab Bay–Mukkawar Island Marine National Park（N）

苏里南 Suriname

2000 苏里南中部自然保护区 Central Suriname Nature Reserve（N）

2002 帕拉马里博历史内城 Historic Inner City of Paramaribo（C）

瑞典 Sweden

1991 德罗特宁霍尔摩王室领地 Royal Domain of Drottningholm（C）

1993 恩格尔斯堡炼铁厂 Engelsberg Ironworks（C）

1993 比尔卡和霍夫加登 Birka and Hovgården（C）

1994 塔努姆岩画 Rock Carvings in Tanum（C）

1994 斯科斯累格加登公墓 Skogskyrkogården（C）

1995 维斯比的汉萨同盟城 Hanseatic Town of Visby（C）

1996 拉普尼安地区 Laponian Area（C, N）

1996 鲁莱亚的格默尔斯达德教堂村 Church Village of Gammelstad, Luleå（C）

1998 卡尔斯克鲁纳军港 Naval Port of Karlskrona（C）

2000 南厄兰岛的农业景观 Agricultural Landscape of Southern Öland（C）

2000，2006 克瓦尔肯群岛/高地海岸 Kvarken

Archipelago/High Coast（N）（与芬兰共有）

2001 法伦的大铜山矿区 Mining Area of the Great Copper Mountain in Falun（C）

2004 瓦尔贝尔格广播站 Varberg Radio Station（C）

2005 斯特鲁维地理探测弧线 Struve Geodetic Arc（C）（10国共有）

2012 赫尔辛兰的彩饰农舍Decorated Farmhouses of Hälsingland（C）

瑞士 Switzerland

1983 米斯泰尔的本笃会圣约翰女修道院 Benedictine Convent of St. John at Müstair（C）

1983 圣加尔的修道院 Convent of St. Gall（C）

1983 伯尔尼老城 Old City of Berne（C）

2000 贝林佐纳集镇的三个城堡、防御城墙和防御工事 Three Castles, Defensive Wall and Ramparts of the Market-Town of Bellinzone（C）

2001，2007 瑞士阿尔卑斯山脉少女峰-阿莱奇峰 Swiss Alps Jungfrau-Aletsch（N）

2003，2010 圣乔治山 Monte San Giorgio（N）（与意大利共有）

2007 拉沃葡萄园梯田Lavaux, Vineyard Terraces（C）

2008 阿尔布拉/伯尔尼纳景观中的雷塔恩铁路 Rhaetian Railway in the Albula/Bernina Landscapes（C）（与意大利共有）

2008 瑞士萨多纳地质构造带 Swiss Tectonic Arena Sardona（N）

2009 拉绍德封/勒洛克，制表城镇规划 La Chaux-de-Fonds/Le Locle, Watchmaking Town Planning（C）

2011 阿尔卑斯周围的史前湖岸木桩建筑 Prehistoric Pile dwellings around the Alps（C）（与奥地利、法国、德国、意大利和斯洛文尼亚共有）

2016 勒·柯布西耶的建筑作品，对现代主义运动有杰出贡献 The Architectural Work of Le Corbusier, an Outstanding Contribution to the Modern Movement（C）（7国共有）

叙利亚 Syrian Arab Republic

1979 大马士革古城 Ancient City of Damascus（C）

1980 帕尔米拉遗址 Site of Palmyra（C）

1980 布斯拉古城 Ancient City of Bosra（C）

1986 阿勒颇古城 Ancient City of Aleppo（C）

2006 十字军堡垒和喀拉特萨拉赫丁城堡 Crac des Chevaliers and Qal'at Salah El-Din（C）

2011 叙利亚北部古村落群 Ancient Villages of Northern Syria（C）

塔吉克斯坦 Tajikistan

2010 萨拉子目古城的原型城市遗址 Proto-urban Site of Sarazm（C）

2013 塔吉克国家公园 Tajik National Park（Mountains of the Pamirs）（N）

泰国 Thailand

1991 大城历史城市 Historic City of Ayutthaya（C）

1991 童艾-会卡肯野生生物保护区 Thungyai-

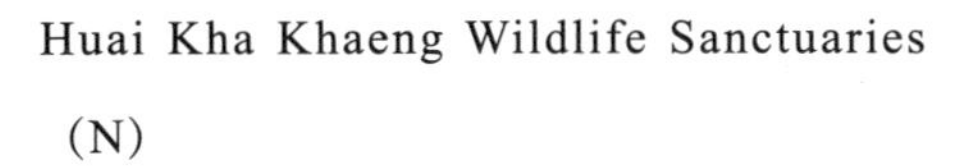

Huai Kha Khaeng Wildlife Sanctuaries （N）

1991　素可泰历史城镇和有关历史城镇 Historic Town of Sukhotai and Associated Historic Towns（C）

1992　班清考古遗址 Ban Chiang Archaeological Site（C）

2005　栋巴耶延–考爱森林 Dong Phayayen–Khao Yai Forest Complex（N）

马其顿（前南斯拉夫马其顿共和国） The Former Yugoslav Republic of Macedonia

1979，1980　奥赫里德地区自然和文化遗产 Natural and Cultural Heritage of the Ohrid region（C, N）

多哥 Togo

2004　库塔玛库，巴塔玛里巴陆地 Koutammakou, the Land of the Batammariba（C）

突尼斯 Tunisia

1979　迦太基遗址 Site of Carthage（C）

1979　杰姆竞技场 Amphitheatre of El Jem（C）

1979　突尼斯的麦地那 Medina of Tunis（C）

1980　伊其克乌尔国家公园 Ichkeul National Park （N）

1985，1986　喀尔库阿内的迦太基城及其墓地 Punic Town of Kerkuane and its Necropolis（C）

1988　凯鲁万 Kairouan（C）

1998　苏塞的麦地那 Medina of Sousse（C）

1997　杜加/土加 Dougga/Thugga（C）

土耳其 Turkey

1985　伊斯坦布尔历史区 Historic Areas of Istanbul（C）

1985　迪夫里吉的大清真寺和医院 Great Mosque and Hospital of Divriği（C）

1985　戈雷梅国家公园和卡帕多西亚石窟遗址 Göreme National Park and the Rock Sites of Cappadocia （C, N）

1986　哈图莎：希泰首都 Hattusha: the Hittite Capital（C）

1987　内姆鲁特达格 Nemrut Dağ（C）

1988　希拉波利斯和帕姆卡莱 Hierapolis–Pamukkale（C, N）

1988　桑索斯和莱顿遗址 Xanthos–Letoon（C）

1994　萨夫兰博卢城 City of Safranbolu（C）

1998　特洛伊考古遗址 Archaeological Site of Troy（C）

2011　赛里米耶清真寺及其社会性建筑群 Selimiye Mosque and its Social Complex （C）

2012　查塔夫耶克的新石器时代遗址 Neolithic Site of Çatalhöyük（C）

2014　波尔萨和库马利吉兹克：奥斯曼帝国的诞生 Bursa and Cumalıkızık: the Birth of the Ottoman Empire （C）

2014　帕加马及其多层次文化景观 Pergamon and its Multi–Layered Cultural Landscape（C）

2015　迪亚巴克尔堡与海弗瑟尔花园文化景观 Diyarbakır Fortress and Hevsel Gardens Cultural Landscape（C）

2015　以弗所 Ephesus（C）

2016　阿尼考古遗址 Archaeological Site of Ani （C）

2017 阿弗罗狄西亚 Aphrodisias（C）

土库曼斯坦 Turkmenistan

1999 国家历史与文化公园“古梅尔夫”State Historical and Cultural Park “Ancient Merv”（C）

2005 库尼亚–乌尔根奇 Kunya–Urgench（C）

2007 尼萨帕提亚要塞 The Parthian Fortresses of Nisa（C）

乌干达 Uganda

1994 鲁文佐里山脉国家公园 Rwenzori Mountains National Park（N）

1994 布温迪国家公园 Bwindi Impenetrable National Park（N）

2001 卡苏比的布干达王陵 Tombs of Buganda Kings at Kasubi（C）

乌克兰 Ukraine

1990 基辅的圣索非亚大教堂和别切鲁斯卡亚修道院 Kiev: Saint–Sophia Cathedral and Related Monastic Buildings, Kiev–Pechersk Lavra（C）

1998 利沃夫历史中心 L'viv–the Ensemble of the Historic Centre（C）

2005 斯特鲁维地理探测弧线 Struve Geodetic Arc（C）（10国共有）

2007，2011，2017 喀尔巴阡山脉和欧洲其他地区的原始山毛榉林 Ancient and Primeval Beech Forests of the Carpathians and Other Regions of Europe（N）（13国共有）

2011 布科维纳与达尔马提亚的城市民居 Residence of Bukovinian and Dalmatian Metropolitans（C）

2013 陶瑞克切森尼斯古城及其乔拉 Ancient City of Tauric Chersonese and its Chora（C）

2013 波兰和乌克兰的喀尔巴阡地区木质教堂 Wooden Tserkvas of the Carpathian Region in Poland and Ukraine（C）（与波兰共有）

阿拉伯联合酋长国 United Arab Emirates

2011 艾恩文化遗址：哈菲特、西里、比达–宾特–沙特以及绿洲 Cultural Sites of Al Ain（Hafit, Hili, Bidaa Bint Saud and Oases Areas）（C）

英国 United Kingdom of Great Britain and Northern Ireland

1986 斯塔德利皇家公园和喷泉修道院遗址 Studley Royal Park including the Ruins of Fountains Abbey（C）

1986 巨人之路及其海岸 Giant's Causeway and Causeway Coast（N）

1986，2004，2005 圣基尔达岛 St. Kilda（C, N）

1986 乔治铁桥区 Ironbridge Gorge（C）

1986 圭内斯郡爱德华国王城堡和城墙 Castles and Town Walls of King Edward in Gwynedd（C）

1986 达勒姆城堡和大教堂 Durham Castle and Cathedral（C）

1986 巨石阵、埃夫伯里和相关遗址 Stonehenge, Avebury and Associated Sites（C）

1987 威斯敏斯特宫、威斯敏斯特大教堂和

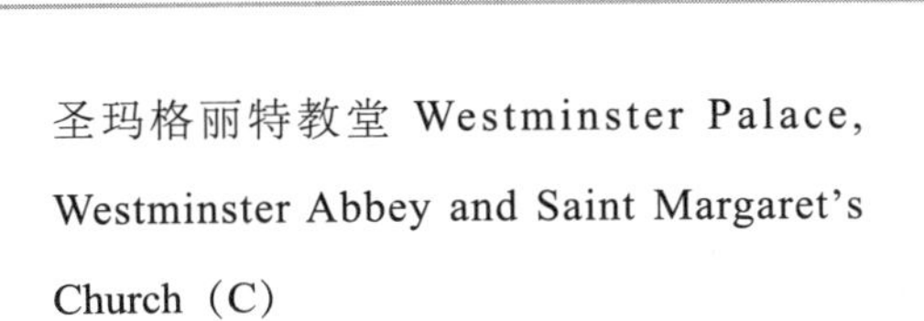

圣玛格丽特教堂 Westminster Palace, Westminster Abbey and Saint Margaret's Church（C）

1987 布莱尼姆宫 Blenheim Palace（C）

1987 巴斯城 City of Bath（C）

1987，2005，2008 罗马帝国边界 Frontiers of the Roman Empire（C）（与德国共有）

1988 伦敦塔 Tower of London（C）

1988 坎特伯雷大教堂、圣奥古斯汀修道院和圣马丁教堂 Canterbury Cathedral, St Augustine's Abbey, and St Martinns Church（C）

1988 亨德森岛 Henderson Island（N）

1995，2004 戈夫和难达岛 Gough and Inaccessible Islands（N）

1995 爱丁堡的旧城和新城 Old and New Towns of Edinburgh（C）

1997 格林威治沿海地区 Maritime Greenwich（C）

1999 奥克尼新石器时代遗址 Heart of Neolithic Orkney（C）

2000 布莱纳文工业景观 Blaenavon Industrial Landscape（C）

2000 百慕大群岛上的圣乔治历史城镇及相关的要塞 Historic Town of St George and Related Fortifications, Bermuda（C）

2001 德文特河谷工业区 Derwent Valley Mills（C）

2001 新拉纳克 New Lanark（C）

2001 多塞特和东德文海岸 Dorset and East Devon Coast（N）

2001 索尔泰尔小镇 Saltaire（C）

2003 基尤皇家植物园 Royal Botanic Gardens, Kew（C）

2004 利物浦——沿海贸易之城 Liverpool-Maritime Mercantile City（C）

2006 康沃尔和西德文矿区景观 Cornwall and West Devon Mining Landscape（C）

2009 旁特斯沃泰水道桥与运河 Pontcysyllte Aqueduct and Canal（C）

2015 福斯桥 The Forth Bridge（C）

2016 直布罗陀戈勒姆岩洞 Gorham's Cave Complex（C）

2017 英格兰湖区 The English Lake District（C）

坦桑尼亚 United Republic of Tanzania

1979，2010 恩戈罗恩戈罗自然保护区 Ngorongoro Conservation Area（C, N）

1981 基尔瓦・基西瓦尼遗址和松戈・姆纳拉遗址 Ruins of Kilwa Kisiwani and Ruins of Songo Mnara（C）

1981 塞伦盖蒂国家公园 Serengeti National Park（N）

1982 塞卢斯禁猎区 Selous Game Reserve（N）

1987 乞力马扎罗国家公园 Kilimanjaro National Park（N）

2000 桑给巴尔石头城 Stone Town of Zanzibar（C）

2006 孔多阿岩画遗址 Kondoa Rock Art Sites（C）

美国 United States of America

1978 梅萨弗德国家公园 Mesa Verde National Park（C）

1978 黄石国家公园 Yellowstone National Park

（N）

1979　大峡谷国家公园 Grand Canyon National Park（N）

1979　大沼泽地国家公园 Everglades National Park（N）

1979，1992，1994　克卢恩/朗格尔-圣埃利亚斯/冰川湾/塔臣施尼-阿克塞克 Kluane、Wrangell-St. Elias、Glacier Bay、Tatshenshini-Alsek（N）（与加拿大共有）

1979　独立厅 Independence Hall（C）

1980　红杉树国家公园 Redwood National Park（N）

1981　奥林匹克国家公园 Olympic National Park（N）

1981　猛犸洞穴国家公园 Mammoth Cave National Park（N）

1982　卡霍基亚土丘历史遗址 Cahokia Mounds State Historic Site（C）

1983　波多黎各岛的弗塔莱扎城堡和圣胡安历史遗址 La Fortaleza and San Juan Historic Site in Puerto Rico（C）

1983　大雾山国家公园 Great Smoky Mountains National Park（N）

1984　约塞米蒂国家公园 Yosemite National Park（N）

1984　自由女神像 Statue of Liberty（C）

1987　夏洛茨维尔的蒙蒂塞洛和弗吉尼亚大学 Monticello and the University of Virginia in Charlottesville（C）

1987　夏威夷火山国家公园 Hawaii Volcanoes National Park（N）

1987　查科文化国家历史公园 Chaco Culture National Historical Park（C）

1992　陶斯印第安村 Pueblo de Taos（C）

1995　卡尔斯巴德洞穴国家公园 Carlsbad Caverns National Park（N）

1995　沃特顿冰川国际和平公园 Waterton Glacier International Peace Park（N）（与加拿大共有）

2010　帕帕哈瑙莫夸基亚国家海洋保护区 Papahānaumokuākea（C, N）

2014　贫民区纪念工程（波弗蒂角纪念土冢）Monumental Earthworks of Poverty Point（C）

2015　圣安东尼奥教堂San Antonio Missions（C）

乌拉圭 Uruguay

1995　萨克拉门托殖民城市的历史区 Historic Quarter of the City of Colonia del Sacramento（C）

2015　弗莱本托斯工业景观 Fray Bentos Industrial Landscape（C）

乌兹别克斯坦 Uzbekistan

1990　伊契安卡拉 Itchan Kala（C）

1993　布哈拉历史中心 Historic Centre of Bukhara（C）

2000　沙克里希亚别兹历史中心 Historic Centre of Shakhrisyabz（C）

2001　撒马尔罕的文化中心 Samarkand-Crossroads of Cultures（C）

2016　西部天山Western Tien-Shan（N）（与哈萨克斯坦和吉尔吉斯斯坦共有）

瓦努阿图 Vanuatu

2008　马塔王酋长领地 Chief Roi Mata's Domain（C）

委内瑞拉 Venezuela

1993　科罗及港口 Coro and its Port（C）

1994　卡奈依马国家公园 Canaima National Park（N）

2000　加拉加斯的修达德大学区 Ciudad Universitaria de Caracas（C）

越南 Viet Nam

1993　顺化古迹群 Complex of Hué Monuments（C）

1994，2000　下龙湾 Ha Long Bay（N）

1999　美山寺庙 My Son Sanctuary（C）

1999　会安古镇 Hoi An Ancient Town（C）

2003　丰芽–格邦国家公园 Phong Nha–Ke Bang National Park（N）

2010　河内升龙皇城 Central Sector of the Imperial Citadel of Thang Long – Hanoi（C）

2011　胡朝时期的城堡Citadel of the Ho Dynasty（C）

2014　长安景观 Trang An Landscape Complex（N, C）

也门 Yemen

1982　希巴姆古城 Old Walled City of Shibam（C）

1986　萨那古城 Old City of Sana'a（C）

1993　扎比德历史城镇 Historic Town of Zabid（C）

2008　索科特拉群岛 Socotra Archipelago（N）

赞比亚 Zambia

1989　维多利亚瀑布（莫西奥图尼亚） Mosi–oa–Tunya/Victoria Falls（N）（与津巴布韦共有）

津巴布韦 Zimbabwe

1984　马纳波尔斯国家公园、萨比和切俄雷自然保护区 Mana Pools National Park, Sapi and Chewore Safari Areas（N）

1986　大津巴布韦遗址 Great Zimbabwe National Monument（C）

1986　卡米遗址 Khami Ruins National Monument（C）

1989　维多利亚瀑布（莫西奥图尼亚） Mosi–oa–Tunya/Victoria Falls（N）（与赞比亚共有）

2003　马托博山 Matobo Hills（C）

参 考 文 献

［1］卞利. 江西婺源［M］. 北京：中国旅游出版社，2005.
［2］蔡宗德，李文芬. 中国历史文化［M］. 北京：旅游教育出版社，2001.
［3］曹林娣. 中国园林文化［M］. 北京：中国建筑工业出版社，2005.
［4］曹诗图. 旅游文化与审美［M］. 武汉：武汉大学出版社，2006.
［5］晁华山. 世界遗产［M］. 北京：北京大学出版社，2004.
［6］车吉心. 走进名人故居［M］. 济南：山东画报出版社，2005.
［7］陈丹红. 南极旅游业的发展与中国应采取的对策的思考［J］. 极地研究，2012（1）.
［8］戴维. 此生不可错过的人间天堂［M］. 黄尹，译. 北京：东方出版社，2004.
［9］方珊，边国英，王芊. 多维的视角——雕塑美［M］. 石家庄：河北少年儿童出版社，2003.
［10］方志远. 旅游文化概论［M］. 广州：华南理工大学出版社，2005.
［11］胡志翔. 世界文化名人图志：诞生地・故居・墓地［M］. 济南：山东画报出版社，2005.
［12］华国梁. 中国旅游文化［M］. 北京：中国商业出版社，2003.
［13］杰普森. 意大利［M］. 林晓琴，译. 沈阳：辽宁教育出版社，2002.
［14］李希凡，谭霈生，陈绶祥. 中国艺术：下［M］. 北京：人民出版社，2002.
［15］李永文. 旅游地理学［M］. 西安：西安地图出版社，1997.
［16］联合国教科文组织世界遗产中心网址 http://whc.unesco.org
［17］联合国教科文组织网址 http://www.unesco.org
［18］刘红婴，王健民. 世界遗产概论［M］. 北京：中国旅游出版社，2003.
［19］刘红婴. 世界遗产精神［M］. 北京：华夏出版社，2006.
［20］刘振礼，王兵. 中国旅游地理［M］. 天津：南开大学出版社，1996.
［21］卢岚. 访莫奈故居・文街墨巷［M］. 桂林：广西师范大学出版社，2006.
［22］吕东亮，姚晓华. 中国名人地图［M］. 北京：光明日报出版社，2005.
［23］骆高远，等. 旅游资源学［M］. 杭州：浙江大学出版社，2006.

［24］马耀峰，宋保平，赵振斌. 旅游资源开发［M］. 北京：科学出版社，2005.
［25］麦克切尔. 文化旅游与文化遗产管理［M］. 朱路平，译. 天津：南开大学出版社，2006.
［26］牛宏宝. 形与色的魔幻——绘画美［M］. 石家庄：河北少年儿童出版社，2003.
［27］潘宝明，朱安平. 中国旅游文化［M］. 北京：中国旅游出版社，2001.
［28］潘立勇. 人文旅游［M］. 杭州：浙江大学出版社，2005.
［29］乔修业. 旅游美学［M］. 天津：南开大学出版社，2000.
［30］沈祖祥. 旅游与中国文化［M］. 北京：旅游教育出版社，1996.
［31］石应平. 中外民俗概论［M］. 成都：四川大学出版社，2002.
［32］苏勤. 旅游学概论［M］. 北京：高等教育出版社，2001.
［33］孙克勤，宋官雅，孙博. 探访京西古村落［M］. 北京：中国画报出版社，2006.
［34］孙克勤，孙博. 地球漫步——意大利［M］. 北京：中国旅游出版社，2005.
［35］孙克勤. 地质旅游［M］. 北京：地质出版社，2011.
［36］孙克勤. 风情万种威尼斯［J］. 文化月刊，2005（10）.
［37］孙克勤. 灵水村古民居［J］. 北京档案，2005（8）.
［38］孙克勤. 魅力四射的佛罗伦萨［J］. 文化月刊，2005（11）.
［39］孙克勤. 世界旅游地理［M］. 北京：旅游教育出版社，2008.
［40］孙克勤. 世界文化与自然遗产概论［M］. 武汉：中国地质大学出版社，2005.
［41］孙克勤. 世界遗产现状与进展［J］. 地理科学研究，2012（3）.
［42］孙克勤. 世界遗产学［M］. 北京：旅游教育出版社，2008.
［43］孙克勤. 维罗纳——永恒的爱情之城［J］. 文化月刊，2005（8）.
［44］孙克勤. 驿路边城鸡鸣驿［J］. 中国城乡桥，2006（5）.
［45］孙克勤. 中国的世界遗产保护与可持续发展研究［J］. 中国地质大学学报：社会科学版，2008（3）.
［46］田卫平. 中国美术史［M］. 长沙：湖南大学出版社，2004.
［47］王恩涌，等. 人文地理学［M］. 北京：高等教育出版社，2000.
［48］王家斌，王鹤. 中国雕塑史［M］. 天津：天津人民出版社，2005.
［49］王玉成. 旅游文化概论［M］. 北京：中国旅游出版社，2005.
［50］韦燕生. 中国旅游文化［M］. 北京：旅游教育出版社，2006.
［51］乌丙安. 中国民俗学［M］. 沈阳：辽宁大学出版社，1985.
［52］徐泉清，孙志宏. 中国旅游地质［M］. 北京：地质出版社，1997.
［53］杨滨章，张杰，李雷鹏. 旅游美学［M］. 哈尔滨：东北林业大学出版社，2002.
［54］尹华光. 旅游文化［M］. 北京：高等教育出版社，2003.

［55］尹华光. 旅游文化学［M］. 长沙：湖南大学出版社，2005.
［56］俞孔坚. 理想景观探源——风水的文化意义［M］. 北京：商务印书馆，1998.
［57］喻学才. 旅游文化［M］. 北京：中国林业出版社，2002。
［58］翟文明. 话说中国——绘画［M］. 北京：中国和平出版社，2006.
［59］翟文明. 话说中国——民俗［M］. 北京：中国和平出版社，2006.
［60］翟文明. 话说中国——山川［M］. 北京：中国和平出版社，2006.
［61］翟文明. 话说中国——园林［M］. 北京：中国和平出版社，2006.
［62］张世满. 旅游与中外民俗［M］. 天津：南开大学出版社，2002.
［63］张文彦，潘达. 中国名人故居游学馆：北京卷［M］. 北京：中国画报出版社，2005.
［64］章采烈. 中国园林特色旅游［M］. 北京：对外经贸大学出版社，1997.
［65］章海荣. 旅游文化学［M］. 上海：复旦大学出版社，2004.
［66］赵鸣，张洁. 试论传统思想对我国寺庙园林布局的影响［J］. 中国园林，2004（9）.
［67］赵荣光，夏太生. 中国旅游文化［M］. 大连：东北财经大学出版社，2003.
［68］赵朕，等. 少数民族的风情［M］. 北京：中国旅游出版社，2006.
［69］钟敬文. 民俗学概论［M］. 上海：上海文艺出版社，1998.
［70］周为. 相地合宜构园得体——古典园林的选址与立意［J］. 中国园林，2005（4）.
［71］周维权. 以画入园、因画成景——中国园林浅谈［J］. 美术，1981（7）.
［72］周敩源. 旅游文化［M］. 杭州：浙江大学出版社，2005.